풍수!
볼까?!

현대인 필수 소장서

박해봉 · 지훈당 도형 · 이재윤 · 권영희 · 전차병 공저

생활풍수100문100답

한누리미디어

국립중앙도서관 출판시도서목록(CIP)

풍수! 볼까?! / 지은이 : 박해봉, 도형, 이재윤, 권영희, 전차병. -- 서울 :
한누리미디어, 2015
   p. ;   cm

표제관련정보 : 생활풍수 100문 100답
ISBN 978-89-7969-504-5 03140 : ₩18000

풍수 지리설[風水地理說]

188.4-KDC6
133.3337-DDC23   CIP2015015268

신록이 산천을 물들일 때 이 땅에서 같이 살아가는 사람들에게 그 동안 연구한 풍수 결과물을 나눌 수 있어 기쁘기 그지없다.

2천여 년 이상 하늘과 땅의 기운을 이용하는 최선의 방법인 풍수는 인간에게 부귀와 건강을 가져다 줌으로써 조상에게는 편안한 안식처를, 살아있는 사람에게는 몸에 적합한 기운을 주어 최량의 상태로 삶을 영위하게 하여 부와 귀에 다가가게 하고, 후손에게는 세계적인 인물이 될 수 있도록 해 주는 학술이다. 이 지식을 누구든지 쉽게 활용할 수 있도록 이 책을 저술했다.

기존에 훌륭한 서적이 있어 많은 도움을 주고 있으나 저자들은 다른 면에서 풍수이용에 도움을 주고자 다음에 주안을 두고 내용을 저술하였다.

첫째로, 일반인이 이용하기에는 풍수책과 관련 서적이 어려워서 유용한 정보를 활용하지 못하는 현실이어서, 일반인이 옆에 두고 필요할 때 쉽게 이용하게 주제별로 쉬운 문장으로 표현했다.

둘째로, 풍수전문가에게는 주요지식을 체계적으로 정리해 놓아서 현장에서 감정하는 데 유용하게 활용될 것으로 본다.

셋째로, 기존의 풍수서 와는 다르게 공인중개사, 부동산투자가, 조리사, 연애하는 청춘남녀, 학생, 경영자, 주부, 직장인 등에게 유용한 풍수팁을 풍부하게 기술해 놓아서 국민 모두가 1권씩 소장해서 필요시 참고한다면 현명한 판단에 도움이 될 것이며, 경제적으로는 많은 비용을 절감할 수 있으리라 본다.

책의 집필시기를 60대에 하고자 계획하였으나 조금이라도 앞당기는 계기가 된 것은 다음과 같다.

첫째, 풍수에 정통하기 위해서는 풍수학술(학문＋기술) 공부와 연마가 필요한데 학문의 부분에서는 뛰어나나 현장에서는 실무능력이 낮아 잘못 용사하는 경우, 실무능력은 있으나 학문이 뒷받침되지 않아서 변통하는 기술에 한계가 있는 경우가 많다. 물론 두 가지를 다 갖추기에는 많은 시간과 노력이 필요한 현실적인 한계가 있는 사정을 감안한 다고 하더라도 풍수의 영향력이 지대하다는 것을 인정한다면 심각한 문제이다.

둘째는, 풍수에는 한자와 중국에 대한 이해가 기본 중에 기본인데 이해부족에서 풍수 고전 번역시 오류가 있는 경우가 허다한데 이를 박사학위 논문에서조차 알지 못한 상태 에서 인용하다 보니, 틀린 내용을 공부하여 용사하는 경우가 있어 안타까울 뿐이다. 또 한 인테리어 풍수의 연구에 영어와 자연과학이론 해독능력이 더해져야 과학과 연계된 현대적인 해석으로 높은 수준의 학술에의 깊이를 더할 수 있으리라 본다.

셋째로, 풍수는 크게 인테리어(양택) 풍수와 묘지(음택) 풍수로 나눈다. 그러나 무극 에서 태극, 태극에서 음양이 생긴 것과 같이 양택 풍수나 음택 풍수는 같은 이론에 바탕 을 두고 있다. 하지만 두 영역을 다 같이 공부해야 완결성을 갖춘 풍수로서 제대로 된 서 비스를 할 수 있다. 음택을 모르면 양택을 모르고, 양택을 이해하지 못하면 음택 이해도 한계가 있음을 알고 양 영역에 매진해야 할 의무가 풍수지리가에게는 있다.

넷째로, 정치인과 재벌 등 유명 인사들은 성공 후 부귀를 유지하기 위해 풍수에 적극 적인 관심을 가지는데 인연이 안 돼 잘못된 풍수가를 만나 정체 후퇴하는 모습을 많이 볼 수 있다.

시중에 발간된 책 중에 어느 수준에 도달하면 당연히 알고 있어야 할 내용을 잘못 적 어 놓고 최고인 양 하는 답답한 경우가 있는데 이론과 실무 양방면에 정통하여야 한다. 경계해야 할 부분이다. 책의 내용을 먼저 전체적으로 개략적으로나마 파악하는 것이 이 해에 크게 도움이 될 것으로 본다.

첫째로, 100개의 주제로 질문하고 답하면서 그에 대한 부연설명으로 되어 있는데 크 게 세 부분으로 구성되어 있다. 풍수와 동양철학의 기본적인 이론과 인테리어 풍수 및 묘지 풍수로 나눌 수 있다.

둘째로, 기본적인 이론에서는 우주와 태극, 음양오행 사상, 기 수맥 등 풍수를 이해하는 데 바탕이 되는 이론이나 일반인들은 이 부분을 이해하지 않더라도 인테리어 풍수를 읽고 이해하는 데 지장이 없다.

셋째로, 인테리어 풍수에서는 생활에 관심이 많은 아파트, 좋은 집 고르는 법, 좋은 집 고를 때 주의할 사항, 건물, 대문, 현관, 안방, 주방, 공부방, 침실, 화장실, 음식과 기, 실내식물, 조경수, 인테리어 색채, 질병과 치료색, 남녀가 매칭되는 색, 사랑, 결혼운, 사무실, 상가, 상권, 창업, 입지분석, 간판 등에 관해 주제별로 기술해 놓아서 필요시 활용할 수 있게 했다.

넷째로, 묘지 풍수에서는 왕릉, 고금관작 대조표 및 증직표, 죽음, 장례식 순서, 입관 하관에 좋은 시간, 기제사 차리는 법, 사자 영혼에 대한 인도글, 혈토, 음택길흉론, 음택 풍수팁, 내룡, 묘지도, 길흉산, 좋은 묘지 찾는 법, 기맥, 지자기 등 인간이 반드시 알아야 할 내용을 기술했다.

다섯째로, 이 책 한 권에 시중 풍수책 100여 권의 내용이 실질적으로 기술되어 있어 단기간에 실생활용 풍수지식을 크게 높일 수 있고 활용이 가능하리라 본다. 그러나 일반적인 정밀하지 못하게 사용하면 큰 해가 미칠 수 있는 내용과 오랜 연구와 경험, 비전으로 내려온 내용은 일반론적인 책의 성격으로 공개할 수 없음을 양해해 주기 바란다. 이 책 내용을 숙지해도 상당한 수준에 도달할 수 있으리라 확신한다.

하늘 아래 갑자기 튀어나온 새로운 것은 없다. 기존의 것들을 조합해서 더 발전된 방향으로 진화하는 것이 풍수의 영역이라 해서 예외는 아니다.

이 책이 나오는 데는 2000년간의 선현들과 동도제현의 연구결과에 힘입었음을 고백하며 모든 분들에게 감사드린다. 본 저서 역시 저자들과 인연을 맺은 많은 책과 전문가들의 가르침 속에서 재창조된 것이므로 오류가 있다면 지도 편달해 주기를 바라는 바이다.

풍수는 이기, 형기론과 경험과 학문이 결합된 학술이지 일부 종교에서 말하는 미신세계가 아님을 알고 배척하는 대신 유용하게 활용해야 한다. '남향집이 좋다' 라는 말은 가장 쉬운 풍수내용인데, 풍수가 미신이라면 남향집에 거주하는 것은 미신을 믿는 것과 같기 때문이다. 천자문에 이를 두고 '고루한 것은 좁은 식견 때문이다(고루과문)' 라는 내용이 있다.

풍수관련 서적 300여 권과 현장경험을 정리한 심도 있는 결과물을 체계적으로 정리해 준 아내 서판숙에게 감사드린다.

이 책의 내용은 공동 저자들의 풍수연구와 경험을 대표 저자로서 본인이 체계화한 것이므로 이 책을 읽는 것은 공동 저자들의 다양한 이론을 접하는 좋은 기회가 되리라 본다. 저자들이 더 깊이 있는 연구를 통해 새로운 지평을 열어 풍수보국하기를 기원한다.

한국 경제사정의 어려움과 스마트폰 등 IT기기의 광범위한 보급으로 인한 도서구매인구의 급감에도 불구하고 풍수지식의 보급을 통한 국민의 행복증진을 위해 출판인의 사명을 다해 주시는 한누리미디어 김재엽 사장님과 이 책에 온 노력을 기울여 빛을 보태준 모든 분들께 깊이 감사드린다.

2015. 6. 1.

대표 저자 운봉 **박 해 봉** 씀

차례 Contents

박해봉 · 지훈당 도형 · 이재윤 · 권영희 · 전차병 공저
풍수! 볼까?! ▋

책을 내면서 · 7

차례 Contents

차례 Contents

1

지구가 둥글지 않고 네모라고?

[고대, 현대의 우주관]

Q 천원지방, 하늘은 둥글고 땅은 네모지다는 것은 고대의 천지관입니까?

A 고대에는 자연과학이 발달하지 못해 천원지방을 사용했으나 이를 해석을 통해 인간규 범으로 발전시켰습니다. 하늘의 둥글음을 배워야 하며 인간 세상에는 지켜야 할 규범 이 있다는 것입니다. 우리는 우주의 영향권에서 벗어날 수 없으며 풍수의 기도 우주의 영향을 인간에게 최대한 유리하게 활용하자는 것인데, 일부는 여기에 신의 관념을 도입하여 풍수가 종교인 것처럼 말하기도 합니다.

[그림1] 수미산도

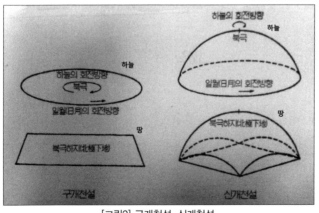

[그림2] 구개천설, 신개천설

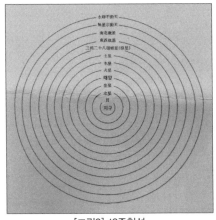

[그림3] 12중천설

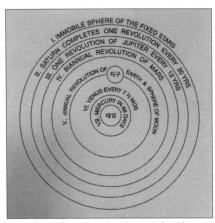

[그림4] 고대 코페르니쿠스의 우주관

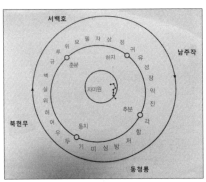

[그림5] 12숙도

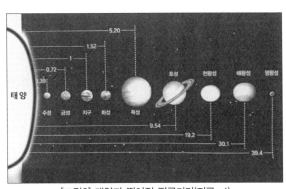

[그림6] 태양과 떨어진 평균거리(지구=1)

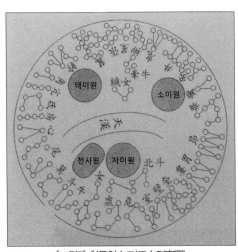

[그림7] 천문열숙도(天文列宿圖)

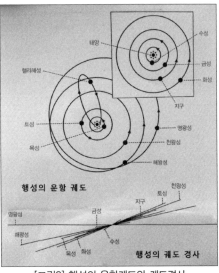

[그림8] 행성의 운항궤도와 궤도경사

1. 태양

① 태양(항성)의 표면온도 약 6000℃, 중심온도 약 1500만 ℃

② 핵에서는 수소분자끼리 더해져 헬륨이 되는 핵융합이 일어나면서 이때 엄청난 에너지가 방출되면서 열과 빛이 나옴

③ 태양의 지금은 지구의 약 109배, 부피는 약 130만 배

④ 지구와의 거리 1억 5000만 km 떨어짐, 지구지름은 약 1만 3000km, 따라서 지구와 태양 사이에 지구 1만 개 이상 늘어선 정도 거리

⑤ 태양빛이 광합성, 바람 생성(공기순환), 물의 순환, 적당한 온도를 제공한다.

⑥ 빛의 속도 30만 km/초(1초에 지구를 7바퀴 반 돎), 1광년 9조 4600억 km
   (cf. 소리속도 340m/초)

2. 달

① 우주인이 지구와 달을 본다고 가정할 때 지구가 달보다 16배 밝음

② 지구와 같은 달의 나이 : 46억 년

③ 지구 시간으로 계산한 달의 하루, 음력 달력에 사용 : 29.5일

④ 조석(潮汐) 현상이 지구 부풀게 해

   달의 중력은 지구를 타원형으로 부풀게 한다. 이를 조석현상이라고 한다. 밀물과 썰물을 일으키는 원인이다. 달과 가까운 지구쪽과 그 반대쪽이 부풀어 오르는데 최대 지구의 반지름이 21cm나 차이가 난다.

⑤ 조석현상은 지구의 하루를 길게 할 뿐더러 달이 점점 지구로부터 멀어지게 하는 요인이기도 하다.

   달이 지구에 조석현상을 일으키느라 힘을 빼는 바람에 끈 떨어진 돌맹이(달)처럼 지구에서 연간 3.74cm씩 멀어지게 되고, 지구의 하루를 100만년에 15초씩 길어지게 한다. 처음 지구의 하루는 6시간이었다.

⑥ 달에 의한 지구의 조석현상은 태양이 일으키는 것보다 2배 강하다.

⑦ 추석 한가위의 보름달은 정월 보름달에 비해 더 작다. 겨울에 달이 지구에 더 가까이 오기 때문이다.

   가장 큰 보름달과 작은 보름달은 17%나 크기가 차이난다. 달이 지구에 가장 가까울 때와 멀 때의 거리 차이가 4만 5천 km에 달하기 때문이다.

⑧ 지구에서는 항상 달의 한쪽 면만을 볼 수 있다. 탐사선을 띄우지 않고는 뒷면을 볼 수 없다. 그래서 달의 계수나무나 옥토끼의 위치가 항상 동일하다.

달의 자전과 공전 주기가 같아서다.

⑨ 달 표면은 낮에는 섭씨 125℃, 밤에는 영하 −170℃ 정도여서 아폴로 11호 등 달 탐사선들은 모두 선선한 아침을 택해 탐사한 뒤 귀환길에 오름

⑩ 레이저가 달을 왕복하는데 2.5초 걸림

⑪ 달은 자기장이 없어 나침반이 작용하지 않음

달의 생성 초기 약 4억 년 동안에는 자기장이 있었으나 원인 모르게 사라진 것으로 과학자들은 봄

⑫ 달에는 지구처럼 지진이 일어난다. 지금까지 관측된 달의 지진은 규모 4정도다. 지하 700km의 일정한 곳에서 발생하고 있다. 지구의 지진은 길어야 몇 분간 지속되지만 달의 지진은 1시간 이상 지속되기도 한다.

3. 윤년, 윤달

① 음력 1년 : 354.36일 [태양년 365.2422일(그레고리력) ; 차이 약 11일]

② 윤년 : 4년마다 2월에 1일 추가하여 29일(윤일)이 되며 이후 100년 단위로 빠지다가 400년 단위에는 윤일 발생

③ 윤달 : 약 3년에 한 번 정도로 19년간 7회 발생

2

태극기가 팔괘에서 나왔다고?

[선천도와 후천도]

Q 선천도와 후천도, 음양의 변화, 선후천시대의 지축 이동을 그림으로 보여주세요.

A 선천과 후천을 완전히 해석하기 위해 많은 노력 중에 있습니다. 그러나 자세히 기억하여 놓으면 우주와 현실을 해석하는 다양한 의견을 쉽게 이해할 기제로 작용하기도 합니다.

[선천도와 후천도, 선후천시대의 지축이도, 음양의 소장]

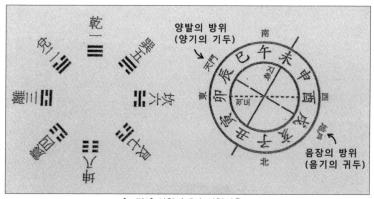

[그림9] 선천팔괘와 선천지축도

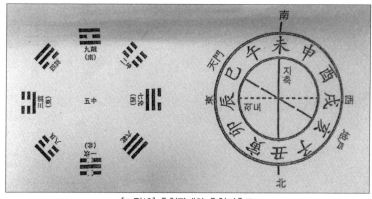

[그림10] 후천팔괘와 후천지축도

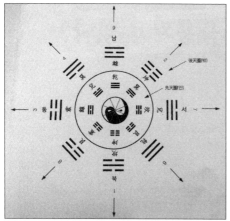

[그림11] 현실의 우주

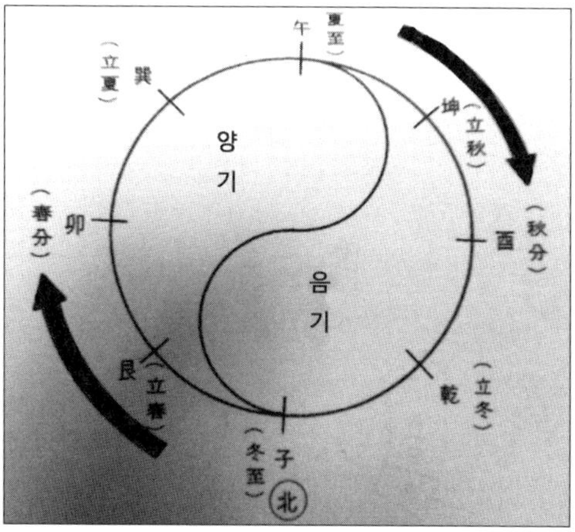

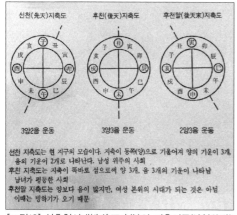

양
기

음
기

[그림12] 음양의 순환

선천(先天)지축도　　후천(後天)지축도　　후천말(後天末)지축도

3양2음 운동　　　　3양3음 운동　　　　2양3음 운동

선천 지축도는 현 지구의 모습이다. 지축이 동쪽(양)으로 기울어져 양의 기운이 3개,
음의 기운이 2개로 나타난다. 남성 위주의 사회
후천 지축도는 지축이 똑바로 섬으로써 양 3개, 음 3개의 기운이 나타남
남녀가 평등한 사회
후천말 지축도는 양보다 음이 많아지만, 여성 본위의 시대가 되는 것은 아님
이때는 빙하기가 오기 때문

[그림13] 선후천시대(先後天時代)의 지축이동(地軸移動)

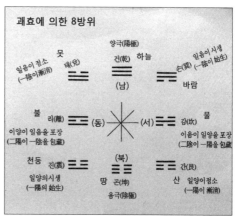

괘효에 의한 8방위

양극(陽極)

일음이 점소　　못
(一陰이 漸消)　　태(兌)　　건(乾) 하늘　　　　　　　일음이 시생
　　　　　　　　　　　　　　　　　　　손(巽)　(一陰이 始生)
　　　　　　　　　(남)　　　　　　　　　바람

불
리(離)　(동)　　　　　　(서)　　감(坎)　물
이양이 일음을 포장　　　　　　　　　　이음이 일양을 포장
(二陽이 一陰을 包藏)　　　　　　　　　(二陰이 一陽을 包藏)

천둥
진(震)　　　　　(북)　　　　　　　간(艮)
일양의 시생　　　　땅　　　　　　산　일양이 점소
(一陽의 始生)　　　곤(坤)　　　　　　(一陽이 漸消)
　　　　　　　음극(陰極)

[그림14] 대칭되는 효의 수는 9획

3

8패가 실생활에서 응용되고 있다?

[8괘]

Q 8괘는 풍수에 많이 응용됩니다. 8괘는 어떻게 생성되었고, 그 상징성은 무엇입니까?

A 8괘는 특히 양택의 실내풍수(인테리어 풍수)에 많이 응용되는 것이 사실입니다. 넓게
보면 8괘도 태극에서 나온 이론이므로 음양 · 오행이론과 밀접한 관련이 있습니다.

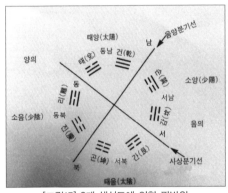

[그림15] 8괘 생성도에 의한 팔방위

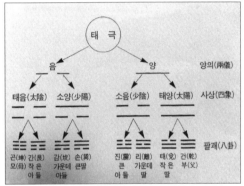

[그림16] 팔괘의 생성도

	성질	동물	사물	인체	상징	직업
감 (음) (북)	함(陷) 험난	돼지	숨어있는 것, 암흑, 함몰, 찬 것, 노고, 곤란, 비탄심장병, 몰래 훔친 것, 밀수, 밀애, 성교, 동거, 물난리, 수도, 하수, 혈액, 병원, 술, 숨어 사는 동물, 추운 북쪽지방, 화합, 애정, 아들 공부방	둘째아들, 숨은 사람, 어린 사람, 15~30세의 남자, 교활한 사람, 중년남자, 철학자, 성직자, 승려, 외교관	비뇨기계통 질병, 성병, 임신, 귓병, 신장염, 알콜중독, 복통, 정력감퇴, 생식기, 기미, 점, 항문, 병상(病狀), 방광, 자궁, 발바닥, 등, 귀	유동의 의미 : 모임, 사교	수산물계통, 어업, 주류판매, 액체류, 상하수도업자, 찻집, 술집, 사회업

	성질	동물	사물	인체		상징	직업
간 (음) (북동)	지(止) 멈춤	개	멈춤, 머무름, 물러남, 변화개조, 암흑, 정리, 전환, 경계, 교환, 상속, 후계, 쥠, 축적, 저축, 신중, 폐점, 지시, 고상, 고립, 시발역, 종착역, 여관, 부동산, 주차장, 문, 절(寺), 서재, 응접실	어린이, 소년, 막내아들, 자손, 20세 이하 남자, 청년, 상속인, 축재자, 친척, 형제, 셋째아들	다리병, 관절염, 허리병, 디스크, 류머티즘, 타박상, 종기, 팔다리 마비, 귀, 코, 허리, 관절, 폐, 척추, 손등	높음	요식업, 보험업, 건축업자, 숙박업자, 건물임대업, 중개업자, 등산가, 주차장업, 역과 관련
진 (양) (동)	동(動) 움직임	용	나온다, 솟아오른다, 시작, 신생, 발생, 무성, 활동, 양기, 폭로, 전격, 뇌우, 소음, 전파, 폭약물, 음행제품, 악기, 어린나무, 야채, 손발, 용, 발전소, 엔진, 목구멍. 뇌우(雷雨), 부엌	장남, 중년남자, 장년, 활동력이 강한 사람, 유명인, 중간간부	간장병, 인후염, 수족병, 외상, 히스테리, 신경통, 두통, 벙어리장애, 수조장애, 간, 발, 자율신경계	전진	음악가, 꽃집, 예술가, 전자, 전기, 엔지니어링, 아나운서, 전산, 가수, 청과상, 야채업, 전자제품, 목재상
손 (음) (남동)	입(入) 겸손	닭	성장, 결혼, 진퇴, 통신, 운반, 먼 거리, 날다, 교제, 도와줌, 불결단, 어기다, 육림, 크다, 높다, 목제품, 우편물, 전보, 시장, 무역회사, 강한바람, 안개, 가스, 철새, 비행기, 부엌, 침실	장녀, 중년부인, 내조적인 부인, 30~50세의 여자, 나그네, 知者	담석증, 탈모증, 식도염, 수족마비, 엉덩이, 전염병, 비염, 축농증, 중풍, 근육통, 감기, 가스중독, 항문병, 신경계질환, 외손, 무릎, 머리카락, 신경, 왼손, 왼팔, 쓸개, 다리, 코, 엄지발가락	조화, 생장, 겸양	목재상, 제지업, 선박업, 무역업, 여행업, 종이류, 항공, 체신, 가스업, 유통관계업종
이 (양) (남)	여(麗) 붙들다	꿩	빛, 태움, 문명, 문화, 학문, 이론, 발명, 명예, 덕망, 화장, 영전, 이별, 이전, 시기함, 애태움, 날카로움, 태양, 전구, 난로, 신호기, 안경, 장신구, 화	가운데 딸, 화려한 여성, 여배우, 미인, 20~35세 여성, 문화인, 유명인, 대표선수, 지혜 있	심장병, 심근색, 소장병, 소화불량, 지각신경계 질환, 정신병, 안과질환, 화상, 열병, 눈, 안면부, 머리, 두뇌,	광채, 빛남, 총명, 명덕	탈렌트, 모델, 정치가, 미장원 예술가, 배우, 관검사, 조명기구, 광학기계류, 출판인쇄업, 기자,

	성질	동물	사물	인체		상징	직업
이(양)(남)	여(麗) 붙들다	꿩	장품, 유리, 거울, 검찰청	는 사람, 중년부인	가슴, 생식기관, 성기, 방광, 자궁		광고업, 화장품업, 난방기구, 경찰관, 판검사, 교육계통업종
곤(양)(남서)	순(順) 유순	소	너그러움, 인내, 조용함, 기름, 보육, 노동, 근면, 절약, 영속, 평지, 농지, 택지, 딸, 쌀, 보리, 곡물, 베, 가마솥, 평지에 사는 동물, 빈 그릇, 산부인과의원, 부동산	어머니, 양모, 보모, 연상의 여자, 노파, 45세 정도의 여성, 서민, 아끼는 사람, 미아, 토목기사, 무식한 사람, 민중, 여자친척, 아랫사람	소화기계통, 질병, 복통, 위장병, 부인병, 산전산후통, 피로증, 만성질환병, 오른팔통증, 신장, 장, 오른손, 변비, 소화불량, 위, 배꼽, 배	허무, 관용, 생육	부사장, 부관, 차관, 차석, 조수, 토목기사, 토지거래업, 농업, 산부인과, 간호사, 보육업
태(음)(서)	열(說) 기쁨	양	아름다움, 사랑, 설명, 희열, 변명, 애교, 미소, 구설, 훼손, 상처, 경제, 칼, 금융, 지출, 해양, 치아, 다방, 극장 은행, 증권회사, 무대, 금고, 지갑, 그릇, 식기, 차용금, 고여 있는 물	소녀, 막내딸, 사랑스런 여자, 애교 있는 여자, 손아래 여자, 화류계 여성, 불량소녀, 20세 이하 여자, 임신부	폐병, 폐결핵, 구내염, 치통, 말더듬, 식욕부진, 호흡기질환, 생리불순, 설암, 신경쇠약증, 신경통, 기관지염, 인후, 입, 구강, 치아, 여자생식기	아름다움, 애교	배우, 금속기구, 철물, 주류도매, 변호사, 금융업
건(양)(북서)	건(健) 굳셈	말	하늘, 신(神)원(圓)금(돌), 센힘, 금력, 권력, 존귀, 존경, 웅대, 충실, 시혜, 강물, 금속자재, 귀금속, 자동차, 확창, 철도용 차량, 교회, 불상, 얼굴, 재판소, 국회의사당, 가장의 서재, 침실	아버지, 남편, 노인, 연상의 남자, 권력자, 45세 이상 남자, 대통령, 수령, 사장, 장군, 지배인, 회장, 총리, 주인	목병, 뇌염, 뇌종양, 뇌출혈, 두통, 근골질환, 피부병, 골절, 늑막염, 대장염, 대장암, 치질, 다리병, 복통, 관절염, 머리, 혈압, 뼈, 늑골, 종기, 목, 왼발, 대장, 척추, 넷째 발가락	존귀, 신성, 권위	관공서, 관직, 단체장, 사업가, 경영주, 귀금속업, 제철업, 군인, 정물제조업, 판검사, 무역업, 경찰관, 종교가

4
우리가 자연의 기운을
이용하는 방법을 찾았다고?
[풍수의 내용]

 Q 풍수는 하늘과 땅을 다루는 학문이라 광대무변한 학문인지요?

A 선현들이 하늘과 땅을 음양오행으로 파악하여 부분으로 전체를 파악하는 길을 열어두
었습니다. 풍수도 인간을 위한 학문이기 때문에 궁극적으로 인간의 삶에 기여하므로
인간에게 필수불가결한 학문입니다. 편린을 통해 풍수의 모습을 그릴 수 있습니다.

[풍수의 내용]

1. 풍수의 내용들
① 풍수는 동기감응, 음양조화, 오행상생을 통한 추길피흉의 술법이다.
② 모든 방위에는 이미 음양오행이 주어져 있으므로 그 방위에서는 그 방위에 따른
음양오행의 기가 흘러나오는데 혈주위의 사에 의해 길흉이 상대적으로 가장 좋은
기를 받기 위해 방향을 바꾸기도 한다(인간의 출입과 가고 멈춤에 있어서)
③ 풍수는 상징적으로 이루어진 언어이다.
④ 풍수는 자연적, 또는 인공적 기호와 형태를 해석하고 그들의 영향력을 판별하기
위한 수단으로 사용되어 왔다.
⑤ 환경의 형태는 의식적으로나 무의식적으로 인지되며, 또한 서로 상호작용하고 의
미체의 성격을 띠고 있다.
⑥ 건물 내의 방의 배열이나 가구의 배치는 습관, 태도, 능률 등을 결정한다.
⑦ 모든 인공물과 관련된 풍수의 원리는 대지에 적용되는 원리와 궤를 같이 한다.
⑧ 기의 이동으로 인해 생성된 것이 풍이요, 기가 응집하여 형체를 이룬 것이 수이다.
⑨ 천지자연이 지닌 기를 잔잔히 내어뱉으니 구름이 되었고, 크게 토해 놓으니 바람
이 되었다.

⑩ 지구가 천지의 모든 만물을 품어서 길러내는 역할을 하고 있다. 품에 천지를 가득 안고 우주 안에서 자유로이 움직이며 호탕하게 아무 거리낌없이 세상을 누비는 것은 바람과 물밖에 없을 것이다. 옛 선인들 가운데 지혜로운 자들은 그것을 일컬어 '물과 같다'라고 하였고, 이를 전파하여 발전시킨 자들은 그것을 일컬어 '바람과 같다'라고 하였다.

⑪ 하늘과 땅이 교류하여 바람을 낳는다.

⑫ 천기의 양, 혼, 신과 지기의 음, 백, 귀를 모두 받고 그 영향권 내에 있는 것이 인간이며 조화점을 찾는 것이 풍수다.

⑬ 수기 : 음적 수축의 기
    지기 : 양적 팽창의 기

2. 하도와 낙서

하도	낙서
체(體)(형상)	용(用)(에너지)
양택풍수의 아버지	양택풍수의 어머니
남쪽이 위쪽에 있으며 2와 8이, 아래쪽 북쪽에 1과 6이, 동쪽에 3과 8, 서쪽에 4와 9, 중앙에 5와 10이 있다.	가운데 5를 중심으로 좌우, 상하 마주 보는 수끼리의 음과 양이 되고, 마주 보는 두 수를 더하면 10이 된다. 중앙에는 5만 있고 10이 없다.
양수는 1 3 5 7 9 홀수로 하늘을 나타내고, 음수는 2 4 6 8 10 짝수로 땅을 나타낸다. 양수의 합은 25 음수의 합은 30	양수는 1 3 5 7 9 음수는 2 4 6 8이고 양수의 합은 25 음수의 합은 20
1~10까지 10개의 숫자를 사용, 1~5까지 수는 만물의 생(生)을, 6~10은 성(成)을 상징	1~9까지 9개의 숫자를 사용
복희팔괘를 도출시킨 하도는 남방에 건천(乾天)이 오고, 북방에 곤지(坤地)가 있어 하늘과 땅이 하나의 축을 이루는 형상	낙서는 남방에 이화(離火)가 오고, 북방에 감수(坎水)가 와서 물과 불이 우주만물의 질서를 주관하는 중심 요소임을 상징
왼쪽으로 돌면서 상생 원리를	오른쪽으로 돌면서 상극 원리를

3. 태극도

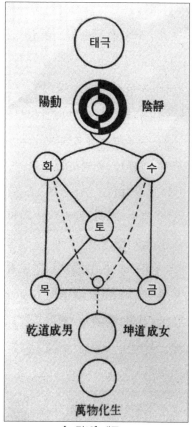

[그림16] 태극도

4. 4대의 성질과 작용

	원소	성질	작용
1	흙	단단하다	지탱하다
2	물	축축하다	적셔들다
3	불	따뜻하다	익힌다
4	바람	움직인다	성장시킨다

5. 풍수사상의 논리체계

풍수사상	기감응적 인식체계	형기감응론
		물형론
	경험과학적 인식체계	간룡법
		장풍법
		득수법
		정혈법
		좌향론

6. 기의 영향력

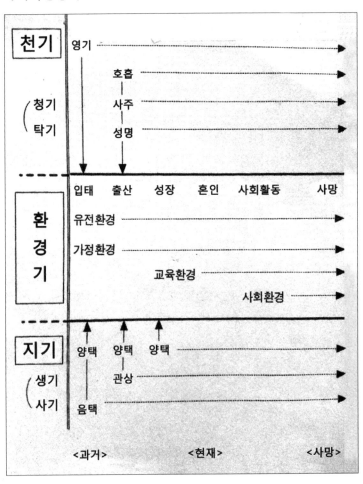

배치에도 조화로움을 찾을 수 있다니?

[8괘를 응용한 풍수배치]

Q 자연적인 8괘 방위를 응용하여 배치하기도 하지만 인위적으로 문의 위치를 북으로 놓고 8괘를 응용하는데 가능한 이론인가요?

A 최선이 아니면 차선이며 여러 방법을 조합하여 풍수교정을 한다 하더라도 절대적으로 틀린 것은 아닙니다. 때로는 자연적 8괘의 8방위를 이용하면 해결할 수 없을 경우 주역의 궁즉 변이요 변즉 통이라는 원리에 의해 8괘를 설정하는 방법도 유용하다고 봅니다.

8괘를 응용한 풍수배치

① 문의 위치를 북으로 간주하며 감정한다. (문이 어느 방위에 있든지)

　　결혼 : 남서, 자녀 : 서, 가족건강 : 동, 자식 : 북동

　　사업 : 북, 여행 : 북서, 진로 : 북, 부 : 남쪽, 조력자 : 북서

② 중앙－흙, 노란색, 명당

③ 문은 동남쪽 귀퉁이(부의 지점)가 좋음

④ 결손부분은 팔괘부분 영역이 없는 것으로 본다.

⑤ 영역이 좋음 － 그 부분이 상징 의미가 좋음

　　→ 보강작업 필요

⑥ 현금출납기

　　가) 가능한 입구에서 대각선 방향에 설치, 출납기 뒤편에 거울 설치

　　나) 만약 불가피하게 부 지점에 설치할 수 없는 경우에는 아홉 가지 교정물(예를 들어 거울, 조명 혹은 TV와 같은 기기 등) 가운데 하나를 부의 영역에 설치하여 그곳을 보완토록 한다.

　　다) 현금출납기 위치

　　　　부 지점 － 사업번창이 음식의 맛에서 시작(남쪽)

조력자 − 고객증가, 뜻하지 않는 외부 덕택에 생김(북서)

지식영역 − 근면과 탁월한 경영 기법에 의해 창출(북동)

라) 경사진 면 아래는 피해야 − 보완물 가설하여 팔괘의 모양 만들면 좋음

⑦ 조리대

'富' 영역 − 좋음(남동)

⑧ '富' 영역에 화장실 − 수익 또한 씻겨 나감

명성 영역에 화장실 − 평판 나빠짐

⑨ '富' 영역에 − 씽크대(남동)

⑩ 사각형 기둥, 카운터, 귀퉁이의 날카로운 모서리 → 둥그렇게 마무리

⑪ 입구

가) 사업장의 입구나 뒷문은 넓고 또한 밝아야

나) 입구는 진로나 조력자 영역에 위치하는 것이 바람직하고 그렇지 못할 경우 이 지점들은 아홉 가지 기본 교정법에 의해 교정되어야

〈9가지 기본 교정 수단〉

a) 빛을 발산하거나 반사 − 조명, 거울, 수정, 구슬 등

b) 소리 − 풍경, 작은 종(윈드차밍은 금속체이고 길고 속이 빈 통관이 좋다(점토, 나무, 자기로 만든 것도 효과가 적다)

c) 살아있는 물체(인공적인 것도 무방함)

− 나무, 분재, 꽃, 수조, 어항

d) 움직이는 물체 − 모빌, 바람개비, 분수

e) 중량감이 느껴지는 물체 − 돌, 조각물

f) 가전용품 − 에어컨, 전축, TV, 컴퓨터

g) 대나무피리

h) 색상

I) 기타(두드리는 문고리가 부착된 문에는 붉은색의 리본을 맨다. 비스듬히 기울어진 들보의 위압감을 해소하기 위해 그 가장자리에 술등의 장식을 달도록 한다)

• 삼합을 이용

다) 정체된 기의 순환을 활성화
  • 입구 근처의 계단 아래쪽에 커다란 어항 설치
  • 사업의 확장을 도모하기 위해 문의 안쪽 ─ 조력자 영역에 위치하였음 ─ 두 개의 전등 설치

⑫ 사무실, 영업장 또는 음식점 등에 있어서 부를 상징하는 살아있는 싱싱한 물고기 역시 돈을 벌게 해 주는 촉진제 역할을 한다. 가장 바람직한 방법은 어항이나 수조에 아홉 마리 여덟 마리는 붉은색 나머지 한 마리는 검정색 혹은 그 반대의 물고기를 넣어주는 것이다.

⑬ 건강, 신체의 이상도 8괘를 응용한다. 그 부분을 보완하거나 증감한다.

⑭ 색의 8괘색을 이용한 영역의 증감도 활용한다.

6

사상의학이 있는데 사상이 무엇인지?

[사상(四象)]

Q 풍수배치에 있어서 음양오행에 의한 방법 외에 태극사상 팔괘에 의한 방법도 있습니까?

A 세상의 이치를 다른 시각에서 본 것이므로 크게 보면 같은 방법이라 할 수 있겠습니다. 상호보완하면서 궁리하면 될 것입니다. 무극태극을 거쳐 사상으로 보았느냐 오행으로 보았느냐에 따른 차이지 근본적인 차이가 있는 것은 아닙니다. 도는 하나입니다.

[태극사상(팔괘)]

일기	태극							
양의	양 —				음 --			
사상	태양, 춘 ⚌		소음, 하 ⚍		소양, 추 ⚎		태음, 동 ⚏	
괘	☰	☱	☲	☳	☴	☵	☶	☷
팔괘	일건천	이태택	삼이화	사진뢰	오손풍	육감수	칠간산	팔곤지
괘상	건삼련	태상절	이허중	진하련	손하절	감중련	간상련	곤삼절
팔괘오행	양금	음금	음화	양목	음목	양수	양토	음토
지지	술해	유	오	묘	진사	자	축인	미신
인간	노부	소녀	중녀	장남	장녀	중남	소남	노모
입수룡	술건해	경유신	병오정	갑묘을	진손사	임자계	축간인	미곤신
팔요황천살	오	사	해	신	유	진술	인	묘
성질	굳셈	온화	맑음	분발	유순	지혜	고요함	적막
계절	늦가을 초가을	가을	여름	봄	늦봄 초여름	겨울	늦겨울 초봄	늦여름 초가을
후천방위	북서	서	남	동	남동	북	북동	남서
동물	말	양	꿩	용	닭	돼지	개	소
신체	머리	입	눈	발	넓적다리	귀	손	배
혼천오행	갑임	정	기	경	신	무	병	을계

계절	춘	동	하	추
작용	생	저장	성장	수렴
방위	동	북	남	서
위치	좌	하	상	우
구성원소	바람	물	불	땅
컴퓨터	입력장치(키보드)	기억장치(메모리)	계산장치(CPU)	출력장치(프린터)
절기	춘분	동지	하지	추분
하루	아침	밤중	대낮	저녁
감각기	귀	입	눈	코
생리기능	순환기능	생식기능	소화기능	물질화기능
정신상태	낙관주의	우울증	광증	염세주의
경제	경기회복	경제공황	경제호황	경기침체
증권	활황	바닥	천장	불황
정치	수정공산주의	공산주의	자본주의	수정자본주의
인생	소년기	노년기	청년기	중년기
화학	약산성	알칼리성	산성	약알칼리성
물리	소리	맛	빛	냄새
우주4력	강력	중력	전자기력	미력
발전원	풍력	수력	태양력	석유
도형	△	•	▽	○
광	적광	흑	백광	청광
동물계	양서류	어류	조류	포유류
식물계	풀	이끼, 버섯	관목	키큰나무
남녀	tomboy	여자	남자	Gay
스포츠	야구	골프	농구	축구
감정	성냄	즐거움	기쁨	슬픔

7

세상의 모든 것을 음양오행으로 분류할 수 있다니?

[음양오행 일람표]

Q 음양오행을 정리해 놓으면 어떤 것을 결정할 때 도움이 됩니까?

A 음양오행의 상생·상극 관계를 이용하여 하늘의 이치에 맞게 판단, 결정할 수 있으리라 봅니다.

[음양 오행 일람표]

번호	오행의 종류		목(3, 8) 양	목(3, 8) 음	화(2, 7) 양	화(2, 7) 음	토(5, 10) 양	토(5, 10) 음	금(4, 9) 양	금(4, 9) 음	수(1, 6) 양	수(1, 6) 음	비고
1	정오행	천간	갑	을손	병	정	간(무)	곤(사)	경, 건	신	임	계	
		지지	인	묘(진)	오(이)	사	진, 술	축, 미	申	유(태)	자(감)	해	
2	팔괘오행		진	손		이	간	곤	건	태	감		
	자연		번개	바람		불	산	땅	하늘	못	물		
	기상		번개비	바람		맑음	안개	눈	맑음	비	비		
	신체		발	허벅지		눈	손	배	머리	입	귀		
	동물		용	닭		범	개	소	말	양	돼지		
3	삼합오행		해묘미, 건갑정		인오술, 간병신				사유축, 손경계		신자진, 곤임을		포태, 생왕묘
4	쌍산오행		건해, 갑묘, 정미		간인, 병오, 신술				손사, 경태, 계축		곤신, 임자, 을진		쌍산배합
5	사국오행		정미, 곤신, 경태		신술, 건해, 임자				계축, 간인, 갑묘		을진, 손사, 병오		수구와 사구
6	성수오행		건, 곤, 간, 손		갑, 경, 병, 임, 자, 오, 묘, 유		을, 신, 정, 계		진, 술, 축, 미		인, 신, 사, 해		좌와사격의 길흉관계
7	소현공오행		갑, 간, 계, 해		병, 정, 을, 유		경, 술, 축, 미		건, 곤, 묘, 오		임, 자, 인, 진, 손, 사, 신, 신		향과 수의 래거관계

번호	오행의 종류	목(3,8) 양/음	화(2,7) 양/음	토(5,10) 양/음	금(4,9) 양/음	수(1,6) 양/음	비고
8	대현공오행	임, 오, 곤, 신, 신, 술	갑, 손, 계, 유, 미, 해		자, 인, 을, 진, 건, 병	축, 간, 묘, 사, 정, 경	향으로 장생을 봄
9	홍범오행	간, 묘, 사	임, 을, 병, 오	계, 축, 미, 곤, 경	정, 유, 건, 해	자, 인, 갑, 진, 손, 신, 신, 술	장택에서 산운과 연운
10	오음	아음 ㄱ ㅋ	설음 ㄴ ㄷ ㄹ ㅌ	후음 ㅇ ㅎ	치음 ㅅ ㅈ ㅊ	순음 ㅁ ㅂ ㅍ	
11	수오행	3, 8	2, 7	5, 10	4, 9	1, 6	
12	방위오행	동	남	중앙	서	북	
13	오상오행	인	예	신	의	지	오상오행
14	절기	봄	여름	사계(환절기)	가을	겨울	
15	색	파랑	빨강	노랑	흰색	검정	
16	오과	오얏	은행	대추	복숭아	밤	
17	오기	바람	더움	습함	건조	추움	
18	오미	신맛	쓴맛	단맛	매운맛	짠맛	
19	오체	마음, 힘줄	체온, 맥	살	호흡, 살갗, 털	피, 뼈	
20	오장육부 및 질환	간장, 쓸개, 신경, 얼굴, 두통	심장, 소장, 눈병, 편두통, 고혈압증	비위, 위장, 피부, 당뇨, 복부	폐장, 대장, 근골, 사지, 호흡질환	신장, 방광, 자궁, 혈액, 생식기	
21	오지	분노	기쁨	번민	슬픔	두려움	
22	오관	눈	혀	몸	코	귀	
23	조후	따뜻함	열남	건조하고 습함	차가움	추움	
24	방위	좌	전	중앙	우	후	
		좌	상	중앙	우	하	
25	작용	생	장	화	수	장	
		상승	분산	조화	취합	하강	
26	감각	시각	후각	미각	촉각	청각	
27	소리	호령	웃음	노래	통곡	신음	
28	냄새	노린내	탄내	향내	비린내	썩는내	
29	액	눈물	땀	침	콧물	가래	
30	동물	파충류	조류	포유류	갑각류	어류	

번호	오행의 종류	목(3,8) 양	목(3,8) 음	화(2,7) 양	화(2,7) 음	토(5,10) 양	토(5,10) 음	금(4,9) 양	금(4,9) 음	수(1,6) 양	수(1,6) 음	비고
31	모음	e		I		a		o		u		
32	음	각(솔)		치(라)		궁(레)		상(시)		우(미)		
33	도형	△		▽		○		□		•		
34	손가락	장지		검지		엄지		약지		소지		
35	음질	알토		소프라노		테너		바리톤		베이스		
36	나무	가지		꽃(잎)		줄기		열매		뿌리		
37	사람	왼손		오른손		머리		오른발		왼발		
39	상생상극	목생수, 목극토		화생토, 화극금		토생금, 토극수		금생수, 금극목		수생목, 수극토		
40	구성법 (오행)	탐랑성 (목체길)		염정체 (화체흉)		녹존성(토체흉), 거문성(토체길), 좌보성(토체 소길)		무곡성(금체길), 파군성(금체흉), 우필성(금체소길)		문곡성 (수체) (길흉반반)		오행과 산모형으로 구분
41	오형체	목성 직용		화성 첨예		토성 방정		금성, 광원		수성 곡동		
42	주마육임	간, 을, 병, 곤, 신, 임		자, 인, 진, 오, 신, 술				건, 손, 갑, 정, 경		축, 묘, 사, 미, 유, 해		
43	구묘오행	곤, 임, 을, 간, 병, 신		신, 자, 진, 인, 오, 술				손, 경, 계, 건, 갑, 정		사, 유, 축, 건, 갑, 미		구묘 혈좌와 신묘좌, 포태법
44	납음오행	무-술, 진 기-해, 사 임-자, 오 계-사, 미 경-신, 인 신-유, 묘		병-인, 신 정-묘, 유 무-자, 오 기-축, 미 갑-진, 술 을-사, 해		경-자, 오 신-축, 미 무-인, 신 기-유, 묘 병-진, 술 정-사, 해		신-자, 오 을-축, 미 임-인, 신 계-묘, 유 경-술, 진 신-해, 사		갑-인, 신 을-묘, 유 병-자, 오 정-축, 미 임-술, 진 계-해, 사		투기와 좌 및 산 관계

구성득파법 (좌와 득파)	일상파군 이중록존 삼하거문 사중탐랑 오상문곡 육중염정 칠하무곡 팔중보필			
구성궁길흉	① 파군은 파재, 객사 　　② 녹존은 질병, 단명 　　③ 거문은 사령관 ④ 탐랑은 재금, 부귀 　　⑤ 문곡은 문장 　　⑥ 염정은 흉살 ⑦ 무곡은 무관 　　⑧ 보필은 성공			

정음정양	정 음	간병손신태정사축진경해미			
		건갑득파는 목염	곤을득파는 풍염	감손신진득파는 수염	이임인술득파는 화염
	정 양	건갑곤을감손신진리임인술			
		진경해미득파는 목염	태정사축득파는 화염	손신득파는 풍염	간병득파는 수염

포태법	포태	포태양생욕대관왕쇠병사장	
	순서	금인수토사목신화해 양순음역	
납음오행 찾는 법	천간 : 1. 갑을 　2. 병정 　3. 무기 　4. 경신 　5 임계	천간수＋지지수 = 합수
	지지 : 1. 자축오미 　2. 인묘신유 　3. 진술사해	1 목 2 금 3 수 4 화 5 토

8

하늘과 땅의 기운을 한눈에 볼 수 있는 것이 현실에 있다니?

[9층 패철]

Q 풍수에서는 나경(패철)을 통해 지기가 응집된 혈처를 찾는다고 하는데 모든 유파가 주요시 합니까?

A 이기풍수에서 중요시하나 형기풍수나 물형론에서는 참고는 하나 절대적으로 의지하지는 않습니다. 이기풍수에서는 방향성에서 음양오행을 읽고 해석하나 형기풍수나 물형에서는 눈앞에 있는 자연을 보면 당연히 알 수 있다고 합니다. 예를 들면 사람의 구성원소를 모르더라도 눈앞에 있는 사람을 보면 사람의 남녀노소를 알 수 있는 것과 같다고 합니다.

[9층 패철]

층	내용	의미	비고
1층	용상팔상	• 가장 두려운 殺이니 이 향을 피하라 • (팔달황천) 좌로 판정하여 풍살과 내수를 피한다.	
2층	팔요풍	• 찬바람이 불어오는 방위이니 비보 • (팔로사로 황천살) 향으로 판정 내수와 거수를 피한다.	일명 팔대황천
3층	삼합오행	• 용, 향, 파의 삼합을 표시, 120도 각도임 • (삼합오행) 좌와 득수, 비석들의 합이 좋다.	원관통규라 함
4층	지반정침	• 내룡의 이기 격정, 주택의 좌향 판단 • (지반정침) 패철 중에서 좌향을 잡는 등, 가장 근본이 되는 칸이다.	내반정침, 정침
5층	천산72룡	• 과협내 생기가 흐르는 방위 측정 • (천산72룡) 산에서 내려오는 태를 잉에서 판정한다. 글자칸 2번째 4번째만 사용할 수 있다.	현장에서 적게 쓰임
6층	인반중침	• 방위에 따른 砂(산)들의 영향력 표시 • (인반중침) 주위의사를 판정할 때 4층 지반정침보다 7.5° 늦은 음이기에 산, 바위, 나무 등을 측정한다.	중침

층	내용	의미	비고
7층	투지60룡	• 혈장내에서 혈의 중심을 정함 • 잉에서 육으로 입수되는 지맥을 판정 2번째, 4번째만 사용한다.	
8층	천반봉침	• 득수 및 파의 격정 • (천방봉침) 주위의 사를 판정할 때 4층 지반정침보다 7.5°빠른 양이기에 물을 측정한다.	외반봉침, 봉침

9층	봉침분금	• 발복의 신속을 유도
		• (분금) 망인에게 극하는 납음오행을 피한다.
		  좌를 기준으로 망자의 생년을 생해 주거나,
		  투지룡을 생하거나, 양태음수, 음수양태 분금한다.
			영록(좌),
			차록(우)

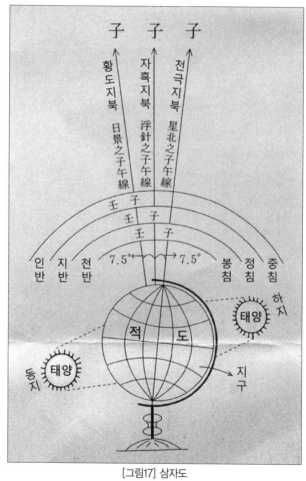

[그림17] 삼자도

9

일기예보처럼 나에게 좋은 시간이 있다니?

[생기복덕표 및 이사날짜]

Q 인간사 많은 일에서 음양오행상 쉽게 좋은 날을 택하는 방법이 있습니까?

A 선현들이 정교하게 택일하는 방법을 분류해 놓았습니다. 그러나 일반인들은 그것을 다 익히기도 어렵고 적용범위도 달라서 혼란이 오기도 합니다. 누구나 간명하게 채용할 수 있는 것이 생기복덕표입니다. 나이는 한국의 실제나이로 하면 됩니다.

1. 생기복덕표

남·여 연령(한국 실제나이 기준)												생기(生氣)	천의(天宜)	절체(絶體)	유혼(遊魂)	화해(禍害)	복덕(福德)	절명(絶命)	귀혼(歸魂)
남	2	10	18	26	34	42	50	58	66	74	82	戌	午	丑寅	辰巳	子	未申	卯	酉
여	10	18	26	34	42	50	58	66	74	82	90	亥		丑寅	辰巳		未申		
남	3	11	19	27	35	43	51	59	67	75	83	酉	卯	未申	子	辰巳	丑寅	午	戌亥
여	9	17	25	33	41	49	57	65	73	81	87			未申		辰巳	丑寅		戌亥
남	4	12	20	28	36	44	52	60	68	76	84	辰巳	丑寅	午	戌亥	酉	卯	未申	子
여	8	16	24	32	40	48	56	64	72	80	88	辰巳	丑寅		戌亥			未申	
남	5	13	21	29	37	45	53	61	69	77	85	未申	子	酉	卯	午	戌亥	辰巳	丑寅
여		15	23	31	39	47	55	63	71	79	87	未申					戌亥	辰巳	丑寅
남	6	14	22	30	38	46	54	62	70	78	86	午	戌亥	辰巳	丑寅	未申	子	酉	卯
여	7	14	22	30	38	46	54	62	70	78	86		戌亥	辰巳	丑寅	未申			
남	7	15	23	31	39	47	55	63	71	79	87	子	未申	卯	酉	戌亥	午	丑寅	辰巳
여	6	13	21	29	37	45	53	61	69	77	85		未申			戌亥		丑寅	辰巳
남	8	16	24	32	40	48	56	64	72	80	88	卯	酉	子	未申	丑寅	辰巳	戌亥	午
여	5	12	20	28	36	44	52	60	68	76	84				未申	丑寅	辰巳	戌亥	
남	9	17	25	33	41	49	57	65	73	81	89	丑寅	辰巳	戌亥	午	卯	酉	子	未申
여	4	11	19	27	35	43	51	59	67	75	83	丑寅	辰巳	戌亥					未申

① 생기 : 대길, ② 천의 : 대길, ③ 절체 : 길하지도 흉하지 않다. ④ 유혼 : 길하지도 흉하지도 않다. 여행에 좋음 ⑤ 화해 : 대흉 ⑥ 복덕 : 대길 ⑦ 절명 : 대흉 ⑧ 귀혼 : 소흉이니 부득이한 경우에 사용, 협상에 좋은 날

2. 이사날짜(음력)

가. 손 있는 날과 방위(태백살방)

① 11, 21일은 동쪽

② 12, 22일은 동남쪽

③ 13, 23일은 남쪽

④ 14, 24일은 서남쪽

⑤ 15, 25일은 서쪽

⑥ 16, 26일은 서북쪽

⑦ 17, 27일은 북쪽

⑧ 18, 28일은 북동쪽

⑨ 9, 10, 19, 20, 29, 30일은 없다(하늘)

나. 이사하는 데 나쁜 방위

① 대장군방

• 인, 묘, 진년 : 북쪽

• 사, 오, 미년 : 동쪽

• 신, 유, 술년 : 남쪽

• 해, 자, 축년 : 서쪽

② 삼살방

• 신, 자, 진년 : 남쪽

• 해, 묘, 미년 : 서쪽

• 인, 오, 술년 : 북쪽

• 사, 유, 축년 : 동쪽

③ 월살방(음력)

• 1, 5, 9월 : 축방위

• 2, 6, 10월 : 술방위

- 3, 7, 11월 : 미방위
- 4, 8, 12월 : 진방위

다. 이사하기 좋은 날

① 일반 길일
- 갑자, 갑인, 갑신, 갑술, 을축, 을묘, 을미, 을해, 병인, 병오, 정축, 정묘, 정미, 기사, 기미, 경자, 경인, 경오, 경신, 경술, 신미, 신유, 임인, 임진, 계축, 계묘, 계미
- 천덕일, 월덕일, 천덕합일, 월덕합일, 천은일, 황도일, 모창상길일

② 일반 이사 및 입택길일
- 갑자, 을축, 을묘, 을미, 을유, 병인, 병진, 병오, 정축, 정사, 기미, 경인, 경오, 경신, 경술, 임인, 임진, 계축, 계사
- 월은일, 사상일

③ 월별 이사 길일(음력)
- 1월 : 병진, 정미, 신미, 임진
- 2월 : 갑자, 갑오, 을축, 을미
- 3월 : 병인, 기사, 경자, 경오, 임인
- 4월 : 갑오, 병오, 경오, 계묘
- 5월 : 갑신, 경진
- 6월 : 갑인, 정유
- 7월 : 갑술, 경술
- 8월 : 을해, 신해, 계축
- 9월 : 갑오, 갑신, 병오
- 10월 : 갑자, 갑오, 무자, 경진, 임오, 계축
- 11월 : 을축, 을미, 정축, 정미, 신미, 계축
- 12월 : 갑인, 을해, 정묘, 기해, 경인, 신해

④ 신축건물 입주 길일
- 갑자, 을축, 무진, 경자, 경인, 경오, 계축, 계사, 계유

⑤ 계절별 길일(음력)
- 봄 : 1, 2, 3월 － 갑인

- 여름 : 4, 5, 6월 − 병인
- 가을 : 7, 8, 9월 − 경인
- 겨울 : 10, 11, 12월 − 임인

⑥ 월별로 이사를 하기에 흉한 날(음력)

구분	1월	2월	3월	4월	5월	6월	7월	8월	9월	10월	11월	12월
수사일	무	진	해	사	자	오	축	미	인	신	묘	유
귀기일	축	인	자	축	인	자	축	인	자	축	인	자
왕망일	인	사	신	해	묘	오	유	자	진	미	술	축
은황살일	미	술	진	인	오	자	유	신	사	해	축	묘
빙소와해일	사	자	축	신	묘	술	해	오	미	인	유	진
신호귀곡일	미술	술해	자진	축인	인오	자묘	진유	사신	사오	미해	축신	묘유

* 위의 내용 외의 일반적인 흉일과 본인 사주와 맞지 않을 때도 참고해야 한다.

⑦ 이사나 이동에 영향을 받는 방위와 달(음력)

출생 띠	영향이 미치는 방위	가장 변화를 많이 받는 생월	이사를 가서는 안되는 달
토끼띠	동	3월생	2월
닭띠	서	9월생	7월
말띠	남	6월생	4월
쥐띠	북	12월생	3월
소띠, 범띠	동북	1, 2월생	5월
용띠, 뱀띠	동남	4, 5월생	6월
양띠, 원숭이띠	남서	7, 8월생	8월
개띠, 돼지띠	북서	10, 11월생	10월

3. 택일하여 시를 잡는 방법 : 혼인, 이사, 안장, 기도, 고사 등(황도시로도 됨)

날짜	갑	을	병	정	무	기	경	신	임	계
시	축, 인, 미	자, 묘, 신	사, 유, 해	오, 유, 해	진, 술, 축, 미	자, 축, 미, 신	축, 미, 신	자, 신, 유	자, 묘, 사	묘, 사, 해

10

사람과 물건도 서로 만나면 좋아지고 미워하는 관계가 있다니?

[형, 충, 파, 해, 3합]

Q 풍수에도 음양오행 이론이 그대로 적용되는지요?

A 학문은 하나의 도나 발현형태를 달리하고 있다는 것을 인정한 학자들이 통섭의 학문을 주장하고 있습니다. 역학에서의 형, 충, 파, 해 3합 등도 풍수에 당연히 활용할 수 있습니다. 크게는 같고 작게 보면 조금 다르게 보일 뿐입니다.

[형, 충, 파, 해살 및 육합, 삼합 일람표]

	자	축	인	묘	진	사	오	미	신	유	술	해
자	自刑	合		刑	三合		沖	害	三合	破		
축	合			破	三合	害	刑,沖	三合		刑		
인						刑,害	三合		刑,沖		三合	破
묘	刑				害		破	三合		沖		三合
진	三合	破		害	刑				三合	合	沖	
사		三合	刑,害						刑,沖	三合		沖
오	沖	害	三合	破			刑	合		三合		
미	害	刑,沖		三合			合			刑,破	三合	
신	三合		刑,沖		三合	刑,破						害
유	破	三合		沖	合	三合				刑	害	
술		刑	三合	合	沖		三合	刑,破		害		
해			破	三合		沖		三合	害			刑

※ 형(刑), 충(沖), 파(破), 합(合), 해(害)

11

비법의 전수가 실력의 차이를 가져오는지?
[지식의 2가지 유형(풍수지리에서의 실력 차이)]

풍수이론은 많지도 않은데 어찌하여 풍수지리가들의 실력 차이가 심합니까?

풍수이론만 공부하면 현장경험이 없어 이론의 정확한 해석이 어렵고, 현장 경험만 있으면 이론을 통한 실력상승의 기회를 접하기 어렵습니다. 음택을 모르면 땅의 미묘함을 모르니 양택 풍수(인테리어 풍수)에서 어긋나는 해석을 하기 쉽습니다.

또한 중국이론의 전래로 풍수가들이 중국어와 한자실력이 불충분해서 중국책 번역본에 의존하는 경우가 허다한데 번역자는 현장풍수를 모르니 잘못된 번역을 하고 오류를 모르니 학위논문에 인용되면서 오히려 정확한 것으로 인식하는 잘못을 범하고 있습니다.

그렇다 보니 저자들조차 중국원문을 틀린 줄도 모르고 해석한 것을 교수하니 제자들도 틀린 이론을 정확한 이론으로 알고 활동하고 있습니다. 풍수책도 최소한 100권 이상은 읽어야 하며 현장도 1천 군데 이상 공부함으로써 풍수로 타인에게 기여토록 해야 할 것입니다. 인터넷 포털사이트의 답변들도 어느 사이트의 경우 80% 이상이 틀린 답변인데, 문외한들은 틀린 답변인 줄 모르고 따르고, 답변하는 사람도 부분공부로 남에게 해를 끼치고 있습니다.

전국의 묘지를 답사해 보면 80% 이상이 잘못된 경우로 보입니다. 묘주는 묘지의 잘못잡음을 모르고 그 흉화를 입으면서 자기의 운명만 탓하는 것을 보면 안타까움을 금할 수 없습니다. 어떤 학문분야보다 지식에 있어 암묵지의 역할이 큰 분야라 풍수분야이므로 많은 연마와 공부가 있어야 할 것입니다. 많은 전문가들이 자기의 핵심지식을 책에다 언급하지 않으며 비급으로 전래하고, 다양한 경험과 많은 분야의 학문을 종합적으로 공부해야만 풍수를 정확히 알 수 있음을 볼 때, 섣불리 공부가 완성되었다고 주장해서는 안 될 것입니다.

형식지와 암묵지

구분	형식지	암묵지
정의	언어로 표현 가능한 객관적 지식	언어로 표현할 수 없는 주관적 지식
특징	언어를 통해 습득된 지식 전수가 상대적으로 쉬움	경험을 통해 몸에 밴 지식 전수하기 어려움
속성	구체성·공식적·체계적	추상적·개인적·비체계적
예	비행기 조정매뉴얼, 프로그램	비행체험과 훈련에 의해 생긴 지식

12

외국엘 나가면 한국을 더 잘 알 수 있다니?

[풍수와 인접학문]

Q 풍수를 파악하기 위해서는 관련학문과 어떻게 연결되었는지를 보는 것이 중요하다고 보는데 인접학문과 차이는 무엇인가요?

A 한국을 잘 알기 위해서는 해외여행을 해 보는 것이 중요하며, 학문의 발전을 위해서 학문과의 통섭이 강조되기도 합니다. 풍수도 동양학문이므로 서양학문과 대비점이 무엇인지 동양학 중에서는 어떠한 지위에 있는지를 알아보면 풍수의 윤곽을 쉽게 파악할 수 있습니다.

[풍수와 인접학문]

1. 동양학에서 사람의 운명을 결정짓는 요인으로

① 문(가문, 핏줄) ② 택(음택, 양택) ③ 명(사주팔자, 출신배경) ④ 수(수양, 공부) ⑤ 상(관상, 생김새)으로 크게 분류하기도 한다.

2. 하늘과 인간을 주로 연구하는 학문인

① 성리학은 인간의 본질을 이와 기로 해석하면서 인간내면을 분석하고, ② 주역은 하늘의 뜻을 시기를 통해 알아보고, 모든 사물을 음양으로 풀이하며 시간적 개념을 적용하며, ③ 중용은 음과 양의 조화, 평상심, 중도를 통해 하늘의 뜻을 궁구하며, ④ 사주학은 인간이 태어난 연월일시로 사주를 세워 주로 오행으로 해석하고 8자의 조화를 보면서 인간관계의 상호관련성을 알아보는 학문이다.

3. 땅에 관한 학문을 보면

① 지리학은 땅의 껍질 즉 지표면의 해석에 주안점을 두며, ② 지질학은 땅속 지하현상(암석, 흙, 물)에 대한 해석학이 주이며, ③ 풍수지리학도 동양의 풍수학과 서양의 지리학이 만나서 발생한 학문영역으로 볼 수도 있으며, 하늘과 땅, 인간이 조화를 이룬 적

합한 땅을 찾는 학문이라 볼 수 있다.

4. 상학의 종류, 통용기간 및 통용범위를 보면 묘지상이 가장 길고 넓다.

① 인상은 하나의 일, 일체, ② 이름상은 한 기간의 한 개인에 대해서만, ③ 인상은 일생 일인에, ④ 가상은 일대 일가에, ⑤ 묘지상은 영구히 일족에 대해 영향이 있으므로 묘지의 정혈이 중요하다.

5.

	하늘(사주)	사람(용모, 체상)	땅(가상)	총운
①	길	+ 길	× 길	= 대길
②	길	+ 길	÷ 흉	= 중길
③	길	− 흉	× 길	= 중길
④	길	− 흉	÷ 흉	= 소길
⑤	흉	+ 길	× 길	= 중길
⑥	흉	+ 길	÷ 흉	= 소길
⑦	흉	− 흉	× 길	= 소길
⑧	흉	− 흉	÷ 흉	= 대흉

13

사람의 운명을 어떻게 파악하지?

[인간의 운명과 길흉화복]

Q 사람의 운명을 결정짓는 요인이 다양하리라 봅니다. 땅이나 인간이나 음양의 조화와 부조화의 순환 때문입니까?

A 인간의 의지에 의해 바꿀 수 있는 부분도 있지만 신이 아닌 인간이기에 운명의 굴레에 갇혀 허우적거리기도 합니다. 풍수상 음양의 부조화로 나타난 흉을 선현들의 노력 덕에 미리 알 수 있고 그것을 비보할 수도 있으니 이는 지혜로써 운명을 바꾸는 것입니다.

[인간의 운명과 길흉화복]

1. 사람의 운명을 결정짓는 요인(동양학에서)

① 문(가문, 핏줄)

② 택(양택, 유택)

③ 명(사주팔자, 출신배경)

④ 수(수양, 공부)

⑤ 상(관상, 생김새)

2. 음양의 조화

음양이 한 쪽에 치우치면 생기는 곧 흩어지는데 치우칠수록 그만큼 더 흩어진다. 이것이 극단에 치우치면 4종의 악기가 되며, 순음순수이면 첨리한 살기, 순양순수이면 산만한 사기(死氣), 순음순화이면 옹종한 병기, 순양순화이면 말라 흩어지는 패기가 되는데 이것은 모두 범해서는 안 되는 것들이다. 생기란 지리의 주로, 결국 생기를 타는 것에 지나지 않는다. 생기는 음양의 교구로 수화기제, 즉 완성의 결과로 나타난다.

3. 혈에 있어서 길흉 판단법

① 남녀노소 − 첫 자 음양으로

② 장손지손은 - 천간지지로

③ 흥망성쇠 - 배합 불배합

④ 운세시기 - 하락수리

⑤ 병폐시 반음반양 - 음행(머리글자에 의해 남녀주체가 결정)

⑥ 입수가 기울면 - 이혼

⑦ 패철 방위가 건술이고

　　백호배반 - 여자 쪽이 이혼(주인공)

　　청룡배반 - 남자 쪽이 이혼 주도

⑧ 순양병패 - 축첩, 호탕하고 난폭(술건, 자계)

4. ① 입수는 장손가 장자, 선익은 중자, 당판은 중자손

　② 당판 옆에 암석이 있으면 중자가 세도하고 벼슬하며 지각이 잘 발달되어 있으면 자손이 많다.

　③ 전순은 막내의 몫, 순이라도 암석이 있으면 검사 판사의 벼슬로 본다.

　④ 혈장으로 흘러오는 내룡 상에 생기는 지각은 처첩으로 본다.

5. 사격의 화복 추산법

　① 사격이 당판과 가까운 것은 속발로서 30년 내에 발복한다.

　② 사격이 용호나 조산밖에 있으면 다음 대에 발복한다.

　③ 혈 앞에 큰 강물이나 저수지는 적게 보이면 길하고, 넓게 보이면 재산의 손해를 본다.

　④ 바다의 망망대해가 보이면 혈이 잘 맺히지 않고 적게 보여야 결혈이 된다. 최소한 작은 성이라도 안산으로 보이면 혈이 맺게 된다.

　⑤ 연지수가 보이면 어린 나이에 질병이 생겨 요절하고 가난하게 된다.

　⑥ 혈상에 귀암석이 붙어 있으면 이상지기가 되어 발복 시효를 60년으로 추산한다.

　⑦ 차돌이 묘 옆에 크게 서있으면 명혈일 경우에는 큰 벼슬에 오르고 비혈일 경우에는 오히려 청상과부가 많이 난다.

　⑧ 묘 주변에 불필요한 잡석이 많으면 조석으로 시비가 많고 3년 이내에 관재구설로 파산한다.

14

이 어려움을 이렇게 벗어나 볼까?

[개운법]

 풍수는 음양오행의 기를 이용한다고 말하는데, 방향이나 택일을 통한 기의 변화로 개운하는 법도 있는지요?

위치를 정하는 것은 기맥 위에서 기를 이용하는 것이고, 천기를 이용하자면 방향과 날 짜를 정확히 하는 것이 중요합니다. 방향과 날짜에 따라 구성하는 음양오행에 차이가 있기 때문입니다. 의사가 환자를 치료 시 복합적인 시술을 하듯이 현실에서 활용하는 것도 지혜라 봅니다.

[개운법]

1. 상업 사업이 부진할 때

그 업주의 출생년지(年支 : 띠)에 장성살 방향에 출입문이 있기 때문인데 이를 폐문하고 육해살 방향으로 출입하거나 햇볕을 받으면 좋다.

2. 손님을 오게 하는 법

장사를 하고 있는 점포에 손님이 갑자기 끊어져서 오지 않을 때는 깨끗한 백소금을 밥그릇 크기보다 큰 곳에 높이 가득 담고 손님이 출입하는 문 옆 또는 계산대 옆에 놓으면서(객객래객 급급여률령) 세 번을 읊으면 손님이 온다.

3. 재물운을 일으키는 민간비법

① 눈썹은 눈과 거리가 멀어지도록 다듬는다. 인당, 콧등, 혹은 볼 양쪽에 메이컵 베이스를 바른다. 콧구멍을 빠져나온 콧털은 반드시 제거해야 한다.

귓불에는 되도록 구멍을 뚫지 않아야 자신의 재운이 증가된다.

② 반지는 언약의 증표로 자주 쓰이지만 또한 재산증식의 효력도 있다. 금속반지가 좋은데 남자는 오른손 무명지에, 여성은 왼손에 낀다면 재산증식의 효과를 볼 수

있다.

　옥 반지는 편재(偏財) 작용을 한다. 남자는 왼손 새끼손가락에, 여자는 오른손 새끼손가락에 낀다면 의외의 경사가 생길 수도 있다.

③ 출입구에 펴놓은 발판 밑에 동전 6개를 깔아두고 집안으로 들어설 때마다 '재운을 안고서 집안으로 들어왔네' 라고 마음으로 되뇌어라. 이때는 반드시 진실이 담겨 있어야 한다.

4. 매사성취 개운 비법

가. 천살방에는 종교물이 있으면 실패하고, 반안살방향 또는 화개살방향에 있으면 운이 좋거나 성공하게 된다.

나. 장성살방향에 창문이 있거나 출입문 등 있으면 실패하거나 적자를 면치 못하고 반대로 장성살방향에 문을 폐쇄하여야 성공한다.

다. 천살방향으로 이사했고 잠잘 때 취침방향도 천살방향이면 반드시 실패하고, 반대로 반안살방향으로 이사나 출근하고 상업 사업체가 있다면 성공하게 된다. 그러나 조상 등 가족묘지는 반안살방향이면 패망하게 된다.

라. 남자가 결혼이 잘되지 않을 때는 천살방향으로 잠자기 때문이고, 여자는 반안살방향으로 머리를 두고 잠자기 때문인데 결혼을 빨리 하고자 하거든 남자는 반안살방향으로 잠자고 여자도 반안살 방향으로 머리를 두고 잠자면 1년내에 결혼이 성립된다. 그러나 결혼한 여성이라면 반안살방향으로 머리를 두고 잠자야 남편이 성공하게 된다. 만약 남편이 외도가 심하면 천살발향으로 잠자면 남편은 매사 잘 풀리지 아니하여 집으로 돌아오는 경우가 많다.

마. 학생은 우등생이 되려면 천살방향에 책상을 두고 천살방향을 향하여 공부해야 하고 열등생은 반안살방향으로 책상을 두고 그 방향을 보고 공부하게 되고, 재수생이 학교를 꼭 입학하려면 월살방향에 학교를 선정하면 입학되는 경우가 많다고 한다. 천재아를 출생하려면 병원의 큰문이 출생아를 기준으로 재살방향에 나 있으면 천재아를 출산한다.

5. 아들, 딸 골라서 낳는 비법

가. 아들 낳으려면 염색체의 정자와 결합하기 위해 결합이 용이하도록 해야 한다. 여

성의 체액이 딸인 경우는 산성(Y염색체 활동저조, X염색체 활동 활발), 알칼리성인 경우에는 아들이 출생할 확률이 높다. 신체적 리듬 고조기인 경우는 체액이 알칼리성을 띠고 감성리듬 고조기에는 체액이 산성이 됨. 따라서 아들을 원한다면 여자의 신체리듬이 고조기에 달했을 때의 배란기와 일치하는 날을 택하면 된다.

나. 아들과 딸 출생비법

부부가 초저녁에 잠잔 후 01시부터 05시 사이 남자 출생 년지로 반안살방향으로 여자를 눕힌 상태에서 성교하면 태아는 남아가 절대적으로 많고, 반대로 초저녁에 천살방향으로 여자를 눕힌 상태에서 성교하면 100% 여아를 태교 분만하게 된다.

6. 잉태한 달로 남녀구별 아는 법(태산 짚는 법)

연령 \ 잉태한 달	1월	2월	3월	4월	5월	6월	7월	8월	9월	10월	11월	12월
18세 여	여	남	여	남	**남**	남	남	남	남	남	남	남
19세 여	남	여	남	여	**남**	남	여	여	여	여	남	여
20세 여	여	여	남	남	남	남	남	남	남	남	남	남
21세 여	남	여	남	여	남	여	여	여	여	여	여	여
22세 여	여	남	남	여	여	여	여	여	여	여	여	여
23세 여	남	남	여	남	남	여	남	여	남	**남**	남	여
24세 여	남	여	남	여	남	남	여	여	여	여	여	여
25세 여	여	남	여	여	남	여	남	남	남	남	남	남
26세 여	남	여	남	여	여	남	여	남	여	여	여	여
27세 여	여	남	여	여	여	남	여	여	남	여	여	남
28세 여	남	여	남	여	여	여	남	남	남	남	여	남
29세 여	여	남	여	남	남	남	남	남	남	여	여	여
30세 여	남	여	남	여	여	여	여	여	**여**	여	여	남
31세 여	남	여	남	여	여	여	여	여	여	여	남	남
32세 여	남	여	남	여	여	여	여	여	여	여	남	남
33세 여	여	남	여	남	남	여	남	여	여	여	여	남
34세 여	남	여	남	여	남	여	여	여	여	여	여	남
35세 여	남	남	여	남	여	여	**여**	남	여	여	여	남
36세 여	남	남	**남**	여	남	여	여	남	남	여	남	여

연령 \ 잉태한 달	1월	2월	3월	4월	5월	6월	7월	8월	9월	10월	11월	12월
37세 여	남	여	**남**	남	여	남	여	**남**	**여**	남	여	남
38세 여	여	남	여	**남**	남	여	**남**	여	남	**여**	남	여
39세 여	남	여	남	여	**남**	**여**	여	남	여	남	여	남
40세 여	남	남	남	남	여	남	남	남	여	남	여	남
41세 여	남	남	남	남	여	남	남	**남**	여	남	여	남
42세 여	여	남	여	남	여	남	여	남	**남**	여	남	여
43세 여	남	여	남	여	남	여	남	여	남	**남**	여	남
44세 여	**남**	남	여	남	**남**	남	여	남	여	남	여	여
45세 여	여	**남**	남	여	남	여	남	여	남	남	남	남
46세 여	남	여	남	남	남	여	남	여	남	여	남	남
47세 여	여	남	남	여	남	남	여	남	여	남	여	여
48세 여	남	여	남	여	남	여	남	여	남	여	남	남
49세 여	**남**	남	여	남	여	남	남	여	여	남	여	남

※ 남, 여(진한색) …… 특히 건강한 자녀의 표시

예) 33세 여자가 5월에 잉태했다면 33세 5월을 보면 남아인 것을 알 수 있다.

임신 중 아들 · 딸 아는 방법

임신 초기 3개월 정도일 때 임산부의 배꼽이 나오면 딸이고, 8개월 정도일 때 배꼽이 나오면 아들이다.

※ 배꼽 위쪽에서 놀면 사내아이이고, 아래쪽에서 놀면 딸이다.

15

백년 사이에 수명이 두 배로 늘다니?

[인간수명의 연장]

Q 인간의 수명연장에 최근 급격한 발달을 이룬 의학의 기여도가 가장 많지 않습니까?

A WHO 헌장상에서 건강을 정의하기를 ① 질병이 없거나 허약하지 않은 것 ② 신체적, 정신적, 사회적으로 완전히 안녕한 상태에 놓여 있는 것이라 합니다. 1900년대 초에는 미국의 평균수명이 40~45세였으나 2000년대 초에는 70~80세까지 늘어난 것을 볼 수 있습니다.

1. 인간수명의 연장에 기여분야

① 상하수도시설 정비완료

인간 수명 연장에 가장 큰 기여(20~30년)

영 : 1945년 중반

한 : 1980년대 중반 정비 완료

② 신약(약학, 생리학 등) : 약 5년 연장(인류학자들의 계산)

③ 의술 : 약 5년 연장

진단용 기기, 치료용기기 — 2년(자연과학, 공학)

2. 지구표면에서 중심까지의 거리가 6370km인 지구가 초당 464m 자전, 30km 공전을 하면서 지구표면에 기를 발산하고 있다. 상하수도 시설 정비가 인류 수명 연장에 가장 큰 기여를 한 것을 귀납적으로 살펴보면 대지의 기의 정화와 그 정화된 기가 인간과 동식물에 영향을 미쳤고 먹이사슬의 정점에 있는 인간이 누적적으로 좋은 기를 흡수했다고 해석할 수 있을 것이다.

3. 모든 물질은 그 물질의 기본이 되는 1개 이상 원자의 결합이 있어야 그 물질이 구성된다. 그 물질의 구성은 중성자와 전자 그리고 원자핵으로 구성되어 있다. 전자는 마이

너스(−)이고 원자핵은 플러스(+)이기 때문에 전자는 원자핵의 주위를 빠른 속도로 돌면서 고유의 진동수를 가진 미약한 진동파를 발산하고 있다. 이것을 파동(波動)이라고도 하고 파장(波長)이라고도 하며 또는 그 물질 고유의 기(氣)라고도 칭할 수 있는 것이다. 기는 만물의 구성체이자 운영체이다.

16

도대체 기가 무엇이길래 기에 관한 말들이 많지?

[기]

Q 우주의 본체가 "이" 인지 "기" 인지에 대한 논쟁도 있었지요. 기란 도대체 무엇인가요?

A 기는 풍수의 가장 중요한 요소로 지관이 기를 감지할 수만 있다면 그것이 전부입니다. 존재와 본질과 현상과 운동의 기본요소로서 이는 기에 붙어 있고 기는 형에 둘러져 있습니다. 우주만물과 인간도 모두 기의 작용하에서 인기는 지기와 천기의 영향을 받지만 지기의 영향이 더 크다고 하겠습니다. 지기가 땅속을 끊임없이 움직이는데 지표 가까이 운행할 때 인간에게 더 이로우며, 기의 흐름은 너무 강해도 나쁘고, 너무 약해도 나쁘다고 합니다. 대기의 기가 인간의 기에 영향을 주고 한 인간의 기가 다른 사람에게 영향을 주는데, 결국 기의 조화가 세상에 평화를 가져다 준다고 하겠습니다.

[기에 대한 다양한 의견들]

1. 기(氣)에 대한 여러 가지 다른 표현

출처, 혹은 연구한 학자	명 칭
황제(皇帝)	기(Chi)
보이락(Boirac)	신경 방사활성도(Nerve Radioactivity)
다쉬카(Dashka)	프라나(Prana)
베르그송Bergson)	생명의 약동(Elan Vital)
피타고라스(Pythagorus)	뉴마(Pneuma)
드리쉬(Driesch)	엔텔레키(Entelechy)
히포크라테스(Hippocrates)	피지스(Physis) 혹은 비스메딕트릭스(Vis Medictrix)
카머러(Kammerer)	형성 에너지(Formative energy)

출처, 혹은 연구한 학자	명 칭
파라켈수스(Paracelsus)	퀸테센스(Quintessence)
후터(Huter)	헬리오다(Helioda)
헬몬트(Helmont)	아케우스(Archeus)
코르쉘트(Korschelt)	암태양기(Dunkle Sonnnstrahen)
플루드(Fludd)	유체(The Fluid)
뮐러(Muller)	인간 감정(Human Emotions)
스탈(Stahl)	애니마(Anima)
리차드(Richards)	바이오몰프(Biomorphs)
하네만(Hahnemann)	생명력(Vital Force)
버(Burr)	전기동력장(Electrodynamic Fields), 정전기장(Electrostatic Fields), 정전기장(Electrostatic Fields), 준정전기장(Qusai Electrostatic Fields) 생명장(Life Fields), L-장(L-Fields)
메스머(Mesmer)	동물자기(Animal Magnetism)
구르비치(Gurvich)	미토겐선(Mitogenic Radiation)
갈마니(Galvani)	생명력(Life force)
라이히(Reich)	오르곤 에너지(Orgone Energy)
라이헨바흐(Reichenbach)	오드 힘(Odic force)
브룬러(Brunler)	유전성 생체 우주에너지(Dielectric Bio-cosmic energy)
바라둑(Baraduc)	생명력(La Force Vitale) 비오드(Biod)
셀리예(Selye)	적응 에너지(Adaptive energy)
킬너(Kilner)	오라(The Human Atmosphere, Aura)
이뉴신(Inyushin)	바이오 플라스마(Bio-Plasma)
블롱들로(Blondlot)	N-선(N-rays)
모토야마(Motoyama)	기(Ki)
바레티(Barety)	신경 에너지(Neuric Energy)
밀러(Miller)	파라전기(Paraelectricity)
에이브람스(Avrams)	육체적 에너지(Physical energy), 정신적 에너지(Psychic energy), 오릭 에너지(Auric energy)
틸러(Tiller)	심령에너지장(Psycho Energetic Fields)

2.기

① 기는 수명을 결정지으며 맑으면 오래 살고, 탁하면 일찍 죽는다.

② 기가 맑으면 게으름이 없으니 쉬지 않는다. 기가 탁하면 게으르게 된다.

③ 기가 맑으면 흩어지지 않으며 온전히 맑으면 하나가 된 것이니 이것이 곧 명(命)이다.

④ 기는 마음과 몸과 같이 움직인다.

⑤ 마음과 몸이 기와 같이 움직이므로 기는 마음의 영향을 받으며, 또한 마음으로 기를 조절할 수도 있다. 몸에 대해서도 같은 관계가 성립한다.

⑥ 기는 동적이어서 쉬지 않는다. 멈추면 마음과 몸의 작동도 멈추고 동시에 만물도 사라진다.

⑦ 기는 하늘에 있는 구름에 비유할 수 있다. 만물은 하늘을 바탕으로 드러나는 구름과 같은 동적 형상이며 고정적인 실체가 있는 것은 아니다.

⑧ 기는 모든 현상과 변화의 근원이므로 산천과 근원을 같이 한다.

⑨ 원기(元氣)는 장부에 있다.

⑩ 기는 조(祖)이어서 능히 생멸하며 능히 증감한다.

⑪ 만물의 생성과 존재 운동에서 기는 빠질 수 없는 핵심적 요소이며 모두 기에 의해 가능하게 하게 되므로 모든 것이 기이고 기 덩어리라고 할 수 있다.

⑫ 마음은 생멸이 없으나, 기는 생멸이 있으니 모든 물질적 존재 및 생명체는 궁극적으로는 에너지의 엉킴, 즉 이에 따른 기의 엉킴에 의해 나타나는 기틀이다.

⑬ 기와 물질간의 물리적 반응이 가능하며, 따라서 기는 에너지적 특성을 지니고 있다.

⑭ 수십 km, 내지는 수천 km나 멀리 떨어져 있어도 목표 지향적 제어가 가능하다.

⑮ 기는 좋은 방향으로 혹은 나쁜 방향으로 반응을 일으킬 수 있는 양방향적 특성이 있으며, 반응을 일으킨 다음에 원상으로 되돌려 놓을 수도 있어 가역적이다.

⑯ 기는 단순한 에너지가 아니라 그 이상의 것으로서 에너지와 정보의 성질을 모두 가지고 있으며 발공자의 의지에 따라 자유자재로 조절이 가능하다.

⑰ 기의 물리적 특성으로는 인체 밖에서도 작용하며, 원거리에서도 가능하고 방향성이 있으며, 외부 형상과 뇌조직 간에 일종의 공간적 상관관계가 형성된다.

⑱ 기의 생리적 특성으로는 뇌 활동의 질서화가 증가하고 뇌 속에 스크린이 출현하는

듯한 감이 있으며, 생리적 변화를 유발거나 가감하는 것이 가능하다. 인체의 두 뇌뿐 아니라 전신의 세포가 공능의 근원, 전자파와 음파가 공진하면서 공력이 발휘된다.

3. 생체에너지의 기본적 특성

① 태양에서 근원하며 태양광선과 함께 온다.

② 모든 살아 있는 생체 안에 함유되어 있다.

③ 맥동하면서 방사하는 특성이 있다.

④ 호흡과 연관이 있으며 영향을 받는다.

⑤ 기후에 따라 바뀐다.

⑥ 감정적, 정신적 상태에 따라 영향을 받는다.

⑦ 하루 24시간 주기로 요동치며 변화한다.

⑧ 전기와는 다르게 거동한다.

⑨ 전도가 가능하다. 전도체에는 금속이나 물뿐만 아니라 유리, 수지, 비단, 그리고 다른 유기물질 등도 포함된다.

⑩ 특수한 용기에 저장할 수 있다.

⑪ 멀리 떨어진 다른 생체에 영향을 미칠 수 있다.

⑫ 치유 효과가 있다.

⑬ 태어나서부터 죽을 때까지 전성장과정을 주도하며 여기에는 치유도 포함된다.

⑭ 마음으로 조절할 수 있다.

⑮ 극성을 보인다.

⑯ 교신이 가능하다.

⑰ 빛처럼 반사가 가능하다.

⑱ 보다 농도가 높은 쪽으로 흐른다. 이것은 열역학 제2법칙인 엔트로피 법칙과 반대이다. 이 특성 때문에 생체에너지는 무질서에서 질서를 창출하는 것이 가능하며 이 결과 치유나 재생이 촉진된다.

"생체는 기계적, 진동적 혹은 파동적, 에너지적, 전기적, 정보적 네트워크이다."

4. 맹자

사는 곳, 거처는 사람의 기를 변화시킨다.

5. 혼탁한 기

낮 – 위로 흐르고

밤 – 아래로 흐르는 경향

6. 지기의 범위

지상 15m~35m까지는 정상적으로 발산되며, 생체리듬과 의식 활동에 보이지 않는 영향력 미침

7. 플라톤의 지령

어떤 장소는 사람들에게 보다 좋은 혹은 보다 나쁜 영향을 미친다. 인류문화는 특정한 장소 안에서 자연환경과 조화를 이루는 방향으로 변화되어야 한다. 그 장소가 인간에게 좋으냐, 나쁘냐 하는 것은 바람과 태양빛에 달렸으며 거기에 물과 토양도 중요하다. 이 에너지는 신체뿐만 아니라 인간의 선악에도 영향을 미친다. 또 어떤 장소에는 초자연적 영향력을 미치는 정령들이 집단으로 모여 있기도 한다.

8. 서경덕의 기철학 지기가 기철학의 출발점이다. 이 기를 공간적으로 파악하여 땅속에 흐르는 기, 즉 지기의 사실상 기를 이해하고 감지하는 능력이 풍수실력이다.

9. 풍수는 우주만물의 보이지 않는 기의 소리를 들을 수 있어야, 즉 기에서 흘러나오는 인간과 자연 사이의 침묵의 언어를 이해할 수 있어야 한다.

10. 육체는 빈껍질인데 이 껍질을 살아있게 해 주는 것이 기이다. 기가 온몸에 잘 순환되면 최상의 상태다. 기의 순환을 좋게 하려면 삶의 환경을 좋게 해야 한다. 이 기는 오로라 상태로 체외로도 빠져 나간다. 기가 아래로 내려가면 기분이 나빠지고 위로 오르면 흥분이 되며 입으로 모이면 말을 하고 싶어진다.

11. 지기가 사람의 기보다 센 곳을 보는 법

① 시내의 중심지에 있는데 특히 기후차가 심한 곳

② 시내의 중심지에서 특히 터의 높낮이가 너무 차이가 나는 곳

③ 나무가 잘 자라지 않고 짐승들이 사나운 곳

④ 여자들이 많이 모여서 살고 있는 곳

⑤ 360도를 기준으로 90도 방향에 해당하는 정동, 정남, 정서, 정북쪽은 사기의 방향
  이므로 터가 센 곳이다.

⑥ 과거의 역사를 미루어 봤을 때 전쟁터였던 곳

이런 터는 지기가 사람을 이기는 경우이므로 아무리 기가 세거나 노력이 강한 사람
일 지라도 대체로 피하는 것 외의 도리가 없다. 만약에 어쩔 수 없이 사업장을 하게
될 경우는 사업장의 환경(환경의 규모는 김천시내 시장이면 시장 전체를 말함)을 완
전히 바꾸어야 지기를 누르고 발복할 수 있는데 이럴 경우 원래의 명당보다 더 좋은
명당이 될 수 있다.

12. 기 있는 곳

① 수목이 잘 자란다(좋은 기 있는 곳)

② 가축이 잘 자란다(좋은 기 있는 곳)

③ 까마귀 같은 큰 소리로 우는 새나 사나운 개의 존재 → 불길한 기 암시

④ 나쁜 기 암시

  • 어떤 장소를 갔을 때 순간적으로 스위치를 켰을 때 전등이 안 들어옴

  • 마루에 죽은 새가 떨어져 있는 것

  • 잠시라도 밖에 장의차가 있는 것

⑤ 좋은 기 있는 곳

  • 번영하는 지역

13. 기의 종류

기는 만물의 근원이다. 기운이다. 이 세상 모든 것에 기가 있다. 사람도 세 종류의 기
를 갖고 있다.

첫째, 선천적으로 받는 기. 어머니 뱃속에서 열 달 동안 자라면서 받는 기인데 삼라만상의 기운 중에서 가장 빼어난 기이다. 가장 순수하고 가장 바꾸기 어렵다. 그래서 가장 중요하다. 둘째, 수행을 거듭함으로써 만들어지는 기. 어떤 사물에 대해서도 전혀 흔들림이 없을 정도로 수행하면 만들 수 있다. 셋째, 몸의 빈틈을 노리고 쳐들어오는 기. 이 나쁜 기는 병을 만들고 수명을 줄이고 운을 가로 막는다.

모태의 기를 잘 보존하고 수행으로 만든 기를 보태면 맑은 기운이 온 몸을 감싼다. 나쁜 기가 들어갈 여지가 없다. 기가 좋으면 색으로 나타난다. 누르스름하며 윤기가 흐른다. 색이 좋으면 좋은 일이 생긴다.

14. 형이상은 하늘의 원리를 따르고 형이하는 땅의 이치를 따른다. 하늘기운은 양성운동으로 팽창하려 하며 땅의 기운은 음성운동으로 수축하려 한다.

[그림18] 양성운동과 음성운동

15. 수련방법(기를 키우는 방법)

① 조식, 치성, 습자, 궁리

② 치성방법 : 당 앞에 향을 피우고 촛불을 밝히며 청수를 올린 다음 재배하고 정좌하여 신화경, 온묘경, 대순진리사안위경, 상택력혼성살독문, 천명인심회를 각각 3회 독하거나 7회 독한다.

16. 생기가 집중되는 혈을 찾는 방법에서는 기하학의 원리가 이용되나 주산과 좌우의 청룡백호를 세 꼭지점으로 한 삼각형을 상정한 뒤 외심 내심 중심 등의 지점을 혈처로 하는 것이다. 삼각형의 각 심들은 모두 그 나름으로의 기하학적 특성을 갖고 원리는 같다.

17. 생기란?

태극이 일(양)을 생하고, 일이 이(음)를 생하며 이 이(음과 양)가 삼을 생하는데 이 삼이 비로소 만물을 생한다. 이 삼이 바로 생기다.

18. 음양이 부합하여 천지가 서로 통하면 내기는 생명을 발하게 되고 외기는 물질을 만든다. 이 내외의 기가 서로 어울리면 풍수는 저절로 이루어진다.

19. 공기 중에는 우리 눈에 보이지 않고 우리의 감각기관으로 포착되지 않는 수많은 파장들이 지나간다. 자기장에 의한 자력선은 가장 좋은 예일 것이다. 원래 0.5가우스의 자력선이 공기 중에 지나는 것이지만, 빌딩이나 기타 인공건조물에 의하여 아파트 등에서는 그 절반인 0.25~0.26가우스 밖에는 받을 수 없기 때문에 이것이 신체에 이상을 유발시킨다. 또 이것은 사람이 어느 방향에 가장 오랫동안 노출되어 있느냐에 따라 받아들이는 정도에 큰 차이가 생긴다.

20. **뉴트리노** : 중성미자로서 질량은 없고 매우 빠르며 지구도 뚫고 지나가는 것으로 알려져 있다. 일부에선 이것이 기의 흐름이 아닌지 의심한다.

21. **복소(複素) 전기장 이론** : 기의 작용 기제 이론. 전류가 전선을 흐르면 그 주위에 자력선이 발생하는 것과 마찬가지로 기가 흐르면 그 주위에는 중력 회전장이 발생한다는 이론. 중력 회전장이 있기 때문에 다우징이나 펜듈럼을 이용하여 기를 측정하는 것이 아닌지 추정하기도 한다.

22. 매장한 지 얼마 안 된 몸에서는 안개 같은 것이 보이나 오래된 묘에서는 그러한 것이 보이지 않으며 이것을 오드의 분해과정으로 추정한다. 이 내용은 시신을 매장한 뒤 인체의 기가 흩어지는 데 수년이 걸린다는 것과 유사하다.

23. 자석의 양쪽 끝에서 불꽃처럼 춤추는 빛이 나오는 것을 암실에서 볼 수 있으며 사람이 옆에서 숨을 쉬면 이 빛이 촛불처럼 흔들린다.
이 빛은 렌즈로 집속이 가능하고 거울에 의해 반사가 되고 색깔을 띠고 있고 자석의 세기 방위, 거리 등에 따라 색깔이 다르다. S극은 뜨겁고 빨간 불쾌한 느낌이고, N극은 차갑고 파란 상쾌한 느낌이다. 이 힘은 수정과 같은 결정, 보석 등에서도 나오며 전기에너지나 열에너지와 무관하나 이 힘이 전기나 자기와는 항상 같이 존재하지만 이들이 없는 상태에서도 관찰된다.

24. 사람에게도 극성이 있는데 좌에서 우로 앞에서 뒤로 극성화 되어 있다.

25. 물에 저장된 에너지를 환자가 흡수하기 위해서 에너지로 충전된 물에 쇠막대기를 손에 쥐고 그 끝을 물에 넣으면 된다.

26. 거의 모든 사물(동·식물)들이 치유하는 힘을 흡수하고 내뿜을 수 있다. 동물자기를 이용하여 다른 동물체나 무생물체와 교신할 수 있으며 그 정도는 감응도에 따라 다르다. 인체에서는 다양하면서도 반대의 극성들이 있으며 바뀔 수도 있고, 악화될 수도 있으며, 강화될 수도 있다. 동물자기는 또한 중간 전달매체가 없어도 멀리 떨어진 거리에서도 작용할 수 있다. 빛처럼 거울에 의해 반사되거나 증폭될 수 있으며 소리에 의해서도 퍼지거나 증폭된다. 동물자기의 힘은 축적하거나 집중하거나 이전할 수 있다.

27. 생기는 강과 육지가 음양조화를 이루고 낮은 지역에서 생겨나 바람을 타고 지상으로 산의 능선을 따라 위로 올라간다.
생기 있는 바람을 받아들이기 위해서는 집이 생기가 불어오는 쪽을 향해야 물가에서 불어오는 바람으로 실내공기 압력을 높여 그 안에 사는 사람은 기운을 받아 건강해 진다.
만약 바람을 등질 때는 뒤에서 불어오는 바람이 회오리가 되어 집의 기운을 훑어 나가며 집안의 실내압이 떨어져 사람들이 기운을 잃게 된다. 특히 주거용 건물인 경우 햇빛보다 기압이 더 중요하다.

28. 인간은 진동에너지를 가지고 자기진동수를 가진 일종의 진동체이며 파동(음향)을 통해서 우주전체의 모든 생명체와 연결되어 있다.

인간은 신체주위에 정전기장을 가지고 있으며 이 정전기장은 우리를 지구의 정전지
기장(정적 등 전위장)과 잘 연성이 되게 한다. 이 말은 우리 신체의 움직임이 지구주
위로 멀리 폭넓게 전해진다는 것을 의미한다. 물론 전달되는 신호는 매우 약할 수 밖
에 없다.

그러나 서로 같은 고유진동수(주파수)를 가지고 있는 두 진동자중 어느 하나가 진동
하기 시작하면 곧 바로 상대방 진동자에게로 신호가 전달되는 동조체계 즉 공명체
계가 이루어지면 아무리 작은 신호라도 즉시 강하게 전달된다. 부모와 자식, 조상과
자손은 동일한 유전인자(DNA)를 가진 동조된 진동자이므로 당연히 공조체계를 유
지하고 있다. 기가 같으면 동조한다.

29. 자석이 유자의 전달도구 역할을 하므로 체내에 침투한 유자가 자력의 영향을 받아
동물자기를 자장으로 조작하여 치료를 할 수 있다.

30. 우주 전체는 한 덩어리로 공전을 계속하고 있으면서 서로 상호작용하며 상대의 존
재를 지지하고 있다. 만물은 기 덩어리다.
형상자체도 기의 흐름에 의해 드러난다. 우리 눈에 보이는 모든 형상들이 기가 아닌
것이 없으며 보이는 그대로 기가 흐른다고 할 수 있다.

31. 모든 만물이 공진하면서 상호작용한다면 공진을 고려한 가구배치라든지 건축설계,
도시설계를 생각할 수 있다.

32. 풍수지리는 기에 대한 감각을 바탕으로 우리 나름대로 오랜 세월에 걸쳐 발달된 과
학이라 할 수 있다.
산의 맥은 그러한 기의 흐름이 있음을 의미한다. 산이 없어졌다고 하면 그것은 기가
쇠하여 없어졌기 때문이다. 특정지역이 산을 깎아 공단을 만들었다면 산이 없어지
기 전에 이 산의 기가 사라진 것이다.
산맥의 형상에서 드러나는 기의 흐름을 고려하면서 기가 흘러가지 않고 모이는 곳
에 마을의 위치를 잡는다면 그 안에서 사는 사람들은 기가 성하여 건강하게 살 수도
있는 일이다. 반대로 기의 흐름이 강한 곳에 마을 터를 잡으면 에너지 손실이 커서

살기가 힘들 것이다.

비유하자면 강하게 흐르는 냇물 가운데에 서 있는 것이 힘든 것과 같다.

기의 흐름이 적당하다 하여도 흐르는 기의 성질에 따라서 그 마을에 사는 사람들의 성향도 달라질 것이다.

33. 생체는 뼈와 살로 되어 있는 단순한 구조적 유기체가 아니라 전기적 신호와 자기적 신호를 모두 활용하는 고도의 정교한 유무선 통신시스템을 갖추고 있는 존재이다.

인체의 생체전기망의 로간이 암이나 다른 질병이 발생하는 원인중 하나이다. 암이 있는 부위에서는 전기적 신호의 극성과 주파수가 크게 달라진다.

34. 생체는 특정주파수의 특정 세기에서만 공진하면서 선택적으로 신호를 받아들여 이를 증폭한다. 이 선택적 증폭작용에 의해 멀리 떨어진 세포들 간에도 공진작용이 가능하다. 기의 전달이 가능하다.

35. 인체는 하나의 종합적인 전자기적 존재로서 외부 신호 및 내부 신호에 대해 공진하면서 작용하고 반응한다.

36. 심장에서 발생한 전기는 핏줄과 신경을 통하여 온몸으로 전파된다. 전기가 흐르면 자기도 항상 수반된다. 미약한 맥동자장이 인체에 영향을 미친다.

37. 미약 생체신호에 대한 공진을 바탕으로 하는 통신이 음파, 전자파, 자장, 빛 등의 영역을 포함하여 미지의 영역에서도 일어나고 있다.

38. **고전음악을 틀어주면 젖소의 산유량이 10% 증가**

고전음악과 헤비메탈 음악을 동시에 틀어 놓으면 식물이 헤비메탈 소리가 나는 곳에서 멀리 떨어지려 하고 고전음악이 나오는 곳으로 움직여 가려 하는 현상이 있다. 이것은 식물이 음악을 듣고 이해하는 것이 아니라 음악에 섞여 있는 여러 가지 파동들 중에서 특정주파수에 대해 공진하면서 신호를 감지하기 때문에 일어나는 현상이다.

39. 물의 화학식은 간단하지만 분자의 구조는 매우 복잡하여 아직도 그 구조가 명쾌하게 밝혀지지 않고 있다. 몸속에는 40리터에서 50리터 사이의 물이 있고 일생을 통하여 4만 리터의 물을 마신다. 무게로 따지면 갓 태어났을 때는 체중의 70%가 물이고 나이가 들면서 점점 줄어들어 노년기에는 60% 이하가 된다. 우리 몸 속 분장의 99.5%가 물 분자이다. 인체장기 중에서 물의 함량이 가장 높은 것은 뇌이다. 아주 작은 단백질도 적어도 15,000개의 물 분자로 둘러싸였고 각 세포 주변은 수백만 개의 물 분자가 둘러싸고 있다.

물은 세포에서 일어나는 모든 생명현상들의 반응 장소이자 정보고속도로다. 기의 송수신로다.

40. 기공사들이 기를 발공할 때 생체에서 나오는 신호를 측정한 결과 매우 미약한 적외선 신호가 검출된다. 적외선 치유효과가 적외선의 에너지적인 작용에 의한 것이 아니라 적외선 파동에 실려 있는 정보에 의한 것이다.

41. 적외선이나 자장, 음파 등의 기본파동을 반송파(搬送波)로 하여 30Hz 이하의 신호가 전달되는 것이다. 실제로 뇌가 왕성하게 활동할 때는 베타파가 관찰되는데 이 주파수의 범위는 13Hz에서 30Hz이다.

42. 보통사람들의 신체의 생리적 주파수는 200Hz에 주로 머물고 심령가와 치유사들은 400Hz~800Hz, 영매들은 800Hz~900Hz의 좁은 주파수 영역에 머문다. 900Hz 이상은 신비적인 사람으로서 뇌파와 달이 하나의 전극에서 3~4초 분량의 데이터로 카오스 패턴을 얻는다. 뇌파는 여러 전극으로 수분동안 측정하여야 하므로 이러한 패턴을 얻기가 어렵다.

43. 미국 인디언 수족의 성지인 악마의 탑에선 REG를 이용한 신호를 측정한 결과 보통의 지역과 다르게 나타나고 피라미드에선 평균 6배 강한 신호가 관찰된다고 한다. 집단의식을 올릴 때는 일반적인 집단의식보다 2배나 큰 것으로 나타난다고 한다.

17

편안한 땅에 있으면 미인, 미남이 될까?

[명당]

 명당이 있으며, 그곳에서 발복이 된다고 하는데 정말입니까?

내가 모른다고 해서 있는 것이 없는 것이 되는 것은 아닙니다. 일반 소시민들은 의식주 해결에 급급해서 그 이상에 관심을 둘 형편이 안 됩니다. 이이, 이황과 같은 성리학자들도 이기일원론 이원론으로 논쟁을 했다는 것은 기가 있다는 것을 인정하고 논쟁했다는 것입니다. 좋은 기의 응결체에다 양택이나 음택을 지어 이용하는 것은 지혜로운 행위입니다.

[명당도]

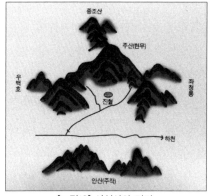

[그림19] 사신사와 명당

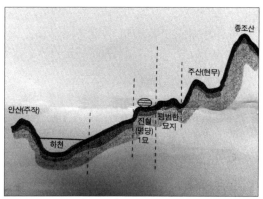

[그림20] 명당의 위치도

1. 명당의 발복

인간	육체	육 : 유기물의 합성체, 몸(음)
		체 : 순화된 에너지 덩어리(양)
	영혼	혼 : 영혼, 정신
		백 → 에너지 덩어리

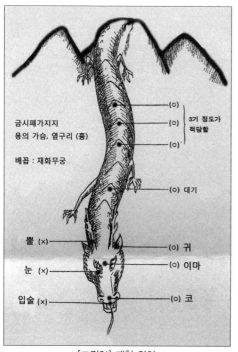

[그림21] 재혈 위치

금시패가지지
용의 가슴, 옆구리 (흥)

배꼽 : 재화무궁

(이)
(이)
(이) } 3기 정도가
떡담할

(이) 대기

뿔 (×)
눈 (×)
입술 (×)

(이) 귀
(이) 이마
(이) 코

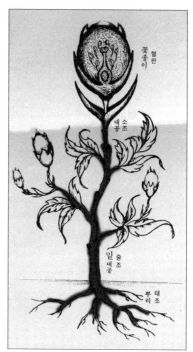

[그림22] 식물과 명당

꽃송이
혈판

대소
공조

중
조

밑중
대조
공

뿌태
리조

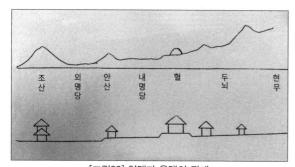

조산 외명당 안산 내명당 혈 두뇌 현무

[그림23] 양택과 음택의 관계

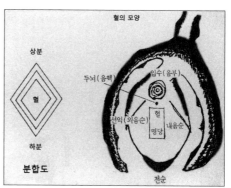

[그림24] 분합도와 혈의 모양

혈의 모양

상분

혈

하분

분합도

두뇌(음핵)
입수(음부)

선익(외음순)
혈
명당
내음순

전순

2. 발복의 원리

- 양의 백이 음인 지와 교합
- 여자의 자궁과 같이 포근한 곳 → 명당

3. 단전 → 생명의 붉은 씨앗이 잠자고 있는 자리

- 상 : 인당혈
- 중 : 전중혈
- 하 : 관원혈
- 정 — 에너지가 고도로 농축화하여 물질화한 것
- 기 — 정 속에 갇혀 있던 힘이 탈출하면서 일어나는 에너지의 발현현상
- 신 — 물질이 다 탈출한 순수상태의 맑음이 모여있는 영혼

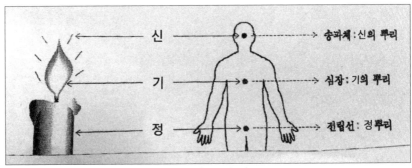

[그림25] 신, 기, 정

18

우리는 신의 작품인 인체를
얼마나 알고 생활할까?

[인체의 정교함]

Q 인간은 신이 만든 신을 닮은 완벽에 가까운 동물이라고 하는데, 풍수가 영향을 미치는 것이 가능한가요? 오히려 미신이 아닐까요?

A 대부분 사람들이 고등교육을 이수하기까지 인체에 관해 전반적인 지식을 획득할 기회를 가지지 못합니다. 그런데 인체조직은 너무나 정교해 조그마한 내·외부의 충격에 의해 조화가 깨지기 쉽습니다. 그래서 음택의 동기감응이나 양택의 천·지기에 의해 조화에 문제가 발생합니다. 그래서 인간에게 최적의 조건을 제공하는 풍수가 필요한 것입니다. 이를 두고 미신이라 하는 것은 신에 대한 관념에 오해가 있기 때문이라 생각합니다.

[인체의 정교함]

1. 피 : 몸 한 바퀴 도는 시간 46초
2. 눈 한 번 깜박이는 데 소요시간 : 1/40초
3. 혀 : 침이 묻어 있지 않으면 절대로 맛을 볼 수 없고, 코에 물기가 없으면 냄새를 맡을 수 없다.
4. 뼈 : 갓난아이 — 305개

        어른 — 206개
5. 허파 : 왼쪽이 더 무겁다
6. 인간의 수명을 70세로 본다면
   - 소변 — 38,300 l
   - 꿈 — 127,500번
   - 심장박동 — 29억
   - 운다 — 3,000번

- 난자생산량 — 400개
- 정자생산량 — 4천억
- 웃는다 — 540,000번
- 음식을 먹는다 — 50ton
- 눈깜박임 — 333,000,000회
- 물(마시는) — 49,200 l
- 머리카락 자란다 — 363km
- 손톱 자란다 — 3.7m
- 심장에서 피를 보낸다 — 331,000,000 l

7. 모든 인간은 코에 극소량의 Fe(철)을 가지고 있어서 커다란 자장이 있는 지구에서 방향을 잡기 쉽도록 해 준다.

 빛이 없을 때 이것을 이용해 방향을 잡는다.

8. 눈의 근육을 24시간 동안 약 10만 번 움직인다. 다리가 이 정도의 운동을 하려면 적어도 80km는 걸어야 한다.

9. 2개의 콧구멍은 3~4시간마다 그 활동을 교대한다. 즉 한쪽 콧구멍이 냄새를 맡는 동안 다른 하나는 쉰다.

10. **뼈** : 조직은 끊임없이 죽고 다른 조직으로 바뀌어 7년마다 한 번씩 몸 전체의 모든 **뼈**가 새로 바뀐다.

11. **열량** : 하루 섭취 열량의 1/4이 뇌에서 사용

12. 누구든지 눈을 뜨고 재채기를 하는 것이 불가능하다.

13. **재채기** : 시속 160km의 속도로 퍼지는데 이는 야구에서 투수가 던지는 공보다 훨씬 빠르다.

14. **넓적다리뼈** : 인간의 몸에서 가장 강력한 **뼈**

 강철과 같은 정도의 압력을 견디어 낼 수 있다.

15. 2살 때의 키

 태어날 때의 2배

 어른이 되었을 때의 남 — 49.5%

 여 — 52.8%

16. 손, 발톱 뿌리에서 끝까지 자라는 시간 6개월

17. 여자아이가 임신을 하면 피의 양이 25% 증가

18. **뇌** – 몸무게의 2%

   • 사용산소량 : 전체 사용량의 15%

   • 포도당의 75% 이상 소비

   • 30세 이후부터 하루에 10만 개 이상 뇌세포 파괴

   • 음식물 20% 소요

   • 전체 피의 15% 사용

   • 1000억 개의 신경세포

   • 1000조 개의 신경세포 접합부를 가지고 있어서 뇌속의 상호연결은 사실상 한계가 없다.

19. **성인**

   • 근육수 650개

   • 관절 100개 이상

   • 혈관길이 12만 km

   • 뼈의 숫자 206개(그중 절반이 손과 발에 있다)

20. **뼈** : 화강암보다 강해서 성냥갑만한 크기로 10톤을 지탱할 수 있다. 이는 콘크리트보다 4배 강한 것이다.

21. **폐** : 폐포라는 공기주머니를 가지고 있는데 그것은 3백만 개나 된다. 이 폐포를 납작하게 편다면 넓이가 93㎡정도가 된다.

22. **고환** : 매일 한국 인구의 10배에 달하는 숫자의 정자를 만들어 낸다.

23. **심장** : 평생 2억 8천만 번 심장박동하여 227만 l의 피를 퍼낸다. 하루에도 주먹만 한 심장은 약 300 l 의 피를 퍼내고 있다.

24. **피** : 체중 70kg의 피의 양은 약 5.2 l 적혈구를 골수에서 매초 2만 개씩 생성, 수명은 120~130일 정도, 이 골수는 평생 동안 약 반톤 가량의 적혈구를 만들어 낸다.

25. **피부**

   • 인체에서 가장 큰 기관 (어른 男의 피부 넓이는 1.9㎡, 女 1.6㎡)

   • 피부는 끊임없이 벗겨지고 약 4주마다 새 피부로 바뀐다.(한 달 정도)

   • 한 사람이 평생 동안 벗어내는 피부의 무게는 48Kg 정도로 1000번 정도 새로 갈아입는다.

26. **키** : 저녁때보다 아침때의 키가 0.8cm 정도 크다. 낮 동안 서 있거나 앉아있을 때 척수에 있는 물렁한 디스크 뼈가 몸무게로 인해 납작해지기 때문이다. 밤에는 다시 늘어난다.

27. **발(足)** : 저녁 때에 가장 커짐. 하루 종일 걸어다니다 보면 모르는 사이에 발이 붓기 때문이다. 그래서 신발은 저녁에 사야 된다.

28. **소화** : 강한 산성과 알칼리성 사이의 위태로운 평형작용이라 할 수 있다. 위산은 아연을 녹여 버릴 정도로 강하지만 위장에서 분비되는 알칼리성 분비물이 위벽을 녹지 않도록 막아준다. 그런데도 위벽을 이루는 50만 개의 세포들이 매분 죽어서 새 세포들로 대체된다. 3일마다 위벽 전체가 새것으로 바뀐다. 이 위산은 바이오리듬에 의해 일정한 시간(대개 아침 점심 저녁때이다)에 분비되는데 이때에 식사를 하지 않으면 배가 고픈 것을 느끼는데 이것은 위벽이 상하고 있다는 신호임

29. **자궁입구** : 아기 출산 때 평상시보다 500배나 크게 열림

30. **혈관** : 한 줄로 이으면 12만 km로서 지구를 3바퀴 감을 수 있다.

31. **콜레스테롤** : 인체에 해로운 것으로 알려져 있는데 음식물안의 지방을 녹이는 등 생리작용에서 생화학적으로 아주 중요하다.
   너무 많이 섭취하면 간에 부담을 주고 혈관 속에 쌓여 급기야는 혈관을 막아서 사람을 죽게도 하지만 몸에 필수 불가결함

32. **인체구성**
   - 자동차 : 3만여 개 부품
   - 747제트기 : 300만 개 부품
   - 우주왕복선 : 500만 개 부품
   - 인체 : 세포 100조 개의 세포조직
      적혈구 25조 개
      백혈구 250억 개
      심장 약 4.7 l 의 피 퍼냄/1분
      혀 9천 개 이상의 미각세포
      (예, 세포크기는 거의 비슷한데 몸이 큰 것은 세포수가 많은 것)

33. **고통** : 인간의 뇌는 고통 못 느낌
   머리가 아픈 것은 뇌를 싸고 있는 근육에서 오는 것이다

34. 절개 후 생존율

- 위와 비장(지리) : 50%
- 간 : 70%
- 내장 : 80%
- 폐 : 한 개 떼어 내도 살 수 있다.

35. 눈 : 이상 조건에서 10만 개의 색을 구분할 수 있지만 보통은 150가지를 구별해 냄

36. 체액 : 남 60%, 여 54%가 물로 구성되어 있어서 대개 여자가 남자보다 빨리 취함.

37. 키성장 : 아이들은 깨어 있을 때보다 잘 때 더 많이 자란다.

38. 지문 : 같을 가능성 640억분의 1

39. 갓 태어난 아기 : 갓 태어난 아기를 아무도 만져주지 않으면 성장하지 않을 뿐만 아니라 그대로는 죽기도 한다. 그래서 요즘 병원에서는 시간을 나누어서 교대로 갓 태어난 아기를 안아준다.

40. 개미, 벌 : 개미는 자기 몸보다 50배나 무거운 것을 듦

벌은 자기보다 300배 더 큰 것을 운반할 수 있는데 인간을 보면 10ton 트레일러를 끌어야 한다.

41. 심장박동 : 성인 ; 70~80번/분

조그만 새 ; 1000번 이상/분

체중 무거움 − 느리게 뜀

모든 포유류 ; 평생 15억 번

코끼리 ; 30번/분

사자 ; 60번/분

신생아 ; 130번/분

고래 ; 몇 번/분

42. 근육 움직임 : 한 단어를 말하는데 650개의 근육을 72개가 움직여야 한다

43. 지방 : 남자는 모든 것의 무게가 여자보다 많이 나가지만 단하나 예외로 여자가 지방을 더 많이 가지고 있다. 이것이 여자를 아름답게 만든다.

44. 자궁의 임신기간

- 코뿔소 560일
- 개 63일
- 염소 151일
- 낙타 400일
- 기린 410일
- 토끼 30일

- 말 340일
- 주머니 쥐 13일
- 쥐 19일
- 원숭이 237일
- 인간 266일
- 고양이 60일

45. 남녀비교

	男	女
뇌의 무게	1,417 g	1,276g
심장무게	283 g	227g
피	5.7 *l*	5.5 *l*
수분	60 %	54%
뼈	18%	18%
지방	18%	28%
뇌세포 수	평균 228억 개	193억 개

46. 1 인치²피부 내에

- 1,950만 개의 세포
- 78개 신경조직
- 100개 피지선
- 20개 혈관
- 13개의 냉감지기
- 1300개의 근육조직
- 650개 땀구멍
- 65개 털
- 178개의 열감지기

47. 혀와 코의 기관상 관성

혀의 맛을 알아내는 기관은 냄새를 맡는 코의 기관과 밀접한 관계를 가지고 있다. 만약 눈은 감고 코도 막는다면 사과와 감자의 맛을 구별해 내기 힘들어진다.

48. 여자들의 관절염 : 임신하자마자 다 사라짐

49. 피의 농도 : 물보다 약 6배 진하다.

50. 고환 : 정자를 만들어내는 공장인 고환은 온도가 낮아야 제 기능을 할 수 있으므로 방열기구처럼 언제나 쭈글쭈글한 주름투성이의 모양으로 매달려 있는 것이다. 체온이 올라가면 세정관의 정자 생산이 중지되기 때문에 더운 날씨에는 축 늘어져 되도록 몸에서 떨어져 있으려 하고, 추우면 오무라들어 몸 안으로 기어든다.

51. 몸의 열기 : 80%가 머리로 빠져 나가기 때문에 발을 따뜻하게 하려면 양말을 신는 것보다 모자를 쓰는 것이 더 낫다.

52. 눈깜박임 : 눈을 보호하고 각막을 매끄럽게 하는데 한 번 눈을 깜빡거릴 때 1/40초

시간이 소요된다. 15번/1분, 1900번/시간, 3억 번/평생

53. 정자의 무게 : 난자의 1/75

고환 : 두 개 무게 25g, 오른쪽의 것이 더 크고 무겁다. 이렇게 크기와 높이가 다른 것은 서로 충돌의 위험을 배제하기 위함이다.

54. 무게로 본 인체

- 뇌 1.4kg
- 폐 양쪽 900g
- 지라 198g
- 방광 1.1kg
- 유방 2개 100g

- 뼈 9kg
- 간 1.4kg
- 신장 2개 290g
- 난소 7g
- 이자 82g

- 심장 250~300g
- 췌장 85g
- 고환 2개 25g
- 자궁 60g

55. 유방 : 오른쪽 유방은 왼쪽 유방보다 약간 작다

56. 하루 동안의 일

- 2,340번 숨쉼
- 3~4km 정도 움직임
- 120㎡의 공기 마심
- 1.3kg의 수분 섭취
- 3.5kg의 노폐물 배설
- 0.7 l 의 땀 흘림
- 손톱 0.0011684mm가 자람
- 머리털 0.435356mm가 자람
- 700만 개의 뇌세포를 활동시킴

57. 근육운동

- 미소 짓기 위해 - 14개 근육 필요
- 찡그리기 위해 - 72개의 근육 필요
- 얼굴표정 근육 22개

58. 시력 : 어두운 곳에서 잘 볼 수 있으려면 약 50~60초가 정도가 걸린다. 하지만 일단 조절만 되면 햇빛에서보다 10만 배나 더 예민해진다. 달이 뜨지 않은 밤에도 80km 정도의 먼 산에 앉아있는 사람도 볼 수 있는 정도다.

59. 미각 : 인간에게는 맛을 알아내는 9천 개의 미각이 있다.

- 혀의 뒷부분 − 쓴맛
- 혀의 중간 − 짠맛
- 혀의 앞쪽 − 단맛을 느낀다.
- 보통새 − 40~60개
- 벌새 − 1,000개
- 박쥐 − 800개
- 돼지 − 15,000개
- 토끼 − 17,000개
- 소 − 35,000개 미각을 가지고 있다.

60. 조로증(早老症) : 일생이 몇 해로 압축돼 진행되는 병리와 이 조로증에 걸린 어린 아이는 7~8세에 벌써 피부에 주름이 생기고 머리털이 빠지고 얼굴이 노인처럼 쭈글쭈글해진다. 뿐만 아니라 느끼는 것, 말이나 행동도 노인처럼 하다가 11~12세에 죽는다.

61. 알콜중독자인 여자가 낳은 아이
- 몸무게 − 보통아기의 반
- 키 20% 정도 작음
- 지능지수 − 85를 넘지 못함
- 얼굴, 팔다리 − 비정상
- 성장 − 다른 아이들보다 느리고 운동능력도 떨어짐
- 머리 크기 − 몹시 작음

62. 식욕과다증 : 먹어도 계속 식욕이 일어남

이 병에 걸린 어떤 소년은 하루에 15시간 동안 계속 먹으며 10번 이상 대변을 보았다고 한다. 그래서 체중이 48kg에서 129kg으로 늘어났다고 한다.

63. **우리 몸을 구성하고 있는 성분들**(단위 : %)

물 61.8	칼륨 0.24	단백질 16.6
염분 0.17	지방 1.49	마그네슘 0.041
질소 3.3	철분 0.0075	칼슘 1.81
아연 0.0028	인 1.19	구리 0.00015
망간 0.00013	기타 0.10082	옥소 0.0004

〈인체의 구성 원소〉

산소, 수소, 탄소, 질소, 인, 칼슘, 나트륨, 칼륨, 염소, 유황, 마그네슘, 비금속원소, 불소, 옥소, 붕소, 규소, 비소, 브롬

전이원소 : 바나듐, 금속원소, 철, 아연, 망간, 구리, 니켈, 코발트, 은, 칼륨 등

64. 꿀 : 꿀 속에는 철, 구리, 망간, 규소, 염화칼륨, 나트륨, 인, 알루미늄, 마그네슘 등이 들어있어 영양덩어리다.

65. 소금 : 고대 그리스에서는 금과 소금의 가치가 거의 비슷했고, 로마시대에는 군인의 급료를 소금으로 지불했다. 즉 소금(salt)이란 말은 라틴어의 급료(saliry)를 의미하는 말 'salarium' 에서 나온 말이다.

66. 물 : 우리가 실제로 마실 수 있는 물은 지구에 있는 물의 0.009% 밖에 안 된다. 97%가 바닷물이고 2%는 얼음과 눈이다.

67. 길이로 본 인체

- 입~식도 45cm
- 위장 27cm
- 소장 6m
- 대장 1.5m
- 십이지장 23cm
- 입~항문 총길이 약 9m

68. 핏줄(동맥, 정맥, 모세혈관의 총길이 12만km : 경부고속도로가 428km이니까 133번 왕복할 수 있는 길이)

지구둘레가 40,008km이니까 지구를 세바퀴 돌 수 있는 길이다. 이렇게 긴 핏줄을 이해한다면 피가 맑아야 병이 없고 오래 살 수 있다는 것을 이해할 수 있다.

69. 머리카락

- 성인의 머리카락 수 10만 개
- 성인의 수염 3만 개
- 성인의 잔털 30만 개
- 머리카락의 성분은 아미노산
- 탄소 50%, 산소 20%, 질소 18%, 수소 7%

70. 숫자

- 인체의 피부면적 15,000cm²
- 땀구멍 500만 개
- 신경종말 1천만 개
- 뇌세포 230억 개

- 세포수 100조 개
- 분자수 3불가사의 9000자양구개(39,000,000,000,000,000,000,000,000,000,000)
- 인체에서 최소 90조의 실제 세균 공생의 형태로 존재하며 체중의 10% 차지

71. 정자, 난자 : 여자의 난자는 인체에서 가장 큰 세포이다. 정자는 난자의 85,000분의 1 크기이다. 정자를 희석하여 튜브에 넣고 미세한 전류를 흐르게 하면 음극에 x정자 양극에 y정자가 모인다.

이 원리로 남녀 조절이 가능하나 법으로 금지되어 있다.

72. 귀청 : 독한 냄새를 발하기 때문에 곤충이나 다른 이물질이 들어가면 죽는다.

73. 뇌 : 어떤 상태일 때 인간의 뇌는 가장 편안할까?

뇌파로써 인간이 정말 편안하게 있는지 스트레스를 받고 있는지를 알 수 있게 된다. 뇌가 편안히 쉬고 있을 때는 8~4사이클의 주파수가 낮은 알파파가 나오고, 스트레스를 느낄 때는 주파수가 높아지며 14~20사이클의 베타파가 나온다고 한다. 다시 말해서 뇌파를 측정함으로써 뇌에 가장 적합한 환경이 어떤 것인가를 알 수 있다. 그러면 어떠한 환경이 뇌를 편안하게 할까?

풍경으로 말하자면 대지와 나무가 있고 아름다운 공간에 미풍이 초목을 살랑살랑 흔드는 그러한 환경이다. 게다가 졸졸 흐르는 물소리까지 더해지면 더욱 편안해질 것이다. 이것은 인류의 첫 조상 아담과 하와가 살았다는 성경에 나오는 에덴동산의 환경과 같다. 사람은 마음 깊은 곳에서는 무릉도원 같은 기쁨의 동산을 꿈꾸며 그리워하고 있는지도 모른다.

그러한 환경에서라면 영원히 사는 것도 가능할 것이다.

현대의학은 인간의 질병의 근원이 어떤 원리인지 정확히 깨닫고, 결과만을 연구하는 것이 아니다. 인류에게 천연자연을 물려주어야 할 것이다.

인체의 면역체계가 그러한 환경에서 왕성히 활동할 것이다.

74. 면역 체계 : 같은 병에 계속 걸리지 않는 것은 왜일까?

체내에 침투한 세균 따위의 이물질을 공격하여 몸을 지켜주는 세포는 백혈구만이 아니라 임파구나 마크로파지가 그것으로 이물질을 잡아먹는 역할을 한다. 이와 같은 세포를 대식세포라고 하는데, 최근 이 속에 있는 마크로파지는 단순히 적을 잡는 것뿐만 아니라 면역에 있어서도 상당히 중요한 역할을 하고 있다는 것이 밝혀졌다.

이 마크로파지는 자신이 한 번 먹은 것도 그것이 어떠한 항원인지를 인식하고 정보

화하여 그것을 면역체계에 전달한다고 한다. 다시 말해 마크로파지는 첫 대면한 적을 해치운 뒤에 그것이 어떠한 성격이며 어떠한 약점을 갖고 있는지를 종합 분석하여 면역 부분에 전하는 것이다.

그러면 정보를 받은 면역부분은 그의 적(항원)에게 표적을 맞춘 항체(면역체)를 만들어 그것이 재투입될 때는 재빨리 반격하여 퇴치할 수 있도록 전선을 강화하는 것이다. 이 대식세포의 활동이 활발하면 할수록 몸은 당연히 높은 면역성을 지닌다. 그렇게 되면 암 따위의 난치병도 예방될 가능성이 있으므로 오늘날 면역학에서도 큰 관심을 기울이고 있다.

75. **키스와 세균** : 사람의 구강에는 700여 종 이상의 세균이 존재하지만, 체내에서는 100조 이상의 미생물이 서식하면서 질병과 싸우고 음식 소화를 돕는 역할을 하고 있다. 10초간 키스할 때 세균 8000만 마리가 이동하며, 키스를 자주하는 커플일수록 비슷한 세균을 공유하고 있다.

76. 녹내장으로 시신경에 출혈이 생기면 손톱의 모세혈관에서도 이상증상이 나타난다. 녹내장 환자 50% 이상은 손톱모세혈관이 확장, 35% 정도는 모세혈관이 아예 손실, 20% 정도는 손톱모세혈관 출혈도 관찰된다.

77. 검지보다 약지가 긴 여성은 관절염 발병 위험이 2.5배 높다.

78. 검지에 비해 약지가 길수록 남성의 생식기 길이도 길다.

79. 검지(둘째 손가락)가 약지(넷째 손가락)보다 짧으면 짧을수록 바람기가 많다. 검지가 약지보다 짧을수록 태아시절 자궁 안에서 테스토스테론(남성호르몬)의 영향을 많이 받아 성인이 된 후 외도욕구가 높아지는 경향이 있고, 약지가 검지보다 훨씬 긴 사람은 바람기가 많은 반면 비슷하면 일시적 외도보다 배우자와의 장기적 관계를 추구하는 경향이 있으나 반드시 그런 것은 아니다.

80. 검지에 비해 약지가 길면 여성적인 부드러운 행동을 하는 경향이 있어 매력적인 연인이자 자상한 남편이 될 가능성이 높다. 남자는 전립선암에 걸릴 위험이 높다.

81. 손금이 곡선형으로 발달한 사람은 사고체계가 복잡하고 마음을 숨기는 경향이 있다. 위장병이나 스트레스성 질환을 조심해야 한다.

82. 손톱에 흰줄이 많이 가고 잘 부러진다면 간기능에 이상이 있을 가능성이 높다.

83. 단순작업을 많이 하는 사람들은 손금이 직선형으로 섬세한 작업을 많이 하는 사람들은 곡선형으로 발달한다.

19

개도 의리 있게 용변 보는 방향이 있다니?

[지자기와 동물의 나침반]

Q 인간에게 자기장이 영향이 있는지는 쉽게 알 수 없습니다. 그러면 동물들의 행동을 보면 간접적으로 알 수 있지 않겠습니까?

A 나침반의 바늘이 가리키는 북극, 즉 자북은 지리상 북극, 지구 회전축의 맨 위쪽인 진 북과 다릅니다. 인간을 포함한 동물에게 영향력이 있는 것은 자기력선과 관련 있는 자 북, 자남입니다.

[지자기와 동물의 나침반]

1. 지구의 자기장

① 지구는 마치 거대한 자석과 같은 성질을 가지고 있다. 자석은 자기장이라는 영역 에서 철과 같은 물질을 끌어당긴다. 모든 자석은 2개의 자극을 가지고 있다. 자극 은 자기력이 가장 센 부분을 말한다. 자성을 가진 물질들은 두 극 주위로 모인다. 지구의 자극은 북극과 남극 근처에 있다. 이것은 우주공간 멀리까지 힘을 미치고 있어서 해로운 태양열로부터 지구에 살고 있는 생명체를 보호한다. 자기권은 태양 풍이라고 하는 태양에서 오는 미립자들의 흐름 때문에 물방울 모양을 하고 있다.

② 자석신발을 신으면 고혈압, 신경성 피로, 현기증, 악몽, 불면증, 이명, 기억상실, 두 통, 식욕부진, 증세를 해소할 수 있다. 사람의 혈액 성분에는 헤모글로빈이 들어 있다. 이것이 폐에서 호흡으로 들어온 산소와 결합하여 우리 체내의 구석구석에 산소를 전달하는 것이다.

그런데 지상에는 지자기체계에 의한 무수한 자력선이 지나간다. 여기에 이상이 발 생하면 비정상적인 상태가 되어 버린다. 보통 지상에는 0.5가우스 정도의 자력선 이 흐르고 있다. 철근 콘크리트에 의하여 차단된 현대 건축공간에서는 0.25가우스 정도로 큰 힘이 줄어든다. 이것을 자석에 의하여 보충함으로써 체내 산소공급을 원활히 하고 그것으로써 증상을 개선시킬 수 있다.

2. 지구의 자기력선

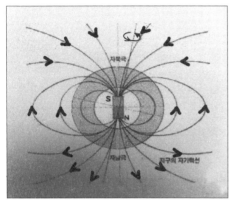

[그림26] 지구의 자기력선

자기력이 미치는 임의의 공간을 자기장이라고 하며, N극에 작용하는 힘의 방향이 자기장의 방향이 된다. 자기장내에서 N극에서 시작하여 S극으로 이동하는 선을 자기력선이라고 하며, 양쪽 극(N, S)에는 자기력선의 밀도가 높아 자기장의 세기가 크다. 자속(magnetic flux)은 자기장에 수직한 단면을 통과하는 자기력선의 총 개수의 양을 말한다.

3. 동물의 나침반

① 개의 용변 시 배변의 경우 모두 자기 남북방향을 선호함. 다만, 배뇨는 암컷만 배변 자세와 차이가 없이 남북방향으로 봄(주로 머리는 자북방향)

② 소, 사슴, 노루도 나침반 능력 있다. 일반적으로 보면 바람이 부는 방향대로 서야 바람을 덜 받지만 소들은 바람을 많이 받더라도 늘 남북방향을 고수했다. 하지만 자세를 잡기 어려운 경사면이나 자기장이 교란되는 고압전선 아래 소들은 예외일 수 있다.

③ 비둘기나 철새가 수천 km 여행 중에도 길을 잃지 않는 것은 지구자기장 감지능력 때문이다. 비둘기의 내이(內耳)에서 나침반 역할을 하는 미세한 철구슬이 발견되기도 했다.

④ 바닷가재도 계절에 따라 바다 밑을 200km 이동하면서도 항상 같은 곳을 찾는다.

20

문이 내 운명에 영향을 주고 있다니?

[기맥의 이용]

Q 땅에는 기맥과 수맥이 있다고 하는데 기맥을 쉽게 이용하는 방법이 있습니까?

A 기맥 위에 회사의 정문이, 공장의 정문이, 학생의 책상이, 일반인의 잠자리가 기맥방향을 등에 지고, 때로는 옆으로, 극히 예외적인 경우엔 기맥 방향을 맞으면서 다양하게 이용해야 합니다. 기맥을 이용하지 않으면 흉한 작용을 더 많이 받습니다.

[기맥의 이용]

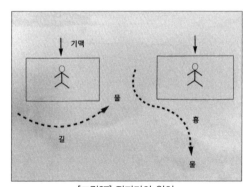

[그림27] 잠자리의 위치

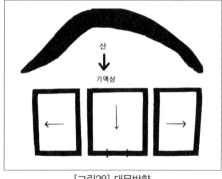

[그림28] 대문방향

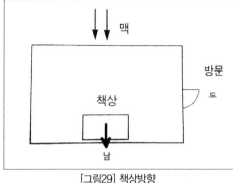

[그림29] 책상방향

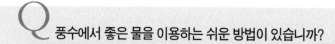

21

나를 행복하게 하는 물의 모습은 어떤 미인인가?

[풍수지리에서의 물(水)]

Q 풍수에서 좋은 물을 이용하는 쉬운 방법이 있습니까?

A 물을 이용하려면 먼저 물의 성질을 파악하는 것이 중요합니다. 어느 것이든 절대적으로 좋고 나쁜 것은 없습니다. 취사선택을 해야 하며 불가피하게 여건상 흉수를 취할 수밖에 없는 경우도 있지만 이 경우에도 그 해를 최소화하는 비보를 해서 최적의 환경을 조성해야 합니다. 비전문가는 형기론적 방법이 쉽고 또 그것만으로도 물이용에 있어 평균 이상이 되므로 해는 없을 것으로 봅니다.

[풍수에서의 물]

1. 물

① 풍수의 술법은 물을 얻음이 으뜸이고 장풍은 다음이다.(산 : 귀인, 물 : 부자)

② 산(음)은 체이고 물(양)은 용이기 때문에 길흉화복은 물에서 더 빨리 나타난다.

③ 물은 길방에서 흘러 들어와 흉방으로 나가는 것이 좋다. 간룡이 아닌 지룡만 득수한다.

④ 길한 물 : 맑고 차다. 완만하고 유유하게 흐른다.

⑤ 흉한 물 : 탁하고 악취가 난다. 혈을 등지고 흐르거나 요란한 소리를 내고 흐른다.

⑥ 한여름에도 손이 시릴 정도로 찬물이 나오면 땅의 기운이 센 것으로 가산을 허비하게 된다.

⑦ 비가 오면 물이 고이다가 금세 마르는 곳은 기운이 헛되이 소모되므로 항상 빈곤함을 면치 못하게 된다.

⑧ 바위 틈새로 나오는 용천은 지기가 누설되는 곳으로 음택이나 양기로 사용할 수 없다.

⑨ 굴이나 구멍에서 쏟아져 나오는 물은 극히 흉하다.

⑩ 폭포가 떨어지는 곳은 음택이나 양택의 큰 흉지로 본다.

⑪ 온천이 솟은 곳은 용의 생기가 왕성한 곳으로 부귀가 따른다.

⑫ 오성수

금성수	혈 앞쪽을 둥글게 감싸며 흐른다. 부귀쌍전, 충효현량한 인물, 호남아
목성수	혈 앞에 가로로 곧고 길게 흐른다. 귀함이 있으나 부는 적다. 성품 곧은 자손
수성수	물이 얽히면서 굽이굽이 지나간다. 돈이 남아돌고 의식 풍족, 권세, 벼슬
토성수	토성으로 단정하여 기울어지지 않으면 인정과 부귀를 겸한다.
화성수	인성이 오만하고 강폭, 혈이 통실하고 둥글면 빠르게 성공하고, 패하면 잿더미만 남는다.

⑬ 길수 :

유저수(진응수)	혈 앞 저수지, 부귀하고 곡식이 창고에 가득
암곡수	안산너머 큰 강(혈에서 안 보임), 강직한 성품, 식록/오복, 오래 번성
구곡수	구불구불 굽어오던 물, 벼슬 높은 귀인, 구곡수이면 방위의 길흉 불문
취면수	물이 명당 앞에 모여 완만히 흐른다. 자손의 부귀가 풍족하다.
역수(명당수)	一尺이 치부(致富)가 됨이요, 거수는 之지로 굽어서 돌아감이 마땅하다.

⑭ 흉수 :

반궁수	혈장을 외면하는 물로 가장 꺼린다. 음란, 도적이 생기고 멀리 떠난다.
견우수	물이 곧게 흘러나간다. 인정과 재물 모두 패한다. 재주는 있으나 곤고.
월수	청룡, 백호 너머 물이 혈장을 넘겨다 본다. 자손이 상하고 가산 탕진
할각수(도로 등)	물이 혈 앞에서 물러설 자리가 없다. 고단하고 가난하다.

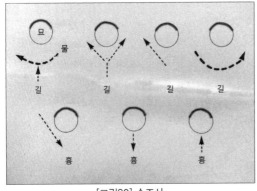

[그림30] 수조사

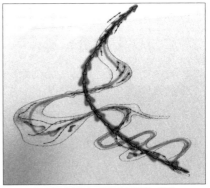

[그림31] 물과 바람의 진행은 일치

2. 물의 양수, 음수

① 청룡양수, 백호음수

② 양간 양수, 음간 음수

③ 좌발우행 양수, 우발좌행 음수

④ 양수는 남자로 관계되고 음수는 여자를 맡는데, 음수가 승하면 자손에 여자가 많고 양수가 이기면 남자가 많다. 물이 흉방에서 오거나 혹은 탁취가 나면 음수라 하여 음분한 남녀가 나타난다.

3. 지하수는 얕은 곳에서 깊은 곳까지 분포하는데, 지하 300m까지도 그 존재가 확인된다.

4. 지하수의 유동속도 1m/일

5. 지하수는 여름에는 물을 보다 많이 공급받기 위하여 수위가 약간 위로 올라오고, 겨울에는 물이 비교적 풍부하기 때문에 밑으로 내려가는 성질이 있다. 지하수맥의 위는 겨울에 눈이 빨리 녹는다. 지하수의 수온이 기온보다 훨씬 높기 때문이다. 그래서 명당이라 여기며 땅을 파고 관을 묻는다. 여름이 오고 지하수위가 높아지면 관은 지하수를 띠고 흘러가 버릴 수 있으므로 명당이라 성급하게 결론내서는 안 된다.

6. 물의 양은 엘로드가 휘어지는 힘의 차이로 알 수 있다. 흘러가는 폭으로도 알 수 있다. 만약 그 폭이 20~30cm이었다면 지하수맥은 파이프로 비교할 때 직경 1cm 정도의 것과 같다고 판단한다.

7. 우리나라의 경우 지표로부터 지하수맥까지의 거리는 지형에 따라 큰 차이가 있으나 보통 9~10m에 이르고 폭은 1m 내외이다

8. 모든 물체에는 자신의 존재를 알리려는 방사자력이 있고 동물에게는 그것을 감각으로 알아낼 수 있는 능력이 부여되어 있다. 사람도 그 감각훈련으로 얼마든지 알아낼 수 있다.

인체에 흐르는 전류의 차이는 사람마다 다른데 지하수맥을 알아낼 수 있는 사람은 35% 정도다. (40x10−6A 이상 흘러야 수맥감지 잘함)

9. 토양포행

토양포행에 있어서 암설(바위 가루)의 이동속도는 사면경사의 증가에 비례하여 빨라지나 대체로 연간 1mm 이하에서 수센티미터의 폭을 갖는다. 포행의 속도는 지표면에서 밑으로 내려갈수록 감소하는데, 깊이 1m 미만의 표층이 영향을 가장 많이 받는데, 전주나 수목이 사면 아래로 기울어지는 것은 깊이에 따라 포행의 속도가 감소하기 때문이다. 토양포행이 효율적으로 일어날 수 있는 최적경사는 5°라고 알려졌다.

22

땅속에 흐르는 물이 스토커처럼
나를 괴롭히다니?

[수맥]

Q 수맥이 무엇이기에 향이 큽니까?

A 인간의 60% 이상은 물이 차지하면서 하루 2.5ℓ 정도 물을 섭취하며 체액의 5% 정도
만 잃어도 피부수축, 입과 혀가 마르는 등 인간은 물과 밀접한 관계가 있으므로 지하
에 수맥상에서 생활하거나 취침하면 영향을 받을 수밖에 없다. 지구의 생명체 유지에 수맥은
필요하나 이를 인간이 간접적으로 적절히 이용해야 한다.

[수맥파 본질, 영향, 대책, 건강과의 관계 등]

1. 본질(특성)	2. 영향(작용)	3. 대책

• 미지의 지구방사선(Earth Radiation)
• 현재 수준으로는 인간이라는 고도의 정밀기계에
  의해서만이 감지될 수 있다.
  (Radiesthesia : 방사감지술)
• 인간의 질병에 대한 저항력을 약화시키는
  중요한 환경적 요인임
	• 일반적으로 모든 동식물에
	  영향을 미치며, 수맥에 대한
	  기피종(Avoiders)과 선호종
	  (Seekers)이 있음.
	• 인간은 기피종에 해당
		• 이동
		• 중화나
		  차폐장치

• 어떤 신비적 기운 또는 지상으로부터의
  물 공급을 위한 지표 파괴의 강한 물리적 힘
	• 한국인의 경우 30%, 장애자
	  는 90%가 민감체질
	• 수맥 타는 소와 타지 않는
	  소가 있음
		• 이동 또는
		  이장
		• 풍수이론
		  존중

• 수맥의 방향성과 물 입자의 운동으로 인해
  발생한 파(波)
• 다우징 현상은 수맥파와 인간 대전체(帶電體)
  간의 상호작용에 의한 물리적 현상임.
• 지하에서 올라오는 전자파로서 방사선의
  일종인 감마선이다.
• 수맥파를 포함한 모든 물체의 고유에너지를
  감지하고 이 기술을 발전시킬 수 있는 것은
  영혼을 가진 인간뿐이다.
		• 동판이나
		  은박지

1. 본질(특성)	2. 영향(작용)	3. 대책
• 지하수맥이 자기보존을 위해 발하는 수직선상의 파괴적인 힘(방사자력) • 지하수맥 : 1m 내외의 폭과 9~10m 정도 깊이 • 모든 생명체는 방사자력에 대한 감각기능 (라디에스테지 Radiesthesie)이 있음. • 방사자력 : 모든 물질간의 에너지(또는 氣) 상호작용	• 특정 동식물은 지전류를 좋아하므로 수맥파와 혼동하지 말아야 함. • 지전류(地電流) : 수맥과 같은 공간에 동거하는 미지의 전류	• 이동 • 동판, 알루미늄판 • 음택에서도 고려되어야 좋다.
• 지하 25m 이상 되는 곳에서 수맥이 발하는 지기(地氣) • 수맥선은 지표면에서 1~5m의 간격으로 대부분 일직선의 형태를 취함 • 수맥의 지기는 자연의 생기를 돋우는 것이지만 수맥선은 파괴력을 지님 • 따라서 명당일수록 수맥은 많지만 그 수맥선은 피해야 함 • 일종의 빛 에너지로서 공간에 일정한 형체를 이루는 토선(torsion)파이며, 지상 300m까지 악영향을 줌	• 특정 음택을 가로지르는 수맥선은 자손에 결정적 악영향	• 동판, 황토, 숯, 옥, 소금 등

4. 수맥과 건강의 관계

① 수맥파가 뇌파를 간섭하여 숙면을 방해한다.

β파(14-20hz) ▶ 시각, 미각, 청각, 후각, 촉각 작용
걱정거리, 복잡한 계산, 일과 대처하고 있을 때(긴장하고 있는 상태)

α파(8-14hz) ▶ 생각, 반짝 떠오름, 집중, 육감, 명상 상태〈파스트, 미드, 슬로우〉
몰두하고 있을 때, 명상에 잠겨 있을 때(조화를 이룬 상태), 단기기억

θ파(4-8hz) ▶ 졸음이 오는 상태, 얕은 수면 상태
수면과 의식 사이를 오가고 있는 상태, 창조적 아이디어

δ파(0.4-4hz) ▶ 무의식 상태, 깊은 수면
완전히 잠들어 버린 상태, 많은 양의 성장호르몬 분비

수맥 위에 생활하면 피로감이 심하고 머리가 멍하며 정신집중이 잘 안 된다. 숙면이 잘 되지 않아 꿈도 많고 선잠을 자게 된다.

(비몽사몽) 자고 나면 머리가 무겁고 짜증이 나게 된다. 병약자 더욱 민감 - 병원

진단 → 이상 없음

② 수맥파로 인체의 전·자기장 불균형 - 신경, 면역, 호로몬 기능의 부조화로 병 발생(자율신경 부조화증 환자, 만성근육통, 관절통, 신경통, 중풍, 암, 유산 초래)

③ 수맥 위에서 선 나무 시들고 건물 균열 - 키 안 크고 삐뚤고 말라 죽는다.

④ 소음인, 태양인 - 수맥에 민감, 소화기 계통이 약하고 채식주의자들이 수맥에 민감하고 이상적이고 원리원칙 좋아하는 사람도 수맥 잘 탄다.

⑤ 수맥 감지하면 기 진단 가능 - dowser(다우저), radiesthesie(라디에스테지)- 질병 진단, 매몰자 및 미아 찾기, 태아감식, 땅굴 찾기, 광물 및 유전 탐사, 정보수집

5. 수맥이 흐를 때 일어나는 증세

① 사람에 있어 대표적인 증상은 자고 일어나면 몸이 찌뿌둥하나 밖으로 나가 활동을 하면 회복이 되는 증세

② 집이나 잠자리를 옮기고 나서 건강상태가 안 좋다든지, 또한 만성적인 신경통, 근육통, 관절염, 두통, 우울증, 무력증, 만성피로 증세, 불면증, 치매, 불임, 생리통 심하면 암, 자살유발 등의 증상도 올 수가 있다.

③ 숙면을 못하고 선잠을 자며 악몽을 자주 꾸는 증상

④ 학생들의 공부방에 수맥파가 있으면 집중력이 떨어지고 기억력 감퇴, 무기력 등으로 성적이 하위권을 면하기 어렵다.

⑤ 책상에 오래 앉아 있지 못하며 밖으로 자꾸 나갈려는 학생이 있다.

⑥ 어린이가 잠을 제대로 못 이루거나 자고 나면 땀을 많이 흘리며 신경질적인 어린이가 있다.

⑦ 사무실에서는 판단력 감퇴, 능률저하, 정신불안 등으로 업무처리가 순조롭지 못하다.

⑧ 튼튼하게 지은 건물이라도 수직으로 균열이 가고, 축대가 무너지는 증상

⑨ 식물은 줄기가 뒤틀리고 열매가 잘 열리지 못하며, 잔디도 잘 자라지 못한다.

⑩ 수맥이 흐르는 곳에서는 힘이 빠지고 맥이 풀린다. (O-Ring 테스트)

⑪ 점포에 수맥이 흐르면 고객이 심리적으로 불안한 상태가 되므로 구매 욕구가 저하되어 매출이 현저히 떨어지며, 자꾸 그곳을 빨리 떠나고 싶어 한다.

⑫ 수맥이 흐르는 곳에 음식물을 두면 쉽게 변질되며 그 자리에서 식사를 하면 음식

맛을 제대로 느끼지 못한다.

⑬ 수맥이 흐르는 곳에서 술을 마실 경우 쉽게 취한다.

⑭ 자동차 운전을 할 때 수맥파가 강한 곳을 지나면 순간의 오판으로 사고 위험이 크다.

⑮ 병원 병실에서 수맥이 흐르면 치유가 늦어지거나 더 악화되는 경우도 있다.

⑯ 수맥 위의 냉장고에서는 냉장이 잘 안 되고 컴퓨터 등 정밀기계는 고장이 잘 난다.

⑰ 수맥이 흐르는 묘는 잔디가 시들고 봉분이 가라앉는다.

⑱ 수맥 위 초기증상은 신경통이 유난히 심해진다.

⑲ 뇌성마비, 정신박약아, 지체부자유자 등 장애자 출산에 수맥의 영향이 크다.

⑳ 중풍의 90% 이상은 수맥 위에서 수면한다(남 : 좌측 반신불수 많고, 여자는 우측반신불수 많다)

㉑ 수맥위에서 장기간 거주시 중풍으로 갈 확률이 높고 산모가 장기간 거주시 유산 가능성이 있다.

㉒ 수맥 흐르는 병원의 병실엔 유난히 장기환자와 죽는 환자가 많다.

㉓ 수맥이 지나면 나무는 말라서 죽는다.

㉔ 나뭇가지가 유독 한 방향으로 기운 숲은 수맥이 있다.

㉕ 수맥 위는 1년생 잡풀이 많다.

㉖ 수맥이 지난 곳의 잔디는 수맥의 자괴현상으로 빨리 죽는다.

6. 인간의 뇌는 수맥파와 동일한 7Hz(헤르츠)의 뇌파를 갖고 있는 것으로 알려져 있다. 수맥파와 동일한 파장을 지니고 있지만 평소 활동할 때는 수맥에서 올라오는 그 기를 느끼지 못하게 된다.

하지만 인간이 수면상태에 들어갈 경우 뇌파는 3.5Hz로 낮아지는 반면 수맥의 파장은 그대로 7Hz를 유지, 뇌파가 낮아지지 못하도록 교란을 하게 되어 깊은 잠을 이루지 못하게 한다. 몸은 잠을 자는데 뇌는 잠을 이루지 못하다 보니 밤새도록 기억도 나지 않는 뒤숭숭한 꿈에 시달림을 받게 되고 아침에 일어나면 머리가 아프거나 몸이 개운치 않고 온몸이 쑤시는 등의 증세가 나타나게 된다. 특히 수맥에 민감한 체질을 가진 사람들은 수면 중에 쥐가 나기도 하고 심지어 가위눌림 현상이 발생하기도 한다.

이러한 생활이 반복되어질 때 건강에 이상이 생길 수가 있으며 매사에 의욕을 잃게 되어 사업에도 어려움을 겪게 된다. 특이한 것은 수맥에 의한 고통과 증세는 병원에 가도 뚜렷한 병명과 증세가 없어 환자와 의사들을 곤혹스럽게 만든다는 사실이다.

밤마다 쾌적한 수면을 취할 수 없고 몸의 상태가 원인 없이 아플 경우 병원에 가기에 앞서서 한 번쯤 잠자리의 수맥 여부를 관찰할 수 있는 지혜가 필요하다.

23

주위에 바람이 부니 운명이 춤춘다?

[바람과 그 방향]

Q 바람은 일반적인 바람으로 다 같은 것 같은데 풍수에서는 왜 중요시 합니까?

A 바람은 햇빛, 습도, 풍속, 지기, 천기와 조화를 잘 이루면 생기로 바뀌면서 인간에게 유용한 것이 되므로 풍수에서 대단히 중요시 하며, 장풍 득수의 줄임말이 풍수이듯이 바람을 활용하는 고도의 학문입니다. 바람은 물을 몰고 오기도 하며 심하면 지상의 물건들을 하늘로 날리기도 합니다.

[바람과 그 영향]

1. 바람

① 풍수의 근본적인 뜻과 목적은 인간과 자연의 조화이자 융합이며, 환경과 정신에 활력과 생명력을 불어넣어 현재의 자신과 미래의 후손을 위해 더 나은 환경을 찾는 데 있다.

② 기의 이동으로 생성된 것이 풍이요, 기가 응집하여 형체를 이룬 것이 수이다.

③ 천지우주의 삼라만상에 생명을 불어 넣을 수 있는 것은 기뿐이다.

④ 북반구에서는 태풍이 시계반대 방향으로 도는 것 − 지구의 자전과 관계된다.

⑤ 태풍의 눈을 향해 중심으로 빨리 들어가는 것 − 중심이 주위보다 기압이 낮기 때문이다.

⑥ 적도지방은 1,670km/시 − 서에서 동으로 돔

북반구 39° 지방은 1300km/시 − 서에서 동으로 돔

⑦ 지구상의 모든 물체는 자전방향과 같은 방향으로 움직이려는 전향력(轉向力) 또는 코리올리스의 힘(Coriolis' force, 지구의 자전으로 비행중인 물체에 미치는 편향력)의 영향을 받는다.

⑧ 태양의 중심보다 남쪽에서 빨려 들어오는 바람은 태풍의 눈보다 동쪽으로 가려는

힘이 세기 때문에 동쪽으로 휜다. 태풍의 중심에서 북쪽에서 빨려 들어오는 바람은 반대로 태풍의 눈보다 동쪽으로 가려는 힘이 약해 서쪽으로 휘게 된다. 더 크게 보면 태풍의 눈으로부터 가장 남쪽에 있는 공기는 동쪽으로 가장 북쪽이 있는 공기를 서쪽으로 돌린다. 이를 인공위성에서 보면 반시계방향으로 회전하는 것으로 보인다.

2. 바람과 방향

- 진술축미방에서 불어오는 바람은 백골을 태워 검게 만든다.
- 진술축미방에 물이 있고 바람이 불어오면 백골이 삶아진다.
- 건방이 허하면 남자가 쇠잔해진다.
- 곤유방이 허하면 과부가 난다.
- 손진좌에 건술방의 바람은 자손의 정신이 흐리고 불안하다. 정신 흐린 자손이 나온다.
- 간인방에 자계방 바람에는 관이 뒤틀린다.
- 간인방에 불어오는 바람이 두뇌를 스치면 갓 낳은 아이가 울고 먹지 않는다.
- 정해방이 툭 터져서 불어오는 바람이 귀를 스치면 귀가 이상한 자손이 생긴다. 백발된 자손을 보지 못한다.
- 인방의 바람은 교통사고를 유발한다.
- 사방의 바람은 짐승이나 곤충에 다칠 수 있는 징조다.
- 축방이 허약하면 과부와 홀아비가 끊어지지 않는다.
- 미방이 허약하면 고독한 자손이 나온다.

지사는 바람을 먼저 피하고 다음에 물을 피하라는 말이 있다.

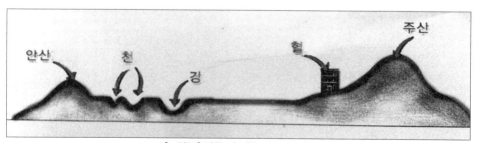

[그림32] 방풍 및 기를 보호하는 산

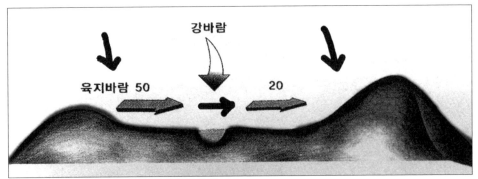

[그림33] 물을 건너는 바람은 강바람 때문에 약해짐

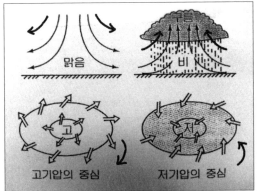

[그림34] 고기압과 저기압시 공기흐름

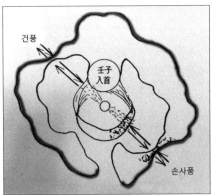

[그림35] 팔요풍 침입도

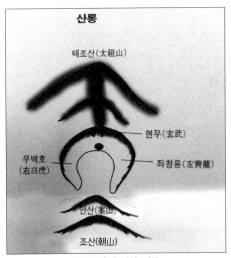

[그림36] 용세와 장풍

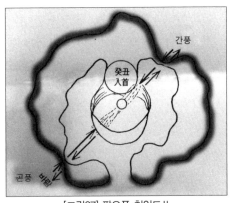

[그림37] 팔요풍 침입도 II

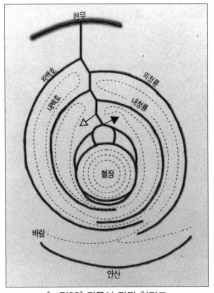

[그림38] 장풍이 잘된 혈장도

[그림39] 장풍이 안된 혈장도

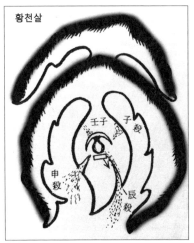

[그림40] 황천살 침입도

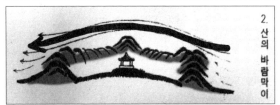

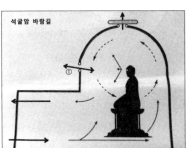

[그림40] 황천살 침입도

[그림41] 바람과 바람막이

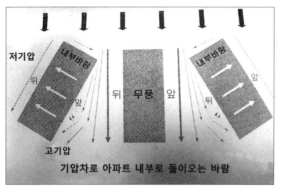

[그림43] 기압차와 바람침입

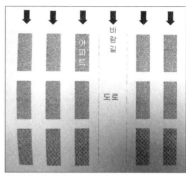

[그림44] 아파트 바람길(바람의 속도가 같다면 기압이 같아 집으로 바람 안 들어옴)

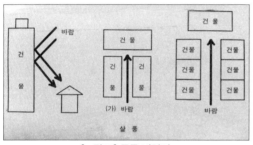

[그림45] 골목 바람길

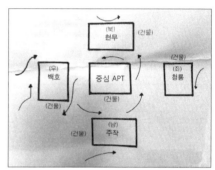

[그림46] 아파트 사신사와 바람

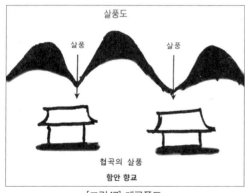

[그림47] 계곡풍도

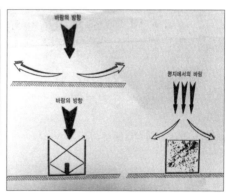

[그림48] 바람의 작용과 반작용

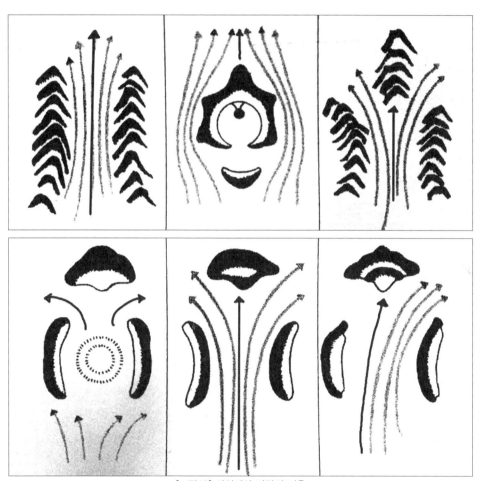

[그림49] 사신사와 바람의 기운

24

온도 변화로 마술처럼 생명체를
살리기도 죽이기도 하다니?

[온도]

Q 기의 순환을 위해서는 명당에도 적정한 온도가 있어야 하는데 산 자와 죽은 자에게 차이가 있습니까?

A 우주에서, 태극이나 하나엔 모든 이치가 있고, 세상에는 하나의 이치가 있으나 발현되는 모습이 다를 뿐입니다. 지구에는 70억 이상 인구가 있어도 하나로 치면 사람이요, 둘로 하면 남녀라, 산 자와 죽은 자에게 최적의 온도는 같습니다.

1. 각종온도

① 계란 품기 온도 35℃~38℃ (타조 36.4℃) (부화일 21일)

② 뱀

- 겨울잠 5℃ 안팎
- 그늘에서 쉼 → 30℃ 이상
- 활발히 움직임 25℃~28℃
- 겨울잠에서 깨어남 15℃ 이상
- 뱀의 등뼈 200여 개 (그 하나하나에 양쪽으로 갈비뼈)

③ 거북이

- 겨울잠 10℃ 이하
- 물 위 15℃ 이상
- 일광욕, 산란 20℃ 이상
- 부화기간 : 약 2개월 후
- 알이 묻혀 있는 땅 속 온도는 더운 날 밤에도 30℃ 안팎

④ 시신

- 20℃~30℃에서 부패가 가장 빠름

- 10℃ 이하에서 부패 지연
- 5℃ 이하에서 부패 거의 일어나지 않음
- 0℃ 부패 정지
- 30℃ 이상에서는 수분의 증발로 인한 건조가 부패보다 빨리 진행되고 세균활동 활발하지 않으므로 부패 지연
- 기온은 부패에서 가장 중요한 인자
- 통풍, 습도, 온도가 적절해야 부패가 빠름
- Casper 법칙 : 공기중 1주일 부패 정도 (= 물 속 2주 = 흙 속 8주)
- 적절한 환경에서 부패가 급속히 진행되면 사후 12~18시간에서 얼굴을 알아볼 수 없고, 모발은 대부분 두피로부터 박리되며, 체적은 정상의 2~3배로 커지는 경우도 다반사다.

⑤ 최적온도
- 냉장고 (냉동실 : −4℃ ~ −5℃, 냉장실 : 4~5℃)
- 젓갈 13℃ ~ 14℃에서 1년 삭힘
- 식냉수 16℃ ~ 17℃
- 명당(음택) 16℃(±1℃)
- 양택 최적온도 18℃(±2℃) 습도 60%
- 에어컨 18℃
- 온풍기 23℃
- 생자 · 사자에서 최적 18℃ ±1℃

⑥ 기타
- 37℃ 암 잡는 온도
- 36.5℃ 건강한 몸, 면역력 왕성
- 36.0℃ 떨림에 의해 열 발생을 증가시키는 온도
- 35.5℃ 항상적으로 계속되면 배설 기능 저하, 자율신경 실조 증상이 출현, 알레르기 증상 출현
- 35.0℃ 암세포가 가장 증식하기 좋은 온도
- 34.0℃ 물에 빠진 사람을 구출 후 생명의 회복이 가능할 수 있을지 한계 체온
- 33.0℃ 겨울산에서 조난 후 동사하기 전의 환각이 보이는 체온

- 32.0℃ 1시간 이내 사망할 수도
- 30.0℃ 의식 불명 상태
- 29.0℃ 동공확대
- 28.0℃ 사체의 온도

⑦ 인체부위별 정상체온
- 직장 37.5℃
- 겨드랑이 36.9℃
- 혀밑 36.9℃
- 다리 31℃
- 머리, 가슴 25℃
- 손발 29℃
- 구강 35.5~37.5℃
- 고막 35.8℃~38.0℃

⑧ 연령별 정상체온 범위
- 0~2세 36.4~38.0℃
- 3~10세 36.1~37.8℃
- 11~65세 35.9~37.6℃
- 65세 이상 35.8~37.5℃

2. 산 높이에 따른 기압과 기온변화(고도 0m 지점이 15℃일 때)

고도		0	100	500	1000	1500
표준	기압(MB)	1013	1000	955	899	846
대기	기온(℃)	15.0	14.4	11.8	8.5	5.3

3. 체감온도 환산표(℃)

기온(℃) \ 풍속(m/sec)	2	6	10	14	18	20
15	15	10	7	6	4	4
10	10	4	0	−1	−3	−4
5	5	−3	−7	−8	−11	−12
0	0	−9	−14	−16	−19	−20
−5	−5	−15	−21	−23	−27	−28
−10	−10	−22	−28	−31	−35	−36
−15	−15	−28	−35	−40	−43	−44

① 기온감률 : 100m 올라갈 때마다 0.5℃~1.0℃(평균 0.7℃)씩 떨어짐

② 초속 1m 바람 불면 1.6℃씩 체감온도 떨어짐

25

약점을 보완하면 누구나 미인이 될 수 있는가?

[풍수비보 수단]

 Q 풍수의 영향력을 보완하거나 교정할 수는 없는지요?

A 창이 있으면 반드시 방패가 있는 법입니다. 양택이나 음택에 있어서 강한 것을 부드럽게, 약한 것을 강하게 함으로써 기의 작용을 조화롭게 할 수 있습니다.

교정수단

1. 빛을 발산하거나 반사 : 조명, 거울(볼록거울은 부정적 에너지를 비껴가게 하고 오목 거울은 좋은 기운을 모으게 한다), 수정, 구슬 등

2. 소리 : 풍경, 작은 종, 조개껍질

3. 살아있는 물체(인공적인 것도 무방함) : 나무, 분재, 꽃, 수조, 어항, 화분의 갯수

4. 움직이는 물체 : 모빌, 바람개비, 분수, 구슬

5. 중량감이 느껴지는 물체 : 돌, 조각물, 장식장

6. 가전용품 : 에어컨, 전축, TV, 컴퓨터

7. 대나무피리, 가는 금속 튜브, 조개껍질

8. 색상, 변화와 조합

9. 인공적인 연못이나 조그마한 인공적인 언덕

10. 보조건물

11. 가리는 물건

12. 문설치

13. 조경물의 변화

14. (소)나무 식재 (지맥보전, 살방지 ; 완화하기)

15. 단과 사당 조성(허함 보완)

16. 탑설치(기운 모으기, 중심잡기)

17. 석물설치(12지신상, 석양, 석호, 사악한 기운 방지)

18. 글자비보(흥인지문, 숭례문)

19. 상징물 설치(편전지붕의 잡상들, 창의문의 닭상, 근정전의 무쇠 드므—높이가 낮고 넓적하게 생긴 독)

20. 기타

26

집에 작은 피라미드를 만들면
피부미인이 된다고?

[피라미드]

 이집트 피라미드에도 풍수이론이 숨어 있습니까?

세계는 같은 이론에 의해 움직이나 다만 발현되는 형태가 다르므로 전체적으로 조망할 수 없다면 다르게 느껴질 뿐입니다. 피라미드의 아래로부터 3분의 1 지점은 물질세계이고 3분의 2 지점은 정신세계입니다. 한국의 사찰도 수양도량인 암자는 3분의 2 지점에 많습니다.

[피라미드 개요]

1. 쿠푸의 피라미드
① 높이 146.6m (밑단의 한 변 길이 230m)
② 2,500년 전 건축
③ 2.6t 짜리 돌 250만 개(아랫부분은 작은 돌, 올라갈수록 큰 돌로 쌓음)
④ 201층
⑤ 축구장 8개 넓이
⑥ 50층 건물 높이
⑦ 10만 명이 20년간 쉬지 않고 일을 해야 할 공사
⑧ 농사를 지을 수 없는 시기에 일자리 제공 국책사업이었다는 설도 있음
⑨ 밑단 모서리가 정확하게 동서남북 가리킴
⑩ 각 면의 경사각은 52도, 피라미드 안에 난 길의 경사각은 모두 그 절반인 정도

2. 피라미드의 구조
① 피라미드

피라미드의 한가운데와 높이의 1/3 되는 곳에 어떤 물체를 놓아두면, 그 물체는 흔히 일어나는 변화를 겪지 않는다. 꽃은 본래의 변화를 잃지 않고 바르며, 고기는 썩지 않고 굳는다.

그런 특성을 지닌 피라미드를 만들려면 크기의 비율을 잘 지키는 것이 긴요하다. 만일 높이가 10 단위라면 바닥의 길이는 15.7 단위여야 하고 모서리의 길이 14.94 단위여야 한다. 피라미드의 방향을 잡을 때는 네 면을 각각 동서남북을 향하도록 놓아야 한다.

② 피라미드는 우주기의 응축기, 또는 거대한 콘덴서와 같다. 피라미드의 한 밑변이 230.34m의 정사각형이고, 이 네 변의 합은 921.36m이다. 이를 높이 146.6m로 나누면 원주율인 3.14(π)의 정확히 두 배인 6.28이 된다. 또 피라미드의 높이는 태양까지 거리의 10억분의 1이며 한 변의 길이는 피라미드 인치로 365.23으로 1년의 날수와 똑 같다.

③ 피라미드의 아래로부터 1/3지점 – 물질세계 2/3지점 – 정신세계이다.

밑 1/3지점 – 면도날 재생, 식물 성장 속도 빠름, 물은 1년 지나도 썩지 않고 수소이온농도가 점점 높아져 알칼리성으로 변함.

밑변 – 정사각형이어야

옆면 – 정삼각형이어야

이런 구조에서 피라미드 힘이 극대화되는 곳은 정중앙에 꼭지점을 잇는 직선상의 바닥쪽 1/3지점 방향, 정확히 4정방으로 맞추어야

〈진북 : 북쪽에서 동쪽으로 5℃ 돌림〉

실험용 피라미드 재질은 종이나 골판지가 무난하며 철사를 이용해 골격만 제대로 갖춰도 효과는 거의 같다.

3. 인간의 영혼이 2개

이집트 사람들은 인간의 영혼이 두 개라고 생각함. 새의 모습을 한 '바'와 눈에 보이지 않지만 자신과 똑같은 모습을 한 '카'다. 사람이 죽으면 '카'가 죽음의 세계를 여행하는 동안, '바'는 낮에는 세상을 돌다가 밤이 되면 자신의 미라에게 돌아온다고 생각해서 이집트 사람들은 '카'가 머무는 미라를 만들고 피라미드 안에 파라오가 사후세계에서 사용할 수 있는 보물들을 넣어둠.

4. 피라미드 설치시 효과

① 성장촉진, 음식 맛 순하고, 술도 순하게, 손님 붐빔, 건강 good

건전지 재충전, 늙은 피부 탄력성화, 유기물 금속물질은 탈수건조효과, 식물체는 생장촉진효과, 동물은 질병치료효과, 방부효과

② 피라미드 설치시 지기의 흐름을 원활히 하기 위해서는 각 면을 남북의 방향으로 맞추어 놓아야 한다.

5. 왕의 시신 위치

왕의 시신은 밑에서 3/1지점에 있었다. 음택풍수에서도 밑에서 1/3지점에 정혈하면 기운이 조화를 이루기 쉽다.

6. 사자의 서

고대 이집트인이 미라와 함께 묻은 죽은 사람을 위한 책으로서 일종의 사후세계 안내서와 죽은 사람이 받을 심판, 신에 대한 서약, 죽은 사람이 안전하게 다음 세상에 도착하길 기원하는 기도문 등의 내용이 있다.

천자문에도 땅을 이용하는
지혜가 29개가 되다니?

[천자문과 풍수]

Q 천자문에도 풍수에 관한 내용이 있습니까?

A 그동안 풍수의 연구대상이 제한적이다 보니 천자문과 풍수의 상관성을 연구하지 못했지만 관련 내용이 28개 이상입니다. 천자문이란 중국 양나라 주흥사(470?~521)가 지은 책으로 4언 고시 250구로써 모두 1000자로 되어 있으며, 자연현상으로부터 인륜도덕에 이르기까지 지식을 수록한 것으로 하룻밤 사이에 완성 후 자기의 머리털이 하얗게 세었다고 해서 백수문이라고도 합니다.

[천자문과 풍수]

1. **천지현황** : 죽은 자에게 폐백을 드릴 때 관 윗부분에다 현(푸른색), 관 아랫부분에 훈 (붉은색)을 둔다.

2. **율려조양** : 하늘의 법칙은 음양의 조화를 이루는 것이다.

3. **금생여수** : 쇠가 물을 만드는 이치니, 상생을 설명한다.

4. **옥출곤강** : 옥은 곤강에서 나온다. 발복도 명당에서 나온다. 명당은 명당조건이 갖추 어진 곳에서 나온다.

5. **용사화제** : 용이 살 때면 불(태양)이 있어야 하며 하늘을 스승으로 삼아야 한다.

6. **하이일체** : 세상의 모든 것은 하나의 원리로다.

7. **명봉재수** : 봉황이 나무에 있을 때 울듯이 나무가 명당의 구성에 중요하다.

8. **형단표정** : 형체가 단정해야 바른 것이 나온다. 명당국세가 잘 갖춰주어야 명당이 된다.

9. **여송일송** : 소나무처럼 번성하다. 소나무가 있으면 후손이 번성해서 좋다.

10. **낙수귀천** : 즐거움은 귀천을 구분하는 것이다. 명당은 주위의 좋고 나쁨을 봐야 한 다.

11. **예별존비** : 예의란 높은 것과 낮은 것을 구별하는 것이다. 조상에 대한 예의도 좋은 땅과 흉지를 구별해서 쓰는 것이다.

12. **상하화목** : 상하가 화목해야 한다. 내룡이 화합하면서 내려와야 한다.

13. **동기연지** : 같은 기는 가지로 연결되어 있다. 당판을 보면 나머지를 다 볼 수 있다.

14. **동서이경** : 짝을 이루는 것이 좋다.

15. **배망면락** : 산을 등지고 물을 앞으로 해서 음양택을 정하는 것이 좋다.

16. **화채선령** : 산의 모습에서 신비한 기운이 풍겨져 나와야 한다.

17. **엄택곡부** : 집을 가리는 것은 굽은 언덕이다. 집은 장풍득수 되는 곳에 있어야 한다.

18. **제약부경** : 약한 것은 돕고 기운 것은 붙들어야 한다. 음·양택을 정할 시 너무 강하거나 약하지 않게 조화롭게 정해야 한다.

19. **서기중용** : 많은 경우에 중용을 유지하라, 조화가 가장 좋다.

20. **영음찰리** : 소리를 들을 때 이치를 살펴라. 풍수를 볼 때 그 이면의 이치를 보라.

21. **감모변색** : 모양을 보면 색을 분별할 수 있다. 땅을 보면 땅의 색을 알고 색을 보면 땅의 모습을 알 수 있다.

22. **양소견기** : 서로 소통해야 기틀을 알 수 있다. 입수와 파구를 보면 혈의 기틀을 알 수 있다.

23. **제사증상** : 제사에서 신은 음식을 먹는 것이 냄새를 맛보는 것과 같다.

24. **계상재배** : 선조에겐 이마를 조아리며 두 번 절해야 한다.

25. **균교임조** : 무게를 교묘히 조절해야 낚시로서의 임무를 다한다는 것이다. 풍수에서 정혈시 사신사와 용등을 교묘히 조절해야 정확한 합혈이 된다는 뜻이다.

26. **병개가묘** : 두 개가 같이 가는 것은 아름답고 묘하다.

27. **회백환조** : 음택의 명당이 모든 것을 비추듯이 모든 것을 결정한다.

28. **언재호야** : 也(야) 자 묘는 묘의 완결판이다.

바람과 물에만 사용되는 말을 알아 활용해 볼까?

[풍수 기본 용어]

Q 풍수엔 풍수용어가 있는데 그렇게 풍수만의 용어를 두는 것이 꼭 필요한 것인가요?

A 언어는 사상의 외피라고 했습니다. 용어가 단순히 표현된 것 이상의 의미를 내포하고 있으므로 각 전문분야의 용어가 필요한 것입니다. 언어로 표현하지는 못하지만 언어 주변의 내용을 풍수용어가 포함하고 있으므로 거부할 필요는 없다고 봅니다.

[풍수 기본 용어]

1. **겸혈(鉗穴)** : 형기론에서 혈장의 모양을 가리키는 용어로, 와혈(窩穴)처럼 전체적인 생 김새가 가운데 쪽으로 오목(凹)하게 들어간 음혈(陰穴)이다. 일명 '개각혈(開脚穴)' 이라 하며 두 개의 지각(支脚)이 다리를 벌리고 다리 사이에 혈장을 받쳐든 형상이다.

2. **규봉(窺峰)** : 일명 월견(越肩)이라 하며, 청룡과 백호 건너편에서 혈을 향해 언뜻언뜻 넘겨다보는 산으로 마치 구경꾼이 담장을 넘어 방 안을 들여다보는 형상이다. 후손 중에 도둑질을 당하거나 소송 등으로 재물을 잃는다.

3. **대공망(大空亡)** : 패철 5층의 천산 72룡(穿山七十二龍)을 보면 중간에 빈 칸이 있는데 이 칸이 대공망이다. 이 칸으로 들어오는 내룡과 맥을 쓰지 않고, 중국에서는 '정(正) '자가 표시되어 있다.

4. **도화수(桃花水)** : 목욕수(沐浴水)라 하며, 이기론상 각 국의 목욕방에서 흘러들어온 물 이다. 도화수가 혈 앞으로 흘러들면 여자들이 음란하고 강물에 투신하여 자살하는 일이 생기고 꾐에 빠져 재물을 잃는다고 한다.

5. **독양(獨陽)** : 자연은 음양이 조화를 이루어야 생명이 탄생하는데, 산세에 비해 물과 바 람의 기운이 지나치게 강한 곳을 가리킨다. 보통 바닷가나 저수지 혹은 강물을 바라 보고 쓴 묘를 말하며 홀아비가 사는 것과 같다.

6. **독음(獨陰)** : 자연은 음양이 조화를 이루어야 생명이 탄생하는데, 물과 바람에 비해 산세의 기운이 지나치게 강한 곳을 가리킨다. 보통 깊은 산속에 있는 묘를 말하며 과부가 혼자 사는 것과 같다.

7. **돌혈(突穴)** : 형기론에서 혈장의 모양이 돌출된 상태이다. 돌혈은 평지에도 나타나는데 논이나 밭에 유별나게 도드라진 곳이 돌혈이다.

8. **동기감응론(同氣感應論)** : 뼈를 구성하는 원소는 생체 에너지와 독특한 진동 파장을 가지는데 시신의 유골이 산화될 때 발하는 전자 파장이 동일한 기를 가진 후손과 서로 감응을 일으키는 것을 말한다.

9. **두뇌(頭腦)** : 일명 만두(巒頭) 혹은 승금(乘金)이라 하며, 무덤의 뒤쪽 중앙을 가리킨다. 보통은 무덤을 감싼 성벽(城壁)의 중심이며 혈 뒤의 입수룡에서 약간 돌출된 곳(분수척상)

10. **득수(得水)** : 혈에서 보아 혈 앞으로 흐르는 물이 처음 시작되는 곳이나 물줄기를 말한다. 여러 개 있을 수 있다.

11. **명당(明堂)** : 혈 앞의 평평한 땅으로 생기가 응결된 지점이다. 즉 혈이나 혈장보다는 좀 더 넓은 개념으로 쓰인다.

12. **목욕룡(沐浴龍)** : 물이 가득 찬 내룡으로 무덤에는 잔디 대신 억새풀이나 물풀이 가득 들어찬다. 수국은 건해룡(乾亥龍), 목국은 간인룡(艮寅龍), 금국은 곤신룡(坤申龍), 화국은 손사룡(巽巳龍)이 목욕룡에 해당한다. 형기론에서 명당으로 착각하는 경우가 많은 산천형세를 가졌다.

13. **물형** : 입혈할 경우 혈주위의 산세가 나타내는 형태

14. **우백호(右白虎)** : 혈의 우측으로 뻗어내려 혈을 감싸는 산줄기로 혈의 생기를 보호하고 바람을 막아준다.

15. **사(砂)** : 혈을 에워싼 주변의 산봉우리, 바위, 건물 등을 가리킨다. 사사(四砂)라 하면 현무(玄武), 주작(朱雀), 청룡, 백호이다.

16. **수구(水口)** : 혈에서 보아 물이 최종적으로 빠지는 지점을 가리킨다.

17. **안산(案山)** : 이것은 혈 앞에 낮게 엎드린 산으로 주인이 손님과 마주 앉은 책상과 같은 역할을 한다. 높으면 눈썹 정도고 낮으면 심장의 위치여야 좋다. 안산 뒤 높은 산은 조산이다.

18. **와혈(窩穴)** : 형기론에서 혈장의 모양을 부르는 말로, 일명 '소쿠리 명당'으로 불린

다. 외형이 소쿠리나 쟁반처럼 오목(凹)하게 되어 있으며, 혈장의 한쪽 부분이 다른 한쪽보다 길게 혈장을 감싸고 있다.

19. **용(龍)** : 산줄기를 가리키며 일어섰다 엎드렸다 하는 산줄기를 용이 꿈틀거리며 달려가는 모습으로 본 것이다. 평지보다 높이 솟은 땅.

20. **용맥(龍脈)** : 생기를 품고 흘러가는 에너지 통로를 가리키며, 보통은 산줄기나 산맥을 말한다.

21. **유혈(乳穴)** : 혈장의 핵심인 혈심을 향해 봉긋하게 도드라진 형상이며, 여자의 유방과 같다고 해서 붙여진 이름이다.

22. **입수맥** : 주산에서 혈까지 연결된 맥, 맥 중에서 혈로 막 들어가려 하는 곳을 입수라 한다.

23. **전순(氈脣)** : 혈장의 바로 앞에 맞닿아 있으면서 혈장의 생기를 보호하고 지탱해 주는 역할을 담당한다. 보통 암석으로 이루어져 있다.

24. **조산(祖山)** : 산의 근원이 되는 주위의 가장 높은 산

25. **조산(朝山)** : 혈 앞쪽의 안산 너머로 높고 웅장하게 서 있는 산으로 보통 주작이라 한다. 모양은 마치 새가 날개를 펼치고 날아가듯이 우아하고 수려한 것을 제일로 친다.

26. **좌향(坐向)** : 좌는 시신이나 집의 머리 방향이고, 향은 발이나 집 앞 방향을 가리킨다.

27. **주산(主山)** : 혈을 맺게 해 주는 혈 뒤쪽에 높게 솟은 산을 일컫는다. 혈 뒤에 가장 혈과 가까운 산, 마을이나 도읍지를 보는 양기론 풍수에서는 진산(鎭山)이라 부른다.

28. **전주작(前朱雀)** : 혈의 앞쪽에 높게 솟은 산을 가리키며 보통 조산(朝山)과 같은 개념이다. 모양은 마치 새가 날개를 펼치고 날아가듯이 우아하고 수려한 것을 제일로 친다.

29. **진응수(眞應水)** : 일명 선저수(潃渚水)라 부르며 본래부터 혈장 앞에 넘치듯이 고여 있는 샘이나 연못을 가리킨다. 산세가 극히 왕성한 증거이며 맑고 수려하다면 재복(財福)이 크다고 한다.

30. **좌청룡(左靑龍)** : 혈의 좌측으로 뻗어내려 혈을 감싸는 산줄기로 혈의 생기를 보호하고 바람을 막아준다.

31. **파(破)** : 물이 빠지는 곳을 패철로 감결한 말이다. 물이 흘러가서 혈에서 마지막 보이는 곳, 천간 자로 빠지면 천간파(天干破)이고, 지지 자로 빠지면 지지파(地支破)이다.

32. **패철(佩鐵)** : 일명 나경(羅經)이라 하며 자연의 신비한 순환 원리가 층층이 담겨 있어 단순히 동서남북의 방위만 보는 나침반과는 크게 다른 물건이다. 풍수가들이 시신의 분금을 보는데 사용하나 본래는 이기론에서만 소용되는 물건이다.

33. **현무(玄武)** : 주산을 말하며, 거북처럼 원만한 산세로 혈을 향해 예를 표하듯이 고개를 숙인 것을 제일로 친다.

34. **혈(穴)** : 생기가 응집된 명당 중에서 생기 에너지로 최대한도로 응집된 지점을 말한다. 혈장과 같은 의미로 쓰인다. 음택에서는 관이 들어감

35. **형국론(形局論)** : 물형론(物形論)을 가리켜, 산천형세를 사람과 동물 등의 형상에 빗대어 당의 이름을 정한 뒤에 혈을 정하는 풍수술법으로 전통 풍수 이론은 아니다.

36. **형기론(形氣論)** : 산세의 모양이나 형세상의 아름다움을 유추하여 생기가 응결된 혈을 찾는 풍수 이론이다.

눈을 살짝 돌려보니 산과 물이 이렇게 많네?
[산수의 분류]

 Q 풍수에선 산과 물을 이야기하는데 자연적인 산과 물만 이야기합니까?

A 인간에게 영향을 미치는 주변 물체의 본질이 산과 물과 공통성이 밀접하게 연결되어 있다면 인공적인 것도 산과 물로 보면서 그것으로 길흉화복을 판단합니다.

[산수의 분류]

이택	산수	해당되는 산수
음택	산	산봉우리, 언덕, 흙더미, 고압선 철탑, 고층건물, 석교, 큰나무, 평지의 경우에 1m 이상 되는 지대, 돌
	수	바다, 강물, 호수, 시냇물, 도랑, 건류(비가 오면 흐르는 물), 샘, 저수지, 연못, 심곡, 높이가 1m 이하 되는 도로
양택	산	신위, 사당, 침대, 탁자, 주방, 신장 높이의 무거운 물건, 가스레인지, 큰 나무, 가산(정원에 인공으로 만든 산), 담장, 좁은 골목, 평지에서는 1cm 높아도 산, 돌
	수	대문, 내외통로, 복도, 우물, 창문, 통풍구, 하수구, 도로교차로, 화장실, 어항, 에스컬레이터, 승강기, 평지에서는 1cm 낮아도 물

산도 자세히 보니 다양한 표정을 짓네?

[산형 전체 그림과 용의 유형]

Q 산의 기가 어떻게 흘러가며 어떠한 형태로 나타났는지 산형을 보면 알 수 있습니까?

A 형태는 내부의 기의 발현입니다. 사람도 관상을 통해 그 사람의 상태를 보거나 사주팔자를 이기적으로 보기도 합니다. 풍수도 크게 형태로 보는 형기풍수와 음양오행으로 보는 이기풍수가 있지만 눈으로 보는 것이 반드시 필요합니다.

[산형 전체그림]

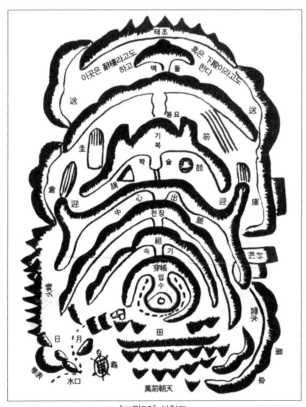

[그림50] 산형도

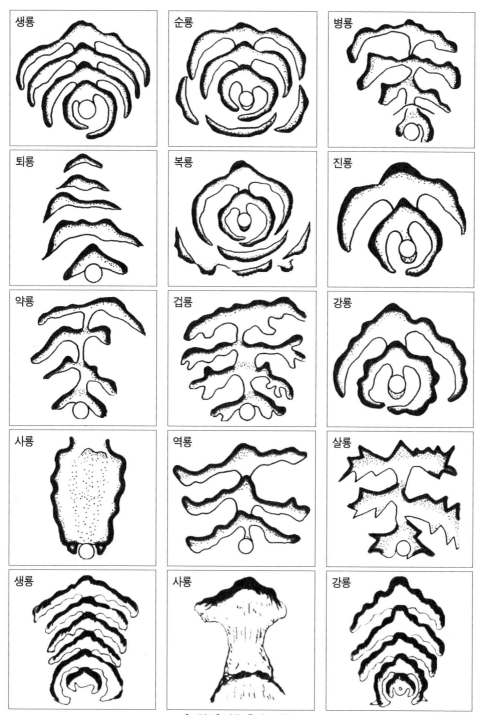

[그림51] 각종 용의 모습도

31

땅의 기운도 체계적으로 판단하는 것이 옳은가?

[심혈시 점검사항]

 Q 땅의 기운을 볼 때 참고할 사항이 있습니까?

A 초보자일 때는 풍수상 여러 가지 사항을 하나하나 검토하지만, 일정 단계에 올라가면 하나하나가 모인 종합적인 안목이 생겨 한눈에 좋고 나쁨을 볼 수 있습니다. 이 단계까지 오르기에는 사항 하나하나에 대한 공부가 필요하다고 봅니다.

1. 용(관)

① 입수룡의 생, 왕, 사, 절, 판단

② 현무정의 유무(저, 중, 고)

③ 결인(과협) 박환의 확실성

④ 보호사, 관, 요, 귀, 금성의 유무

⑤ 입수와 좌향의 합법 여부

⑥ 좌우선용호와 좌우선수의 합법

⑦ 용의 개장과 천심 여부

⑧ 좌와 득수방과의 팔살황천

⑨ 능살 또는 곡살 참암살 유무

⑩ 입수용과 묘향과의 용상팔살

2. 혈

① 좌우선혈장의 합법 여부

② 뇌두, 선익사, 구첨, 상수, 순전

③ 천, 인, 지혈

④ 혈장의 물형은

⑤ 혈상(와, 겸, 유, 돌, 분별)

3. 사

① 태극훈, 진토 여부
② 청룡과 백호의 유무
③ 장생수법 합법 여부
④ 길사, 흉사, 길암, 절벽 등
⑤ 안산, 조산의 길흉(살 유무)
⑥ 수구사(한문, 화표, 북진, 나성)

4. 수

① 구, 사의 유무, 오성수격 유무
② 수세와 혈과 조화(음양조화)
③ 물의 삼분삼합이 확실한가?
  • 소팔자 ‑ 구를 한계로
  • 중팔자 ‑ 뇌두를 한계로
  • 대팔자 ‑ 현무정을 한계로 분수
④ 팔요살수 유무(팔로사로)
⑤ 원진수, 내당수, 외당수의 역관
⑥ 정음정양법 합법 여부
    • 정양 ‑ 건갑, 곤을, 자계신진, 인오술임
    • 정음 ‑ 간병, 손신, 해묘미경, 사유축정
⑦ 삼합오행의 적법 여부
    • 목국 : 건 갑 정, 해 묘 미 향
    • 금국 : 손 경 계, 사 유 축 향
    • 화국 : 간 병 신, 인 오 술 향
    • 수국 : 곤 임 을, 신 자 진 향
⑧ 월견수, 재견수 유무

5. 혈을 찾는 법(혈증)

① 조안사가 빼어나고 수려한 곳

② 명당이 바르게 보이는 곳

③ 수세가 모이고 안아주는 곳

④ 낙산과 귀산이 받쳐준 곳

⑤ 용호가 유정하고 높이가 비슷한 곳

⑥ 합수지점 상에서 혈을 찾는다.

⑦ 호종사가 다정한 곳

⑧ 순전과 뇌두의 선익사가 확실한 곳, 태극원훈이 있는 곳

⑨ 천심십도에 적중된 곳

⑩ 하수사가 있는 곳

⑪ 다득일파로 수구가 이루어진 곳, 백보전란 불견직거를 참고로 혈을 찾는다.

⑫ 결인 과협이 분명한 내룡지세

⑬ 고산이면 낮은 곳, 저산이면 높은 곳에서 혈을 찾는다.

⑭ 태(발맥), 식(결인), 잉(뇌두), 육(혈처, 천광)을 본다.

⑮ 원(향), 관(용), 규(수구)를 종합한다.

⑯ 사수(용, 호, 주작, 현무)의 조화점을 본다.

6. 심혈(尋穴) 시 원근 관점

1) 원망(遠望)

① 조종 : 태조, 소조

② 맥 : 간룡, 지룡

③ 혈(主), 안산(賓)

④ 환포 : 청룡, 백호, 물과 산의 세력

2) 근경(近景 : 望)

① 현장관찰 : 수구한문의 모양(禽), 주산후면(鬼)

② 혈 : 음양의 조화, 선익, 원훈

③ 결인, 용입수(좌우선 : 용상팔살)

④ 안산, 좌향, 파(황천살)

* 건곤고(高), 간손저(低), 갑경병임돌(突), 자오묘유중요(中腰), 인신사해회신작

    (回身作), 을신정계아순(芽筍), 진술축미평와(平臥)

⑤ 토질탐색봉으로 지층 및 혈토(穴土) 확인

3) 관망(觀望) : 산의 품격 또는 내룡의 모습

- 삼길(三吉) : 해, 묘, 미
- 육수 : 간, 병, 신, 손, 정, 태 + 묘, 경 = 팔장
- 삼화수의 대귀 : 병, 오, 정 (남쪽 方)
- 건, 곤, 간, 손 = 사태(귀, 首)
- 자, 오, 묘, 유 = 사정(寺)
- 을, 신, 정, 계 = 사강(武) (속발)
- 인, 신, 사, 해 = 사포(자손)
- 갑, 경, 병, 임 = 사순(문)
- 진, 술, 축, 미 = 사장(藏, 부)
- 장원 − 장생
- 제왕지 − 천보내 사태(長遠)
- 장군, 재상 − 오백보 사태
- 부귀 − 삼백보내 삼태봉

32

사람을 잘 보려면 얼굴 모양, 색 아니면 다 볼까?

[형기 · 이기 위주 심혈 방법]

Q 음택의 심혈 방법에 있어 이기풍수와 형기풍수에 차이가 있습니까?

A 형기풍수는 패철에 의존하기보다 자연현상에서 기를 읽는 것이고, 이기풍수는 패철을 통해 자연의 기운을 읽는 것이므로 아무래도 패철에 의존해서 길흉을 판단하는 비중이 높습니다. 그러나 모두 자연을 감정하는 것이므로 방법이 중복될 수밖에 없습니다. 상호보완하면서 종합해야 하므로 형기나 이기 모두 배우는 것이 좋습니다.

[형기 · 이기 위주 심혈 방법]

1. 형기위주 심혈 방법(음택)

① 산에 오르기 전에 멀리 서서 먼 경관을 살펴 기를 본다.

② 산으로 오르면서 수구를 살피고 외수의 오고 감을 본다.

③ 명당에 이르면 명당과 주산, 호종사의 길흉을 본다.

④ 혈에 도달하면 주산과 조안산으로 주객의 위상을 판단하고 용호와 호종사의 균형으로 팔방에 결함이 없는지를 살펴서 전체적인 국세의 조화를 판단한다.

⑤ 내룡의 2,3절과 결인, 입수처를 보아 내룡의 생사를 가늠한다. 초보인 경우는 주산까지의 내룡을 직접 밟으면서 기운을 볼 필요가 있으며 주산에 올라 혈에서 보이지 않는 산과 물을 살피는 것도 유용한 일이다.

특히 대지일 경우는 꼭 필요하다. 전문가는 하나에서 모든 것을 알 수 있다.

⑥ 혈에서는 먼저 전순을 보고 기가 멈춘 곳인가를 판단한다.

⑦ 입수 후 혈장의 변화를 보아 혈의 생사를 본다.

⑧ 내룡과 혈이 살아 있고 전순이 기를 막아주는 모양을 이루면 혈이 된 곳이니 당판의 장단, 고저, 기울기, 선익의 형태, 전순의 모양, 입혈의 최종변화, 혈장에 박힌

암석의 상태, 조안산의 위치, 하늘의 뜻 방향 등을 전체적으로 종합하여 혈의 중심을 정하고 좌향을 결정한다. 혈이 가장 중요하다.

⑨ 혈과 좌향이 정해지면 주변의 암석의 길흉 호종사의 유정, 무정(보기에 좋은가 흉한가), 사봉의 고저, 원근, 빼어남, 형국의 대소, 물의 형태와 흐름, 수구의 열림과 닫힘 등을 보고 혈의 대소를 판단한다. 혈의 대소에 너무 집착하지 마라.

⑩ 혈의 대소가 정해졌다면 주산의 형태(5성, 구성)로 혈의 태생적 기운과 조안산이나 용호 등 보이는 사봉과의 상극 조화를 판단하고 내룡의 변화와 입수(발복의 장단), 혈의 기운(발복의 대소)과 좌향(시운) 등을 종합하여 주인의 화복을 추단한다.

2. 이기 위주 심혈 방법

가. 묘가 위치한 주산과 내룡을 자연의 순환이기에 맞추어 판단한다.

　① 태조산, 중조산, 소조산, 주산 등 판단 : 지도 이용, 현지 답사

　② 내룡의 형상 판단 : 과협, 요도, 지각, 박환, 득수, 후덕 여부 등을 살핀다.

　③ 혈장좌우와 앞쪽의 자연 흐름 판단 : 자연 순행/황천 여부, 음으로 오면 양으로 받는다.

나. 혈장 주변의 산세를 살펴 장풍이 되었는가를 판단(형기나 이기나 동일) : 청룡, 백호, 안산, 조산 팔요풍 등

다. 파를 보고 4대국을 정한다(패철 8층 사용)

　① 봉분의 중앙 또는 묘가 있는 경우는 파구의 선택에 더욱 신중해야 함

　② 밭이나 산비탈에 묘가 있는 경우는 파구의 선택에 더욱 신중해야 함.

　*산비탈의 1/2 이상의 묘는 산줄기에서, 1/2 이하의 묘는 내당을 기준으로 정함.

　③ 지지파는 천간파에 비해 발복이 반감됨에 유의

　④ 수구에 물체를 닮은 돌이나 바위가 가로막고 있으면 좋다.

라. 내룡의 이기를 감결(패철 4층 사용)

　① 결인처부터 묘에 이르는 내룡의 꺾이고 휘인 지점마다 패철을 놓고 격정(3절 이상)

　*12 포태법 사용, 도두 일절, 부모/태/식/잉/육, 쌍산배합, 득수여부 등

　② 파와 자연흐름(좌/우선수)에 합당한 진룡 판별, 여기서 실수가 많다.

마. 혈의 정중 판단(감결 또는 새로운 자리를 찾을 경우 : 첫째도 둘째도 혈이 주인이다)

① 형기적 판단 : 혈맥(부모 태 식 양 육), 혈증(입수 선익 전순), 혈상(와 겸 유 돌)

② 이기적 판단 : 파, 임관봉, 임관수, 제왕수를 살핀다.

바. 득수 판단 : 득수는 형상도 좋고 이기도 맞아야 길수이다.(패철 8층 사용)

혈이 좋으면 사수가 갖추어지고 혈이 부족하면 사수의 도움이 필요하나 혈이 아니면 사수가 소용이 없다.

사. 주변 산의 형상과 이기를 살펴 길흉 감별(패철 6층 사용)

① 산의 방위와 모양별로 이기를 감별(경험 필요)

② 삼길육수와 임관봉 등을 살핀다.

아. 묘의 좌향을 판단하고 파에 맞추어 길흉을 판단한다. (패철 8층 사용, 여러 유파 활동)

① 정왕향/정생향 등을 살피되, 자생향/자왕향 등을 고려

② 용상팔살(패철 1층), 팔요풍(패철 2층), 혈의 중심(투지 60룡)(패철 7층) 등을 살핌

③ [지리오결]의 12수구 '길흉 판단법' 으로 후손의 길흉화복 감결

④ 다 채용이 불가능하면 중요한 것을 채용 실시

자. 음양의 이치에 견주어 종합판단을 내린다.(비보 사항 포함)

① 양(남자 : 파, 향)이 별로 좋지 않아도 음(여자 : 내룡)이 좋으면 집안은 유지된다.

② 주변의 개발현황을 살펴 변화를 예측(도로, 아파트, 댐 건설 등)

③ 방향 쪽으로 마을이나 집이 있는지를 살핀다.

*집이 있으면 그 집에 산 사람이 상함

④ 주변의 설화나 전설을 참고로 하여 종합판단을 내리고 감결록을 작성한다.

3. 참고사항

가. 형기론

① 간룡법 : 생기가 왕성한 산줄기(용맥)를 찾는 것

② 장풍법 : 혈 주변의 산봉우리가 감싸준 곳을 찾는 것

③ 정혈법 : 용맥에서 응혈된 혈을 찾는 것

나. 간룡법

① 귀룡 : 상하기복과 좌우로 요동치며 활달히 전진

② 부룡 : 지각으로 인해 주산에서 멀리 뻗어가며, 거북등처럼 후덕

③ 병룡 : 용맥이 기복이나 좌우변화 없이 밋밋하여 기운이 없음

④ 사룡 : 용맥이 인위적으로 단절되었거나 움푹 패인 경우

다. 사신사

① 주산 : 거북이 머리를 조용히 숙이고 정지해 있는 듯한 형세가 길함

② 조산 : 봉황이 춤을 추며 날아오르는 듯한 형세가 길함

③ 청룡 : 용이 살아 꿈틀거리는 듯한 형세가 길함(남자후손 관계)

④ 백호 : 다소곳이 머리를 숙여 엎드린 듯한 형세가 길함(여자후손 관계)

  * 안산 : 안산 하나가 조산 일천 개를 감당한다.

33

자세히 보면 유난히 빛나는 부분을 알 수 있을까?

[형기론적 기의 응집]

Q 풍수는 기를 모아 이용하는 방법에 관한 학문입니까?

A 기를 모으는 방법에는 형기론적 방법과 이기론적 방법이 있습니다. 물체의 형태를 보고 기의 응결처를 보는 물형론을 제3의 방법으로 제시하기도 합니다. 초등학생에게 하늘과 땅을 보여주지 않고 음양오행으로 하늘을 설명하는 것보다는 밖으로 데리고 나가서 보여주는 것이 훨씬 더 쉽고 정확하게 보여주는 방법이 될 것입니다. 그러나 밤에는 방안에서 설명하는 것이 더 정확하게 할 수도 있을 것입니다. 정반합의 원리에 의해 종합적인 방법을 채용하는 것이 좋은 것입니다.

[형기론적 기의 응집]

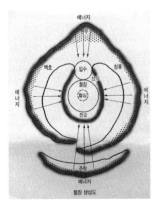 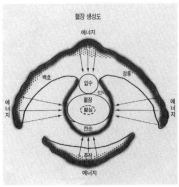 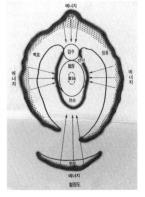

[그림52] 기의 응집도

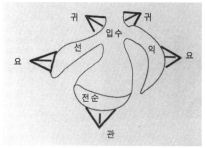

[그림53] 혈장도

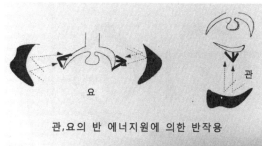

관,요의 반 에너지원에 의한 반작용

[그림54] 관, 요의 작용도

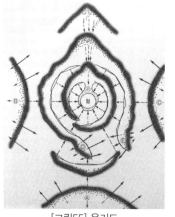

[그림55] 응기도

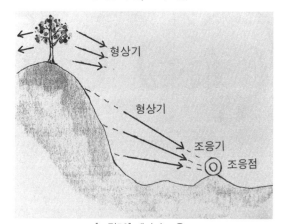

[그림56] 에너지 조응도

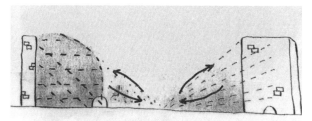

[그림57] 조응기파 응결점

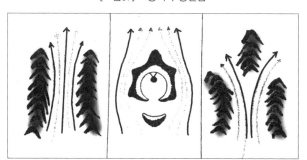

[그림59] 기의 파쇄

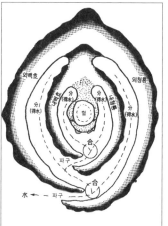

[그림58] 청룡백호 관쇄도

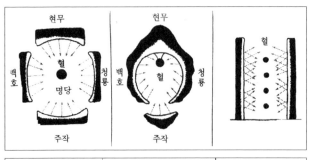

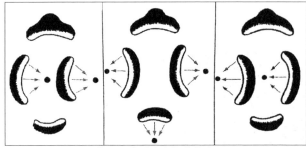

[그림60] 사신사의 기 응집

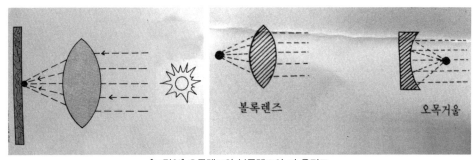

[그림61] 오목렌즈와 볼록렌즈의 기 응집도

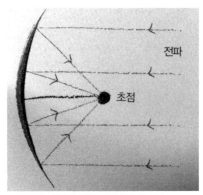

[그림62] 위성안테나의 응기도

34

친구를 보고 그 사람을 판단해도 될까?

[형기론적 정혈법]

Q 산에서 형기론적 혈이 어디에 있는지 아는 방법도 있습니까?

A 어느 방법을 취하여 정혈을 해도 무방하나 여러 방법을 숙지하고 있으면 애매할 때 정확히 알아볼 수 있습니다. 그래서 오랜 공부와 경험이 필요한 이유이기도 합니다.

[형기론적 정혈법]

1. 형기론적 정혈법

① 태극정혈

- 태극의 형상은 둥그스름한 것
- 태극은 음양의 본체

② 양의정혈

- 양의는 태극에서 둘로 나누어진 음양임
- 형체는 구각, 와돌현릉, 하수해안, 앙매화, 복매화, 금어계합, 상음하양, 상양하음, 좌음우양, 좌양우음, 변명변암, 변생변사, 변경변연 등은 음양이 교구한 곳

③ 삼세정혈

- 삼세
  - 입세 : 용신의 기가 솟아 위로 뜬 것, 높은 혈에 해당
  - 좌세 : 몸이 굴곡하여 기가 가운데 감춘 것, 산중턱에 해당
  - 면세 : 용신이 엎드려 내려온 것, 낮은 혈에 해당
- 천혈
  - 앙고혈 : 혈이 산정취결
  - 빙고혈 : 혈이 성진의 머리 아래에 있으므로 붙여진 명칭, (성두하취결)
  - 기형혈 : 혈이 용위에 있으므로 붙여진 이름, (산의 등마루취결)

- 지혈
  - 현유혈 : 혈이 산기슭에 있는 것
  - 탈살혈 : 혈이 성체 아래에 있는 것
  - 장구혈 : 혈이 평지나 밭 가운데 있는 것
- 인혈
  - 장살혈 : 산의 중턱에 있으며 당법을 쓰는데 급히 오면 의법을 쓴다.

④ 삼정정혈
- 천지인의 삼재혈법
- 천혈은 관고, 지혈은 재록, 인혈은 부귀

⑤ 사살정혈
- 장살혈 : 내맥이 길게 나와서 곧지도 않고 굳지도 않고 딱딱하지도 않고 준엄하지 않으면 장살혈(당법)
- 압살혈 : 내맥이 뾰족하고 날카롭고 급하고 억센 형으로 벗어날 수 없으면 압살혈(개법)
- 섬살혈 : 내맥이 직출하고 머리가 뾰족하여 벗어날 수 없고 사세가 가운데 모이면 섬살혈(의법)
- 탈살혈 : 내맥이 급하고 산세가 준엄하여 사세가 밑에서 모이면 탈살혈(점법)

⑥ 조산정혈
조산이 높으면 혈도 높고 조산이 낮으면 혈도 낮은 곳에 조산이 가까우면 혈은 높은 천혈을 취하여 혈장이 압박에서 벗어나야 하고, 조산이 멀면 혈은 낮은 지혈을 취하여 명당내 생기의 흩어짐을 막아야 한다.
우측의 사격이 수응하면 혈도 우측에 있고, 좌측의 사격이 수응하면 혈도 좌측에 있다.

⑦ 명당정혈
소명당(상수안의 물의 취합처)의 유무는 혈의 생기가 있느냐 없느냐를 분별하는 곳으로 혈장의 미망수가 상분화합되어야 하며 사람이 옆으로 누울 정도이면 된다.

⑧ 수세정혈
물이 좌측 명당으로 모이거나 수성이 좌측 변을 궁포하면 혈은 좌측에 있고, 물이 우측 명당으로 모이거나 수성이 우측변을 궁포하면 혈은 우측에 있다. 수원이 멀

리서 오면 명당이 넓어서 혈은 높은 곳에 있고, 원진수가 길면 국세가 순세이므로
혈은 낮은 곳에 있다.

⑨ 낙산정혈

낙산이 좌측에 있으면 혈도 좌측에 있고, 낙산이 우측에 있으면 혈도 우측에 있으
며, 중앙에 있으면 혈도 중앙에 있다. 낙산이 혈장에서 보이면 상격이고 명당 가운
데서 보이면 다음이다. 모양은 병장, 화개, 옥침, 옥종 등이 기하며 낙산이 지나치
게 높으면 혈을 능압하여 흉이 되니 이를 피하여야 한다.

⑩ 귀성정혈

후장이라 하고 횡룡결혈신은 혈장 뒤에서 빈 공간을 떠받쳐주고 막아주는 역할을
한다. 귀성이 높으면 혈도 높은 천혈이고 귀성이 낮으면 혈도 낮은 지혈이 되고, 귀
성이 좌측이면 혈도 좌측으로 정하고 귀성이 우측이면 혈도 우측으로 정한다.

⑪ 용호정혈

주봉 아래에서 분지된 용호는 혈처본신좌우의 선익만 못한 것이다. 용호는 5~6겹
감싸 안으면 일품이고 3~4겹으로 감싸 안으면 이품이다. 용산이 생기 넘치고 유
정하며 역수하면 혈은 용산을 의지하고, 호산이 수려하고 유정하며 역수하면 혈은
호산을 의지한다. 용호산이 높으면 혈은 천혈이고, 용호산이 낮으면 혈은 지혈로
정한다. 용산이 혈을 속이면 용산을 피하여 호산에 의지하고 호산이 혈을 능압하
거든 호산을 피하여 용산에 의지한다.

⑫ 전호정혈

시종산은 멀지도 않아야 하고 가깝지도 않아야 하며, 이중 삼중 호위하는 것이 길
한 것이다. 시종사가 짧으면 혈은 그 안에 있고, 시종사가 길면 용이 끝나는 곳에
혈이 있다. 시종사가 한 편으로 치우쳤으면 혈도 그 안에 있다.

⑬ 전순정혈

진혈에는 여기발로처가 있어서 혈장을 도와주는 것이다. 전순이 없으면 혈이 아니
다. 특히 횡룡결혈처는 전순이 있어야 한다.

⑭ 분합정혈

유분유합은 생기의 취결지로 진혈이다. 유분무합은 혈장 앞에 전순이 없음이며 무
분유합은 혈장 뒤에 승금 선익이 없음이다. 물이 혈토 위에서 나뉘어 혈토 앞에서
합을 하는 것을 제1합이라 하고, 물이 입수등마루에서 나뉘어 중명당에서 합하는

것을 제2합이라 하며, 물이 내룡을 따라 용호 밖에서 나뉘어 대명당에서 합하는 것을 제3합이라 한다.

⑮ 천심십도정혈

혈장을 중심으로 전후좌우에서 십자로 응하여 주는 산이 사신방에 기이하게 솟아 있고 대소원근이 상등하여 기울지 않아야 한다.

⑯ 자웅정혈

자혈은 음 웅혈은 양으로 웅혈은 기가 위로 모인 것이요 자혈은 기가 아래로 모인 것이니 웅혈은 천혈이고 자혈은 지혈이다.

⑰ 요감정혈

요감이란 적은 것을 보태고 넉넉한 곳은 감하여 혈을 정한다는 것을 말함이다.

⑱ 취산정혈

기가 모이면 길하고 흩어지면 흉하므로 기가 모인 곳을 살펴서 혈을 정한다.

⑲ 향배정혈

향배란 향하고 등진 것을 말하는 것으로 즉 산천의 유정과 무정이며 앞과 뒤를 가려서 정혈하는 것을 말한다.

⑳ 장산식수정혈

입혈함에 있어 전면의 산수가 왼쪽 언덕으로 오면 좌변에 혈을 잡고, 오른쪽 언덕으로 오면 우변에 혈을 잡고, 중앙으로 오면 중심에 혈을 잡는 것을 말한다.

㉑ 취길피흉 장신복살정혈

산수에 길흉이 있으니 길한 것은 취하고 흉한 것은 피하는 것이 좋으니 흉한 것이란 당면 혈을 곧게 쏘는 것과 혈을 지나 횡으로 쏘는 것을 혈중에 보이는 것을 말하는 것으로 격국에 따라 입혈시 판단해야 한다.

㉒ 평양정혈

평양지는 사면이 일편개수뿐이다. 양평지는 물은 양이요 산은 음으로 평양지 배토를 하여 높을수록 좋다.

35

자기를 도와주는 사람을 주위에 두면
안전하지 않을까?

[사신사를 혈을 중심으로 배치]

Q 사찰, 궁궐, 서원, 주택 등에도 배치의 유사성이 있습니까?

A 위 배치 모두에도 풍수에 의한 배치이므로 유사합니다. 가장 중요한 자리를 중심으로 모든 것이 배치됩니다. 사신사, 장풍득수를 원형으로 합니다.

1. 사신사를 혈을 중심으로 배치

주산			북악산			현무			후원 야산		
우전	강당	좌전	회랑	북문	회랑	우백호	입도	좌청룡	담장	사당	담장
	대웅전			근정전			혈			본건물	
	내정			내정			내명당			내정	
	해탈문			근정문			안산			중문	
	전정			전정			외명당			전정	
	일주문			광화문			조산			대문	

〈사찰의 배치〉　　　〈궁궐의 배치〉　　　〈음택의 배치〉　　　〈주택의 배치 원형〉

2. 풍수기념으로 대응시킨 전통 건축 배치 요소

국	궁궐	사찰	서원	주택
현무	북문	후산	후원	후원식수
두뇌	중궁	강당	문묘, 사당	사당, 별당
혈	근정전	대웅전	본당	본채
내명당	내정	내정	내정	안마당
외명당	전정	전정	전정	행랑마당
청룡	좌루	좌전, 각, 사	좌제, 사, 고	좌사랑, 안채
백호	우루	우전, 각, 사	우제, 사, 고	우사랑, 안채
안산	근정문	금강문	중문	중문
조산	남문	일주문	대문	대문, 행랑

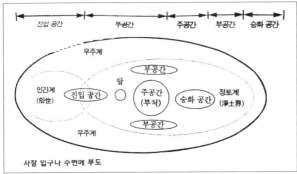

[그림63] 사찰공간도

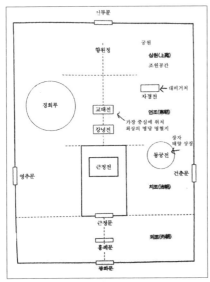

[그림64] 경복궁도

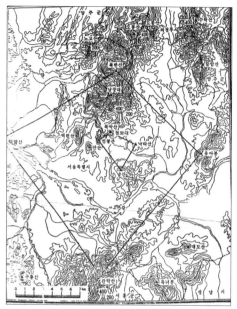

[그림65] 서울부근지형도

[그림66] 한양배치도

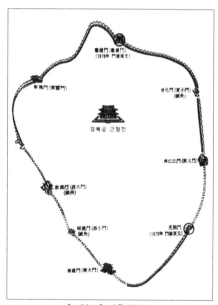

[그림67] 서울성곽도

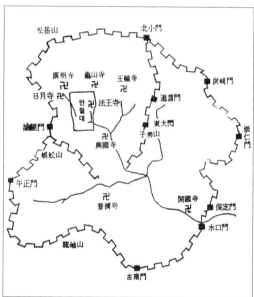

[그림68] 고려 개성도

36

기운이 다르니 얼굴이 다르고
운명이 다르구나?

[오성체]

Q 산은 크게 5개 유형으로 분류하는데 이유가 있습니까?

A 음양오행으로 사물을 설명하는 것이 비교적 간명합니다. 주역 64괘로 설명하는 것은
더 범위를 넓히면 복잡하고 실용성이 떨어지기 때문입니다. 물체는 그 형체에 맞는 기
가 따로 있고 기에 따라 운용하는 법이 다르므로 쉽게 활용하기 위해 5개로 구분했고 변형체
는 정격에 맞추어 유추하면 됩니다.

[5성체]

1. 『오성』의 오행대응표

	정체	형국	혈이 있는 부분	오방	제	승	신
목성	직상	인형	심, 배꼽, 음부	동방	태호	구망	세성
화성	광상	인형	심, 배꼽, 음부	남방	염제	축융	형혹
토성	횡상	수형	코, 이마, 귀, 배, 머리, 꼬리	중앙	황제	후토	전성
금성	원상	금형	날개, 벼슬, 우묵한 곳	서방	소호	욕수	태백
수성	곡상	용사형	코, 이마, 귀, 배, 머리, 꼬리	북방	전욱	현명	신성

2. 혈의 위치

산형	혈위치
수형산	하층, 산진처
화형산	상층, 평탄처(최상층)
금형산	산의 중간인 중층, 봉우리의 오목한 곳
목형산	산의 상층 다음인 대개 중층, 산마디에
토형산	하층, 평탄 돌처에

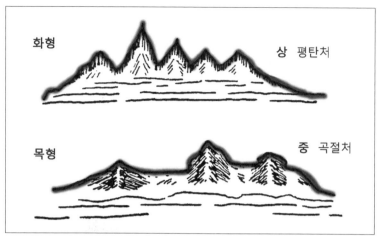

[그림69] 오형산형도

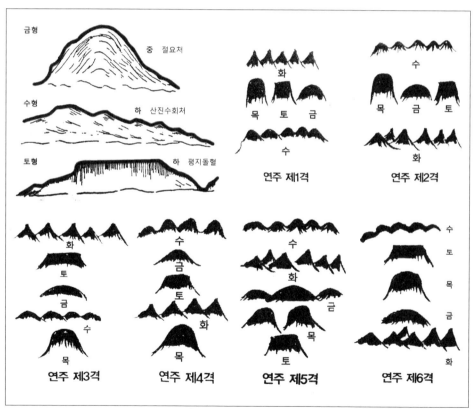

[그림70] 오성연주 6격

37

훔쳐보는 사람은 대부분 나쁜 사람인가?

[엿보는 산에 대한 해석]

Q 주위에 있는 산(뒤에 보이는 산)도 이로운 산과 해로운 산으로 구분되나요?

 인간세계에도 주위에 친구와 적이 있는 것처럼 산에도 주위에 도움이 되는 산과 해로 움을 끼치는 산이 있습니다. 주위 산과의 음양오행이나 24개 방위의 의미. 산의 모양 에 따라 많은 해석이 있어 왔습니다. 음·양택 선정 시, 가게 터 잡기에서 소홀히 할 수 없습니 다.

[엿보는 산에 대한 해석]

1. 무학대사(無學大師)

- 유(酉)방의 규봉은 대흉
- 간(艮)방의 규봉은 근심
- 술(戌)방의 규봉은 장자(長子)가 망하고 흉적이 침입한다.
- 인(寅)방의 규봉은 옥중사
- 사오미(巳午未)방의 규봉은 옥중사
- 묘손(卯巽)방의 규봉은 장부녀(長婦女)에게 질병이 있고
- 신(辛)방의 규봉은 도적이 나고
- 건(乾)방의 규봉은 악질(惡疾)이 나고
- 자축(子丑)방의 규봉은 도적이 든다.
- 정(丁)방의 규봉은 문장다출(文章多出)하고
- 오미(午未)방의 규봉은 현인(賢人)이 나고
- 술해(戌亥)방의 규봉은 부귀(富貴)한다.

2. 도선국사(道詵國師)

- 묘유(卯酉)방의 규봉은 음란(淫亂)하고

- 자오(子午)방의 규산은 봉적(逢賊)하고
- 건해(乾亥)방의 규봉은 신부(新婦) 소경
- 자오(子午)방의 규봉은 뉘우침 없는 자가 나온다.

3. 도선비기(道詵秘記)

- 임(任)방 : 무병자수(無病長壽)하는 길사(吉砂)가 된다.
- 자(子)방 : 도둑이 들어 손재가 생긴다.
- 계(癸)방 : 관재형옥과 도적자손이 우려된다.
- 축(丑)방 : 다병과 요수(夭壽)가 우려된다.
- 간(艮)방 : 관재구설이 우려된다.
- 인(寅)방 : 재난과 근심이 우려된다.
- 갑(甲)방 : 다병(多病)과 빈궁(貧窮)이 염려된다.
- 묘(卯)방 : 다병(多病)과 빈궁(貧窮)이 염려된다.
- 을(乙)방 : 재난이 없다.
- 진(辰)방 : 재난이 없다.
- 손(巽)방 : 도벽이 있거나 가난하다.
- 사(巳)방 : 도벽이 있거나 가난하다.
- 병(丙)방 : 흉적(凶賊) 자손이 우려된다.
- 오(午)방 : 대죄옥사(大罪獄死)가 우려된다.
- 정(丁)방 : 현인귀부(賢人貴富)가 기약된다.
- 미(未)방 : 도벽관재가 우려된다.
- 곤(坤)방 : 다병 빈한(貧寒)이 우려된다.
- 신(申)방 : 다병 빈한(貧寒)이 우려된다.
- 경(庚)방 : 사람과 재산(財産)에 재앙(災殃)이 염려된다.
- 유(酉)방 : 도둑을 맞거나 병질이 우려된다.
- 신(辛)방 : 손재(損財)가 염려된다.
- 술(戌)방 : 가난하고 도둑을 맞을 일이 염려된다.
- 건(乾)방 : 질병을 앓거나 가난하게 됨이 염려된다.
- 해(亥)방 : 재앙과 근심이 걱정된다.

4. 규산(窺峰)의 길흉에 대한 일반적 의견

방위	길흉
자, 축	실물
축, 진, 미, 술	도둑이 나옴
간	근심과 고생이 많음
인	형벌이 있음
인, 사, 신(申), 해	무녀가 나옴
묘, 손	집안에 나쁜 병
사, 오, 미	자손이 옥사
오, 미	현명한 자가 나옴
병정	강도
정	문장가가 나옴
신(申)	세 봉우리가 있으면 발복
유	흉
신(辛)	도난을 당함
술	장남이 도둑
건	병고
해	부귀
미	음부남
주산 밖의 규산	자손이 망함
청룡 밖의 규산	자손이 많지 않음
백호 밖의 규산	소경이나 음란한 자가 나옴
안산 너머 규산	하늘이 주는 복록이 다가옴

- 규봉은 앞산은 비교적 괜찮으나 뒷산은 나쁘다.
- 명혈이면 규봉도 좋은 작용을 한다.
- 돼지머리 같은 봉이나 바위가 건방에 있으면 대풍질창이 걸린다.
- 겁난 호랑이 머리 같은 산봉이 인방에 어둡게 보이면 교통사고 남
- 뾰족한 창칼 같은 봉이 건해방에서 넘어 보이면 대역죄인이 나온다.
- 작은 푸른산이 자오방에서 넘어 보이면 도적으로 참형을 받는다.
- 묘유방이 어둡게 보이면 얻어먹고 삶

- 갑경방이 어둡게 보이면 음행하고 취정한다.
- 축방산이 넘어 보이면 사위가 나쁜 사람이다.
- 곤방이 어둡게 보이면 도적한테 칼을 맞는다.
- 손방에 산이 미미하게 보이면 액을 당한다.

38

집은 잘 지어야 편히 거처하지 않을까?

[묘지도]

Q 묘는 보기만 좋은 것 아닌가요? 실질이 중요하지 형식이 무엇이 중요합니까?

A 실질이 형식을 결정하기도 하지만 역으로 형식이 실질을 결정합니다. 그래서 예부터 규범을 중요시한 이유입니다. 물론 자유주의 국가에서 어떻게 하느냐는 법질서 내에서는 자유로우나 인간관계에서는 형식적으로 평가를 받기도 합니다. 대부분의 형식은 내용을 가장 적합하게 표현하기 위해 발전되어 온 것입니다.

[묘지도]

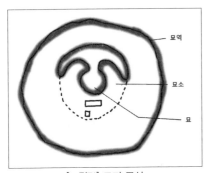

[그림71] 묘지 구성

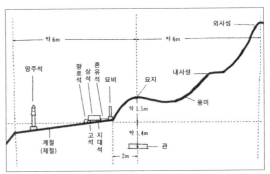

[그림72] 조선시대 면묘 단면도

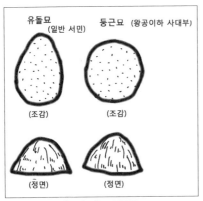

[그림73] 묘의종류

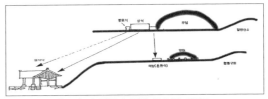

[그림74] 왕릉과 일반 산소의 배치도

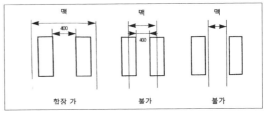

[그림75] 기맥과 쌍분

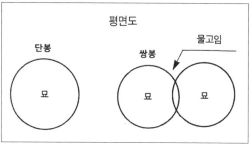

[그림76] 봉분과 물고임   [그림77] 남녀위치도

1. 분묘의 설치 기준

	개인묘지	가족묘지	종중문중묘지	법인묘지	비고
매장신고	매장 후 30일 이내	좌동	좌동	좌동	
설치절차	30일 이내 시군구청장에게 신고	사전허가	사전허가	사전허가	허가를 받으면 산림 관련법에 의한 입목 벌채 등의 허가가 있는 것으로 본다.
묘지1기당 점유면적	30㎡ 초과금지	10㎡ 초과금지 (합장은 15㎡ 초과금지)	좌동	좌동	
설치면적	30㎡ 이하	100㎡ 이하	1000㎡ 이하	10만㎡ 이상	
봉분형태	봉분(높이1m 초과 금지)평분(높이 50cm 초과금지)	좌동	좌동	좌동	
납골묘	10㎡ 초과금지	30㎡ 초과금지	100㎡		종교단체 500㎡ 초과금지

2. 묘지 설치 제한지역

① 상수원 보호구역

② 문화재 보호구역

③ 군사시설 보호구역

④ 농업진흥구역

⑤ 하천구역

⑥ 접도구역

⑦ 주거, 상업, 공업지역

⑧ 채종림, 보안림, 온존국유림

⑨ 개발제한구역

⑩ 사방지

⑪ 보건위생상 위해지역

3. 묘지 설치 지역 요건

① 도로, 하천, 철도 또는 그 예정지역으로부터 300m 이상 떨어진 곳

② 20호 이상 인가지역, 학교, 공중이 수시 모이는 장소로부터 500m 이상 떨어진 곳

39

친구가 좋아야 내가 편하지 않을까?

[배합, 불배합의 길흉 및 공식도]

Q 음산에 가 보면 모든 산들의 산맥(용맥)이 내려오는 모습이 같아 보입니다. 그런데 풍수에서는 나경을 보고 내려오는 기운이 배합되어 조화를 이루었느니 불배합이니 하면서 길흉을 논합니까?

A 풍수학의 발전 역사를 보면 처음에는 입수와 좌향에 의해, 나중에는 물의 오고 나감을 보면서 이론의 정치함을 더해 왔습니다. 남녀가 1명씩 한 가정을 이루는 것이 현재로서 아름다운 가정이라고 많은 사람이 여기듯이 쌍산 한 쌍이 조화롭게 내려오는 것을 배합되었다고 하여 길한 작용을 한다고 발전시킨 이론입니다. 내룡이 우선일 때는 지지 좌향을, 좌선일 때는 천간 좌향을 하면서 음양의 조화를 꾀하고 있습니다.

[배합, 불해합의 길흉 및 공식도]

1. 배합이자
　① 사귀절 : 임자, 갑묘, 병오, 경유
　② 사부절 : 계축, 을진, 정미, 신술
　③ 사손절 : 간인, 손사, 곤신, 건해

2. 불배합이자
　① 사인패절 : 해임, 인갑, 사병, 신경
　② 사재패절 : 자계, 묘을, 오정, 유신
　③ 사병패절 : 축간, 진손, 미곤, 술건

3. 배합삼자무기
　① 사기절 무기(관송) : 자임해, 묘갑인, 오병사, 유경신(좌선)
　　　　　　　　　　　　 임자계, 갑묘을, 병오정, 경유신(우선)

② 사부절 무기(도적) : 축계자, 진을묘, 미정오, 술신유

　　　　　　　　　　　계축간, 을진손, 정미곤, 신술건

③ 사손절 무기(상피) : 인간축, 사손진, 신곤미, 해건술

　　　　　　　　　　　간인갑, 손사병, 곤신경, 건해인

4. 불배합 삼자무기

① 사인패 무기(오사) : 임해건, 갑인간, 병사손, 경신곤

　　　　　　　　　　　해임자, 인갑묘, 사병오, 신경유

② 사재패 무기(파산) : 계자임, 을묘갑, 정오병, 신유경

　　　　　　　　　　　자계축, 묘을진, 오정미, 유신술

③ 사병패 무기(불구) : 간축계, 손진을, 곤미정, 건술신

　　　　　　　　　　　축간인, 진손사, 미곤신, 술건해

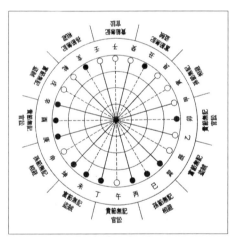

[그림78] 무기공식도

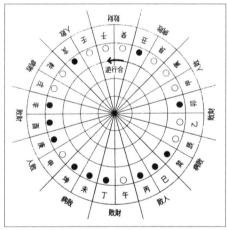

[그림79] 무기 용맥공식도

	종류	용의 흐름	방위				영향
1	귀절 3자	우선 좌선	임자계 자임해	갑묘을 묘갑인	병오정 오병사	경유신 유경신	관송, 재판
2	부절 3자	우선 좌선	계축간 축계자	을진손 진을묘	정미곤 미정오	신술건 술신유	도적, 재산손실
3	손절 3자	우선 좌선	간인갑 인간축	손사병 사손진	곤신경 신곤미	건해임 해건술	근친상간

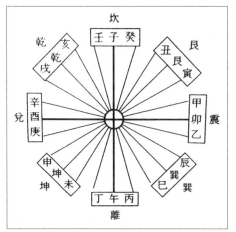

[그림80] 양택팔궁도

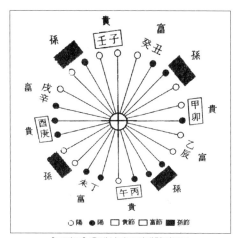

[그림81] 음택십이궁정배합절궁도

40

좋은 친구 나쁜 친구는 특징을 알고 사귀어야지?

[길흉사]

Q 형기풍수는 산의 모양대로 기가 있고 보는데 길하거나 흉한 산을 많이 봐야 합니까?

A 전문가조차도 산의 모양을 단번에 파악하기가 쉽지 않습니다. 그래서 풍수를 하루아 침에 배울 수는 없으므로 스승을 잘 만나야 합니다. 그러나 수많은 산도를 보고 산에 익숙해지면 서서히 눈이 열리고 기감이 발달하여 기를 볼 수 있습니다.

[길흉사]

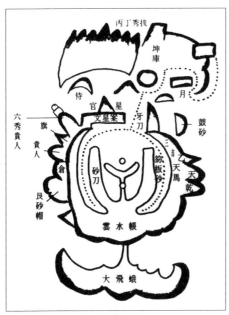

[그림82] 명당도

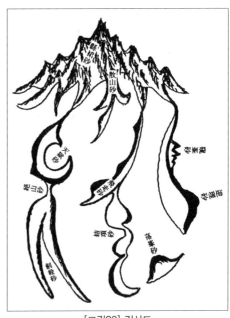

[그림83] 길사도

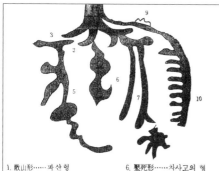

1. 散山形······파산형
2. 絶山形······절손형
3. 逃走形······쫓겨다니는형
4. 逆理形······불효불충형
5. 結項形······목매어죽는형
6. 壓死形······치사고의형
7. 劍砂形······칼맞아죽는형
8. 落砂形······떨어져죽는형
9. 窺峰形······도적이엿보는형
10. 欷揖形······업처시하,음행형

[그림84] 흉사도

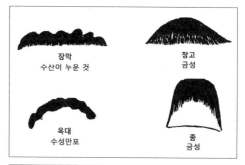

장막
수산이 누운 것

창고
금성

옥대
수성만포

종
금성

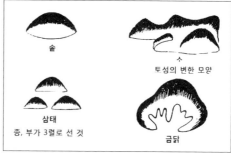

솔

수
토성의 변한 모양

삼태
종, 부가 3렬로 선 것

금닭

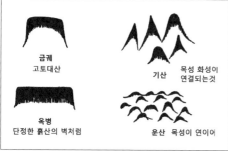

금궤
고토대산

옥병
단정한 흙산의 벽처럼

기산
목성 화성이
연결되는것

운산 목성이 연이어

제왕의 자리

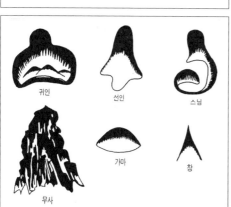

귀인

선인

스님

무사

가마

창

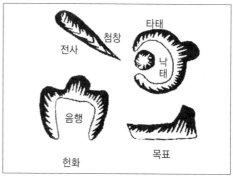

전사

첨창

타태

낙태

음행

헌화

목표

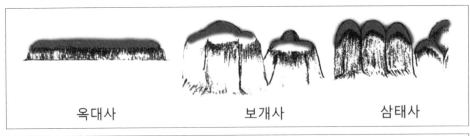

옥대사　　　　　　　보개사　　　　　　　삼태사

선교사　　　　　　　기사　　　　　　　북사

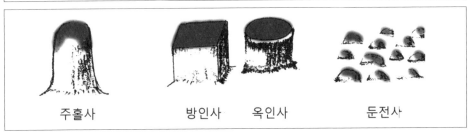

주홀사　　　　방인사　옥인사　　　둔전사

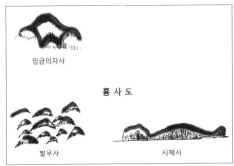

임금의자사

흉 사 도

발우사　　　　　　시체사

유시　　　　　적기

시관사

단두　　　나의

(빈곤)

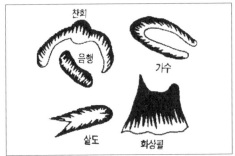

찬회

음행

기수

살도

화상필

지면　　　뇌옥

탐두　　　송사

[그림85] 여러 길·흉사도

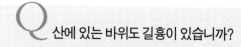

41

친구가 어떤 얼굴, 어디에 있느냐가
나의 기분에 영향을 주겠지?

[길흉석(石)]

Q 산에 있는 바위도 길흉이 있습니까?

A 세상에 의미 없는 일이 없듯이 바위의 모양이나 생김새에도, 그리고 있는 방위에 따라 길흉이 다르게 나타나고 있습니다. 일반인이 보기엔 보행에 지장을 주는 정도이지만 양택 · 음택에 미치는 영향은 지대합니다.

[길흉석의 풍수적 해석]

1. 술해방에 누워 있는 바위 : 여자가 음탕하다.

   술해방에 돌무더기는 : 불로 망하고 화를 당한다.

2. 계방에 일척되는 바위 : 편부 편모가 난다.

   축간방에 누워 있는 바위 : 무거운 형벌을 받음

3. 인묘방에 돌무더기 : 중자손이 망한다.

4. 갑방에 오척 되는 바위 : 자식교육을 위해서 고향을 떠남

5. 진사방에 사납고 험하게 생긴 바위 : 구실이 그치지 않음

6. 손방 높은 곳에서 바위가 눌러 있으면 : 술로 미치고 술로 망함

7. 오정방의 돌무더기 : 장자가 망한다.

8. 정방에 삼척 되는 바위 : 어질고 지혜로운 자손이 나온다.

9. 경방에 험하게 생긴 바위 : 가슴앓이와 배앓이

   경방에 삼척 되는 바위 : 대문열고 도적을 들인다.

10. 엎드려 있는 호랑이 모양의 바위 : 소년이 횡사

11. 사람머리에 수건 같은 바위 : 벌을 받음

12. 분묘의 사방에 큰 바위 : 교통사고에 조심해야 하고 도적에게 몸을 상한다.

13. 용호 쪽에 습기 있고 붉은색 바위는 : 우환과 화재로 망한다.

14. 청룡머리 위에 큰 바위 : 장자와 장녀가 정신이 흐림

   청룡머리에 고운 바위 : 장원급제하는 자손을 둔다.

15. 백호허리에 쌍석은 : 빌어먹음을 대물림함

   백호머리에 있는 돌 : 벼락 맞는 자손이 있다.

16. 한 대가 너무 단정하고 배석 같은 돌 : 아름다운 딸 낳음

17. 수구에 비석 같은 돌 : 황비가 될 딸 낳음

18. 소가 누워있는 것 같은 돌이 뒤에 있으면 : 충신과 효자가 난다.

19. 사람이 서 있는 형상의 돌이 앞에 있으면 : 문무를 겸비한 자손 둠

42

피부를 보면 건강을 알 수 있지 않을까?

[땅의 특성과 음택]

 Q 땅의 식물이나 땅의 상태를 보면 음택이 가능한지를 알 수 있습니까?

A 모든 것은 유기적으로 연결되어 있어서 땅의 상태나 식물의 현상을 보면 바로 알 수 있습니다. 오랜 경험이 중요한 부분이지요.

[땅의 특성과 음택]

땅의 특성에 따른 식물

① 강산성의 토양은 통상 pH5 이하의 토양을 말한다. 강산성인 곳에서는 산의 작용에 의해 모든 유기물이 제대로 분해되지 않는 특성이 있어 농사가 제대로 안 됨. 이곳에 묘를 쓰면 시신이 완전 유리되지 않고 일부 산에 보호되는 유기물이 남게 되어 새까맣고 그을린 것처럼 됨
쑥, 바랭이, 쇠뜨기, 질경이, 수영초 등이 자생

② 잡목에서는 갈참나무나 산철쭉, 진달래, 청머루 넝쿨과 같은 것이 밀집돼 자생하는 곳은 척박한 산성토양이 된다.

③ 낙엽이나 나뭇가지 등의 유기물이 분해돼 이뤄진 비옥한 토양은 색이 검고 아주 작은 입자로 돼 있는데, 기반암으로부터 생성된 생토와는 다르다.

④ 산도가 높은 곳의 산도를 줄이기 위해서는 중화시키는 작용이 되는 석회를 주변에 뿌려주고, 너무 건조한 경우는 토양이 바로 노출되지 않도록 조경을 하고 수분을 잡아둘 수 있도록 잔디와 같은 포복성 식물을 길러 두면 된다.

⑤ 메마른 땅 : 여뀌, 쇠뜨기, 명아주, 까마종이, 쇠비름, 냉이 등이 자란다. 이런 곳은 비가 와도 금세 마른다거나 서릿발이 잘 형성돼 겉의 흙은 잘 무너지는 포행작용을 한다. 이런 토양에서는 나무가 시체로부터 유기되는 물질을 영양소로 삼기 위해 뿌리를 뻗어 와 목렴을 일으킨다.

⑥ 삽이나 곡괭이를 내리꽂으면 돌같이 생긴 흙이 부서지는 땅, 질경이나 골풀 등이
   자란다. 이런 토양에는 쥐나 뱀 같은 동물이 구멍을 파고 옆의 나무들이 뻗어온다.
⑦ 습기가 많은 땅
   수양버들, 오동나무, 주엽나무, 개구리풀, 잠자리풀, 미나리아재비, 골풀, 물여뀌,
   둑세풀, 황세냉이 및 이끼류, 이런 토양은 배수로를 만들어도 질퍽질퍽하고 손에
   흙을 한 움큼 쥐었다 놓으면 뭉친 그대로 있는 토양이다.

43

내 몸을 보면 집안 내력, 건강을 알 수 있지 않을까?

[내룡]

Q 산맥(내룡)은 지기의 모습을 외부적으로 보여주는 것이라고 하는데 내부적으로 보여주는 것은 무엇입니까?

A 이기법으로 땅의 음양오행을 봄으로써 그 성질을 보기도 하지만, 묘지나 양택기초 조성시 땅의 색깔이나 상태가 내부적으로 지기를 보여주는 것입니다.

[내룡과 기]

1. 내룡

① 내룡의 중심부분이 강하면 장손이 잘 되고, 가지부분이 강하면 지손이 잘 된다.

② 내룡맥이 흩어지면 자손이 건강을 잃거나 불구자손이 난다.

③ 내룡맥이 분산되어 있으면 축첩하는 자손이 나온다.

④ 내룡맥이 편룡이면 과부, 홀아비가 나온다.

⑤ 내룡맥이 끊어지면 자손이 끊어진다.

⑥ 내룡맥이 고룡이면 자손들이 외롭다.

⑦ 천기 생성의 근원이 우주와 태양이고, 지기 생성의 근원이 지구 핵과 맨틀이다. 천기는 양의 개념으로 하강좌선 운동을 하며 지기는 음의 개념으로 상승우선 운동을 한다. 천기와 지기의 배합은 지표선 위에서 이루어지나 지기는 내룡의 혈토층에서 흐른다.

⑧ 태조성봉의 정제된 고압, 농축된 지기는 내룡이 끊어지는 지점까지 흐르나 단절이 후에는 기가 취합되나 미미하게 흐른다.

⑨ 혈토층과 기맥선이 단절되면 단절된 이후 내룡에 표토나 점질토 등 퇴적층이 형성되기가 쉽다. 자세히 관찰하지 않으면 내룡의 단절을 간과하기 쉽다.

2. 내룡의 모습

〈묘지와 풍수〉

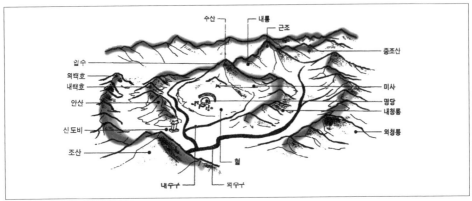

[그림86] 명당도1

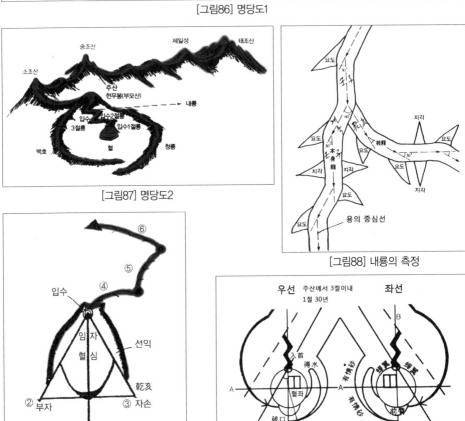

[그림87] 명당도2

[그림88] 내룡의 측정

[그림89] 발복형태

[그림90] 혈좌도

44

내 주변인들을 다 파악하면
그들이 귀인인지 알 수 있겠지?

[산과 내룡의 의미 해설]

Q 산과 내룡(산맥)은 일반인이 보기엔 다 같이 보이는데 의미가 다르다니 가능한 일인 가요?

A 그동안 많은 풍수책에서 단편적인 내용은 있었으나 작업의 방대함으로 집대성할 수 없었습니다. 분명 각자의 물건엔 주인이 있고 주인에겐 각자의 물건의 의미와 용처는 다를 수밖에 없습니다. 다양한 의견이 모두 백퍼센트 맞는다고 볼 수는 없으나 반복하여 읽고 음미하다 보면 조금씩 통일된 의미로 읽어낼 수 있을 것입니다.

[산과 내룡의 의미 해설]

1. 산의 이기적 해설

1) 건곤간손은 대사문이요, 경신(辛) 병정은 소사문이다. 이곳의 미봉탁립은 모든 재난이 감소한다.

2) 부−간후(厚), 귀−손수(秀), 수−건고(高)가 기본이 된다.

3) 손신(辛)봉의 수려단아는 문과등조요, 경태봉의 장엄기세는 무과병권이 기약된다.

4) 간좌산에 병정봉의 서기유광은 부귀를 기약하고 진좌산에 태봉의 충천기세는 만군지장이 기대된다.

5) 신(辛)해 좌산에 손봉의 청아서정은 주현을 목민치정하고, 신(辛)봉의 첨열미수는 홍패백패가 연이어 나온다.

6) 손태좌산에 간방의 풍비원만은 홍륭정재하고, 병정좌산에 간해봉의 방정풍후 거부된다.

7) 사신전(四神全) 건, 곤, 간, 손 → 귀

8) 사유열(四維列) 건, 곤, 간, 손 → 귀

9) 3각치(峙) 간, 손, 태 → 부귀쌍발

10) 삼양기(起) 손, 병, 정 → 관작

11) 팔국주(八國周) 갑, 경, 병, 임, 을, 신, 정, 계(8천간위) → 극귀공후

12) 사생고(四生高) 인, 신, 사, 해 - 4생위

    전완고수(全完高秀) - 왕정귀현

13) 일월명(明)

    일 - 이산, 월은 감산이다

    일월귀봉의 남북대치 → 문무귀현

14) 자궁혈(穴)

    진, 간, 감은 장, 중, 소남 방위다 → 다자왕정

15) 여산구(如山俱) 손, 이, 태 - 여귀

16) 재백풍(豊) 간위는 재백궁위 비원풍후 → 발재치부

17) 수성숭(壽星崇) 남극노인성위인 정위를 일명 수성이라 함

    산고양명하면 수성숭이라 하여 주로 고수왕정(高壽旺丁)이 기대된다.

18) 마상금계귀(馬上金階貴)

    건금마와 이천마가 기세유마하고 태산이 고용존중하면 대귀속발

19) 태양승전

    자오묘유는 4정위

    단정기세한 태양성봉의 사위상조를 태양승전이라 하며 극귀국부

20) 태음입묘

    갑경병임 사위에 청아수미한 태음성봉의 사면상조를 태음입묘라 하여 주로 남자는 부마와 여자는 궁비가 기대된다.

21) 삼화병수(三火竝秀)

    병오정 삼위를 삼화위, 이곳의 첨봉병수는 삼화병수라 하여 욱일 승직이 기대된다.

22) 존제당전(尊帝當前)

    양명기세한 존귀쌍봉이 병정혈전에 상등병립(相等竝立)함은 존제당전이라 하며 문무대귀가 기대됨

23) 녹마공후(祿馬拱後)

간록, 건마 2위에 녹마산이 공형혈후(拱衡穴後)는 주로 대부거경이 기약된다.

24) 문필수(秀)

진인필위(眞人筆位)인 손, 신(辛)록 2위에 첨수문필봉의 병립은 주로 장원급제 기대

25) 옥대현(現)

손, 신(辛)위의 대사(帶砂)를 옥대라 하고 경, 태위의 대사를 금대라 한다. 이 옥대 혹은 금대의 정안(正案)은 남자는 장원, 여자는 귀비가 기대된다.

26) 금인부(金印浮)

경태신(辛)건위에 있는 인사를 금인이라 한다. 주로 고관대작이 기대된다. 이곳 수궁부인을 금인부라 하여 문장귀현이 기대된다.

27) 사문기(赦文起)

건곤간손 병오경신(辛)위가 사문위다. 이곳의 기봉수미를 사문기라 하여 영구히 무흉화 사문된다.

28) 마상어가(馬上御街)

손위에 유마하고 징청손수의 당전유입을 마상어가라 한다. 주로 근제(近帝)귀작이 기대된다.

29) 사금요(四金凹)

진술축미가 사금위이다. 이곳의 요결저함은 사금요라 한다. 주로 금사함풍하여 번관복곽에 흉재조앙이 염려된다.

30) 삼화저(三火低)

병오정 삼화위의 요결저항은 3화저라 한다. 주로 관로가 염려된다.

31) 괴강웅(魁罡雄)

진술축미 사위를 괴강웅이라 한다. 이곳의 악산흉석의 고압총택을 괴강웅이라 하여 천출걸인이 염려된다.

32) 자궁허(虛)

진감간 3위가 자궁위다. 이곳의 요함공허는 불왕인정이 염려된다.

33) 문성저(低)

손신양자를 문성위로 한다. 이곳의 저함요곡은 주로 관운부진이 우려된다.

34) 창고도(倒)

진술축미 3위가 창고위라 이곳의 사측경도 혹은 파쇄무기는 주로 도산가빈이 우려된다.

35) 재백산(散)

간위가 재백위다. 이곳의 요함산란은 파산가빈이 염려된다.

36) 수산경(壽山傾)

정위가 남극노인 수성위다. 이곳의 저평요결은 요수단명이 염려된다.

37) 양관함(陽關陷)

신위(申位)가 양관이다. 이곳의 저함요결은 전사자가 많이 나온다.

38) 팔문결 : 건곤간손 자오묘유 방향이 오목하게 들어간 것, 바람이 들어 정기가 산산이 흩어진다. 온갖 고초와 가난하게 산다. 자손들이 평안하게 지내기 어렵다.

39) 사살천권 : 진술축미 네 방향에 험상궂고 드높은 봉우리가 우뚝 서서 혈을 압박하는 것이다. 흉흉한 기운과 흉악무도한 사람 배출

40) 사신박 : 건곤간손방에 기울어진 바위가 있는 것. 집안에 도덕이 바로 서지 못한다.

41) 자궁허 : 자오간방이 움푹 들어간 것. 여자가 많고 남자가 적다.

42) 녹위결 : 사오간해축방에 움푹 들어간 것. 학문, 문장이 뛰어나도 높은 지위에 못 오른다.

43) 금계평 : 건유방에 요함. 귀한 것을 얻지 못한다.

44) 천주절 : 건봉이 움푹 들어가면 젊어서 죽는 사람이 생긴다. 술방향까지 요함은 흉화가 크게 미친다. 악적, 악병으로 인한 고초를 겪는다.

45) 천모휴 : 곤방향이 낮고 움푹하게 들어가면 과부가 생긴다.

46) 적기현 : 진술방에 깃발처럼 생긴 산을 말한다. 적기가 있으면 자손중에 큰 도적이 나온다.

47) 살도출 : 진술축미의 옆으로 뾰족한 산을 살도라 한다. 자손중에 강도가 나온다. 백정이 나와 짐승 죽이는 것을 업으로 삼는다.

48) 회록래 : 인오술방이 움푹 들어가면 바람을 따라서 흉흉한 기운이 따라온다. 온갖 흉화를 입는다.

49) 형성압 : 묘방의 봉우리가 우악스럽고 크면 혈을 누른다. 자손들이 윗사람의 사랑과 도움을 제대로 받지 못한다.

50) 횡시견사 : 시체처럼 생긴 산이 보이면 죽는 자손들이 나온다. 진술축미자계방에 있으면 객사하는 자손이 나온다.

51) 타태사 : 자계축방에 있는 둥그런 둔덕을 말하며 여자들이 유산한다.

52) 오성수계 : 화수목금토 오성이 오행상 자기를 극하는 방위에 있는 것을 말한다. 부귀를 얻기 어렵다.

53) 녹무정위 : 정록의 자리에 수려한 봉우리가 없는 것.

2. 용의 생김새

1) 책상을 걸쳐 놓은 모습이면 자손이 멸하거나 죽음을 당하게 되며, 책상 위에 혈을 만들게 되면 멸족에 이르게 된다.

2) 배가 뒤집힌 모양이면 여자는 고질병으로 고생하게 되고 남자는 옥살이를 하게 된다.

3) 흐트러진 옷과 같은 모습이면 질투심 많은 여자가 나오고, 처가 음란한 일을 하게 된다.

4) 제비집과 같은 모습이면 나라에 크게 쓸 인재가 나오게 된다.

5) 뱀이 놀라서 도망치는 모습이면 집안이 망하게 된다.

3. 백호

1) 백호가 혈장의 반대방향으로 머리를 틀고 거슬러 흐르는 물과 응하면 남편이 객사하고 과부만 홀로 집에서 슬피 운다.

2) 백호가 너무 웅장하고 높게 솟아 혈장을 압도하는 듯하면 과부가 나고 남의 식모살이를 하게 된다.

3) 백호봉의 머리를 청룡이 때리는 듯하면 부정한 부녀자가 야밤에 보따리를 싸고 도주하는 상이다.

4) 백호의 방향으로 마치 새끼줄 같은 사가 혈장 앞을 가로지르면 자손 중에 목매어 자살하는 사람이 나온다.

4. 내룡

1) 내룡의 중심부분이 강하면 장손이 잘 되고, 가지부분이 강하면 지손이 잘 된다.

2) 내룡맥이 흩어지면 자손이 건강을 잃거나 불구자손이 난다.

3) 내룡맥이 분산되어 있으면 축첩하는 자손이 나온다.

4) 내룡맥이 편룡이면 과부, 홀아비가 나온다.

5) 내룡맥이 끊어지면 자손이 끊어진다.

6) 내룡맥이 고룡이면 자손들이 외롭다.

5. 사(산수)

1) 혈장의 우측에 기묘한 산이 솟거나 손방의 산이 높이 솟거나 아미형으로 솟으면 임금의 사위가 난다.

2) 백호가 둥근 모양을 하면 무관의 자손이 난다.

3) 혈장 근처에 마치 표주박처럼 생긴 모양의 목묘사가 있으면 거지가 난다.

4) 주산 뒤에서 측면으로 살짝 엿보는 규봉사가 있으면 무당이나 박수가 난다.

5) 주산이 낮은데 안산이 높아 압도하는 듯하면 남의 밑에서 일하는 노예나 하인의 신분이 나온다.

6) 혈장 앞에 마치 수건모양의 사가 있으면 눈물을 닦는 형상으로 자손과 인연이 희박하다.

7) 혈장 우측의 백호측면으로 또 봉우리가 솟으면 백주대낮에 음행하는 자손이 나온다.

8) 안산이 칼날처럼 생긴 암석이 교차되면 백정이 난다.

9) 진사방으로 산봉이 높게 솟아 마치 혈을 압도하는 듯하면 점쟁이가 난다.

10) 청룡과 백호 안쪽에 마치 사람의 머리 모양과 비슷한 암석이나 봉우리가 함께 임하면 자손 중에 풍병과 미친 사람이 난다.

11) 청룡이 중간에 끊어지고 예리하게 뾰족한 봉우리가 솟으면 객사하는 자손이 나온다.

12) 청룡의 무릎 아래에 두 개의 가지로 나뉘어 가늘게 되거나 둥글면 부부가 함께 죽는다.

13) 백호의 꼬리가 갈라져 나가면 사형을 당하는 자손이 나온다.

14) 백호 방향에 기괴한 암석이 있으면 소경이 난다.

6. 백호 2

1) 백호의 끝이 갈라지면 참수형을 당하는 자손이 생긴다.

2) 백호의 봉우리가 깃발처럼 생겼으면 수차례 상을 당한다.

3) 백호에 우뚝 선 쌍둥이 산이 대명당과 상통해 있으면서 대명당이 광활하면 대장으로 성공하게 된다.

4) 백호 쪽의 멀리 있는 봉우리가 명당을 향해 찌르듯 달려오는 모습이면서 그 끝이 뭉툭한 모양이면 집안에 과부가 생기고 후손이 끊어지게 된다.

7. 백호와 청룡

1) 백호에 편편한 돌이 있으면 군수가 나온다.

2) 백호에 깃발처럼 보이는 사가 겹겹이 있거나 잘 생긴 봉우리가 세 개 솟아 있으면 장군이나 명사가 나온다.

3) 백호의 끝이 갈라지면 참수형을 당하는 자손이 나온다.

4) 백호 쪽으로 넘겨보는 봉이 있으면 도적이 나온다.

5) 백호가 가늘고 약하면 자손 중에서 굶어죽는 자가 나온다.

6) 백호의 봉우리가 깃발처럼 생겼으면 수차례 상을 당한다.

7) 백호에 우뚝선 쌍태 목성이 대명당과 상통해 있으면서 대명당이 광활하면 대장으로 성공하게 된다.

8) 백호 쪽으로 다리가 둘인 모습의 사가 있으면 간부가 있게 된다.

9) 백호 쪽의 멀리 있는 봉우리가 명당을 향해 찌르듯 달려오는 모습이면서 그 끝이 뭉뚱한 모양으로 돼 있으면 집안에 과부가 생기고 후손이 결손하게 된다.

10) 청룡이 가늘게 쌍으로 둘리어 있으면 자손이 귀하고 영화롭게 된다.

11) 청룡이 멈추지 않으면 이사를 자주 하게 된다.

12) 청룡의 끝이 끊어지고 솟아오른 봉우리가 일어나면 자손이 객사하게 된다.

13) 청룡의 굽고 긴 가운데 백호가 혈의 머리를 누르는 모습이면 간부가 주인을 죽이게 된다.

14) 청룡이 힘이 있고 끝에 큰 암석이 있으면 큰 인재가 나온다.

8. 사격

1) 향을 생해주는 생사는 관귀와 자식을 얻을 수 있고

2) 향과 사격의 오행이 같으면 왕사로서 재산과 자식을 얻을 수 있고

3) 향이 사격을 극하면 노사로서 재록을 얻을 수 있으나

4) 향이 사격을 생하면 설사로서 재산과 자식이 흩어지고(긍정적으로 노력하면 문장과 공명을 드날리고)

5) 사격이 향을 극하면 살사로서 흉화가 온다.

6) 길흉의 시기는 향과 방위의 오행 연월간지의 오행 사이에 충(지지대충) 조(釣, 삼합오행) 비등(飛騰, 하도수)의 상생상극 관계를 감안하여 추리할 수 있다고 한다.

9. 안산

1) 안산의 봉우리가 너무 뾰족하게 솟으면 상처한다.

2) 안산에 흉한 암석이나 잡석이 난무하면 화재로 인하여 재산을 날리거나 목을 크게 다치거나 상한다.

3) 안산이 혈장을 누르듯 핍박하는 형상이면 눈먼 자손이 난다.

4) 안산이 가지런하지 못하고 산란하면 자손들이 타향으로 뿔뿔이 흩어진다.

5) 안산에 누워있는 암석에 습기가 흐르거나 물이 차면 중풍이나 문둥병 환자가 생길 수 있다.

6) 긴 골짜기가 보이는 산을 안대하면 백가지 화가 도래하고 염병으로 죽음에 이르게 된다.

7) 넓은 바다나 강물이 한눈에 보이면 하루아침에 파산한다.

8) 혈장에서 연못의 물이 보이면 자손에게 질병이 끊이지 않고 음행하는 자손이 난다.

10. 안산과 조산

1) 안의 앞에 거울과 같이 맑은 호수가 있으면 용모가 아름다운 현부가 나온다.

2) 안이 혈을 핍박하는 모습이면 자손 중에 눈먼 자가 나온다.

3) 혈의 앞에 눈물을 흘리는 모습의 사가 있으면 자손들이 일찍 죽게 된다.

4) 안산이 없는 것을 취하면 의식이 곤궁해진다.

11. 결인과 혈은 같다

토후(土厚) — 토후

토박(土薄) — 혈중도 푸석

12. 사각이 비둔(肥鈍)하면 부자가 나옴

13. 봉만이 첩첩하면 청귀인이 나옴

14. 경태봉이 고수(高秀) − 벼슬아치 승진

15. 병정봉이 고수 − 장원급제

16. 미곤방이 고수 − 과부부자 나옴

17. 임감간인 첩첩 − 다자손

18. 손신상이 상대 − 문장재사 출생

19. 건해봉이 병수(竝秀) − 발복이 김

20. 병정방의 천마체 − 청귀인 나옴

21. 손신(辛)이 저함 − 문장자손 요사

22. 간곤이 공허 − 자손 빈곤

24. 패방사가 앞에 있으면 대소과 합격자 나옴

25. 천제사가 앞에 있으면 재상 나옴

26. 엄두사(揜頭砂)가 앞에 있으면 대학사 나옴

27. 을진사방에 폭암사 − 언챙이

28. 석모철모사 − 대장군 나옴

29. 아미사 앞에 있으면 − 왕비 나옴

30. 어로난가 − 명재상 나옴

31. 첨원봉이 향상(向上) − 학자 나옴

32. 경태봉에 악석 − 상처(喪妻)

33. 인방에 암석 − 호환

34. 미곤방에 암석이 첩첩 − 대풍검창질(나환) 나옴

35. 사고장이 저함하여 사금풍 들면 − 번관복시

36. 신(申)봉이 우뚝 − 맹인

37. 백석(白石)이 경도(傾倒) − 절름발이 나옴

38. 순전(脣前)이 파열 − 언챙이

39. 안산 위에 명산(明山)이 넘어 보이면 − 박물군자(博物君子) 나옴

40. 안산에 세곡수 − 청맹(靑盲) 나옴

41. 감계풍과을해풍은 서로 대지르면 − 자손 체머리 흔든다.

42. 현전에 돌이 있어 뚱뚱하여 묘묘(妙妙) − 자손 볼에 혹이 생긴다.

43. 혈전에 돌이 있어 웅크리고 엎지르면 − 자손 흉복통

44. 연단석(鍊端石) − 좋음

45. 자오방 규봉 − 말이 많으나 실속이 없음. 도적

46. 청룡 백호가 수레를 밀 듯 − 자식의 이향

47. 경태봉 저두(低頭) − 자손이 사방으로 흩어짐

48. 청룡과 백호가 서로 가슴을 치면 − 청상과부 나옴

49. 혈전에 길이 있어 양어깨 넘어가면 − 자손 형벌 받음

50. 안산에 샘물이 쉬지 않고 흐르면 − 자손 눈물나옴

51. 혈후의 거북들 − 좋은 벼슬

52. 명당 앞에 조각조각 단정하게 생긴 돌이 펴 있으면 − 상위에 놋그릇 놓인 형상

53. 건해미 곤방에 우두와 저두 − 대풍창질

54. 계축방의 암석 − 실성광인

55. 묘유방의 규방 − 음란

55. 자오방의 규산 − 도적 이름 얻음

56. 건해방의 규봉 − 신부 소경

57. 안산이 불잡 − 박처자손 나옴

58. 안산이 기울면 − 할기눈 나옴

59. 넘어오는 급한 길 − 도적의 우환

60. 가는 산, 가는 물, 가는 사(砂)가 사방에 들어오면 − 광풍사럼이 광중에 많다.

61. 간인맥 − 속발

62. 을진파 − 속성

63. 헌화사가 안산 − 풍류여자 나옴

64. 헌군사가 안산 − 음양사표 패가

65. 호로사가 안산 − 자손 약주머니 차고 나감

66. 수구에 선교사 − 대대로 술사 나옴

67. 첩지사(疊脂砂)가 안산이면 − 육지자손 나옴

68. 단두사가 안산 − 참수 당함

69. 발검사가 안산 − 남의 칼에 맞아 죽음

70. 걸표사가 안산 − 걸식하러 나감

71. 노적사(露積砂)가 안산 − 풍성자손이 요사한다.

72. 타태사가 병립하면 옥중(獄中)이가 나옴

73. 혈전에 여기가 장대 − 대대로 각기증 나옴

74. 천평관이 안산 − 삼공 나옴

75. 채봉필(采鳳筆)이 안산 − 한림 나옴

76. 단조사가 안산 − 자칭 활제 나옴

77. 태봉이 고수 − 암탉이 운다(牝鷄伺晨)

78. 탁기봉하 − 대장 나옴

79. 보검사 − 어사 나옴

80. 모필사 − 문사 나옴

81. 보검협 − 어사 나옴

82. 와우협 − 거부 나옴

83. 옥규사안 − 백의정승 나옴

84. 고축사안 − 나무꾼도 과거급제

85. 전고사가 개화 − 부마(남혼 공주) 나옴

86. 천마대상의 귀인봉 − 대소과 나옴

87. 일자문성이 안 − 대대로 문사

88. 취옹사가 앞에 있으면 − 주음횡사(酒飮橫死)

89. 권력사(劵力砂)가 앞에 있으면 남의 손에 맞아 죽음

90. 안산의 편처습수(片處濕水) − 편두풍

91. 좌우가 산란, 산발사 − 만신창(滿身瘡)

92. 안산에 흰산사태 − 자손이 현순백결풍(懸鶉百結風)

93. 혈후에 앙미사(仰尾砂) − 부족증(扶足症)

94. 사금대가 안산 − 명공거경 나옴

95. 옥대금대사가 안산 − 출장입상

96. 일근쌍봉(一根雙峰)이 산 − 쌍둥이 나옴

97. 수구에 나성이 안산 − 대기

98. 교검사가 안산 − 대대살인

99. 노권중중(路捲重重) — 자손이 등창

100. 용호가 패인(佩印) — 주목군현

101. 용호에 도순사(刀筍砂) — 대대로 각신(閣臣) 나옴

102. 용호에 패검사(佩劍砂) — 도집국병(都執國柄)

103. 용호에 원정(遠情)되면 — 오물경인(傲物輕人)

104. 삼태춘순(三台春筍)이 안산 — 공경대부

105. 수구가 막혀 일월한문 되면 — 왕후지지

106. 좌우사수 분합 — 금어수

107. 합궁하고 가는 물은 천리를 가도 좋다.

108. 은병잔주(銀甁盞注) — 석숭거부

109. 구곡수가 안산 — 당대재상

110. 소계수는 역수하고 대강수는 역수 안 된다.

111. 반궁수 안산 — 집이 기울고 파산

112. 수충성곽 — 대대출환

113. 고호사(顧狐砂) 안산 — 미물통간(美物通奸)

114. 포악사 안산 — 뱀에 물려 죽음

115. 종각사 안산 — 수중다리 나옴

116. 용호가 짧고 혈이 길면 — 패(敗)장군 분주

117. 신술푸이 사협(射脇) — 광풍백태(狂風白苔)

118. 병오풍이 직충 — 광풍화염

119. 산 틈으로 야색수(野色水) 보이면 — 광중에 나락뿌리, 우렁 껍질

120. 곤신풍이 요취 — 광풍토렴

121. 과거풍 못 막으면 — 황충(黃蟲)이 만관

122. 축간풍 사협 — 광풍소골

123. 임감풍 — 모렴목근

124. 인신사해 장자파(사포) — 자손번창지지

125. 자오묘유 중자파(사정) — 천하명장지지

126. 진술축미 고장파(사금) — 부귀장상지지

127. 건곤간손 사유파(사태) — 문무겸전지지

128. 갑경병임 사순파(사신) – 문관공후지지

129. 을신정계 사강파 – 무관, 수령, 방백, 부절지지

130. 수법에 좌위부(坐爲夫)면 파위부(破爲婦)요

　　좌위부(坐爲婦)면 파위부(破爲夫)다.

131. 안산 – 생필품

　　조산 – 장식품에 비유

132. 청룡이 자식이라면 좌선익은 손자

　　백호가 며느리(차자, 딸)

　　우선익은 손녀 며느리 자리

133. 내룡 및 혈이 중요하다.

　　용호는 지아비인 내룡과 혈의 귀천에 따른다.

134. 귀인방의 고봉이 수려하면 귀인이 임한다.

　　임자계산 – 묘사

　　축산 – 묘사오인

　　간산 – 유해

　　인산 – 자신

　　을산 – 사신(申)

　　진산 – 자신묘사

　　손산 – 오인

　　사산 – 오인유해

　　병정오산 – 유해

　　미산 – 자신(申)유해

　　곤산 – 묘사자신(辛)

　　신(申)산 – 묘사오인

　　경유신(辛)산 – 오인

　　술산 – 유해오인

　　건해산 – 축미묘사방

135. 천주봉인 건방

　　수산인 정방

삼화방인 병오정

→ 낮으면 후손들의 수명이 짧다. 높으면 길다

136. 삼길육수

① 삼길방 : 해(평화) 묘(성공) 경(득명)

② 육수 : 간(득명) 손(성공) 병(득명) 정(성공) 유(평화) 신(평화)

137. 손신(辛)방의 문수봉 → 문장귀격

138. 손 오 유 방의 여산봉이 높고 수려 – 중녀다귀

139. 자간묘방의 삼남봉이 높고 수려 – 다남왕정

140. 병정경신(辛) 간묘손유 : 최관귀안(부귀신속)

141. 망주석의 그림자 – 그림자가 봉분을 넘어들면 칼이나 쇠몽둥이일 수도

142. 순음 3자(병사손, 신유경)

무기점에는 문둥병 자손이 나고 순양3자(계자임) 무기점에는 정신병자의 자손이 생긴다.

143. 첨창의 혈장엔 혈이 없으나 내룡이 좋으면 민혈로 혈을 맺는다.

144. 유돌의 혈은 바람을 두려워하고 와겸의 혈은 혈내로 임두의 물이 침범함을 그린다.

145. 후사가 없는 것은 임두수가 혈을 적시기 때문이다.

146. 혈은 훈을 만드는데 일그러지지 않아야 귀하다.

147. 훈은 멀리서 보면 그림자로 보이고 가까이 가면 형이 사라진다.

148. 혈 뒤는 속기가 되어야 하는데 과일의 꼭지로 영양분이 들어오는 것과 같다.

149. 조산이 바르면 점혈에 검척이 소용없다.

150. 용혈의 진가는 구별키 어려우나 조안이 수려하고 수성이 유정하면 복을 의심할 필요가 없다.

151. 용이 좌측에서 오면 혈은 우측에 있고 용이 우측에서 오면 혈은 좌측에 있다.

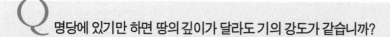

45

땅속에 1년 동안 넣어둔 계란에
향기가 나다니?

[명당과 계란, 황골, 지층 구조]

Q 명당에 있기만 하면 땅의 깊이가 달라도 기의 강도가 같습니까?

A 명당 내에서도 기맥선의 크기가 다르고 기맥선의 깊이가 다르므로 주의 깊게 보아서 벗어나지 않게 해야 합니다. 양택은 천리를 더 받을 수 있도록 하고, 음택은 지기를 더 받을 수 있는 것이 정확히 자리를 잡는 방법입니다.

[명당과 계란, 황골, 지층 구조]

1. 명당과 계란

기맥선 위에 기가 흐르는 깊이의 기맥상에 계란을 1년 동안 묻어두고 1년 후에 꺼낸다면 싱싱한 계란 그 자체이나, 기맥에서 벗어난 계란은 악취가 나고 구더기가 생김. 계란이 아닌 돼지 뼈를 묻어 두어도 기맥중심에 있으면 윤기가 나고 향기로운 냄새가 난다.

2. 산성과 황골

산성이란 토지의 수소농도를 표시하는 것을 기호 또는 pH로 표시한다. pH 7을 기준으로 하여 7 이하면 산성, 7이면 중성, 7 이상이면 알칼리성 토질이다. 결론적으로 산성이나 알칼리성 토지는 흉지로서 황골이 될 수 없다. 아무리 아름다운 명당이라 하여도 산성, 알칼리성 땅은 명당이 될 수 없다. 왜냐하면 황골이란 뼈가 서서히 산화하는 과정에서 발생하는 현상이며 이 때 물이 들어 산화할 수 없다든가 산성 또는 알칼리성 토질이라 미처 산화하기 전에 뼈가 없어진다면 명당이 될 수 없다. (황골 상태가 가장 발열이 잘 되는 상태이므로 파장이 가장 강렬하게 전도될 것임)

→ 탄산칼슘을 가열하면 산화칼슘(생석회)이 된다. 여기에 물을 넣으면 수산화칼슘

(소석회)이 된다. 소석회는 수돗물에서 산을 중화시키는 데 쓰인다.

3. 혈토층

표토층 : 20~30전 내외	돌이 분해되어 흙이 되어감
점질층 : 70~90전 내외	
마사층 : 20~30전 내외	
혈토층 : 30~50전 내외	기가 흐름(중성)
뇌토층 : 수백 km 내외	

4. 혈의 지층 구조

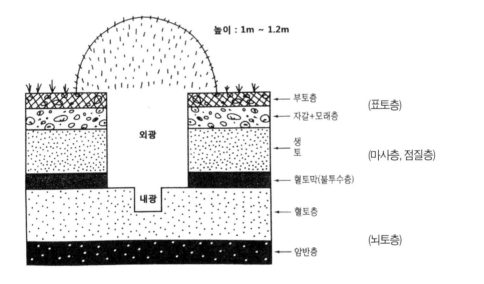

[그림91] 혈의 지층구조

46

땅에도 양귀비 같은 미인이 있는가?

[혈토]

 묘지에서는 광중의 혈토가 중요하다고 하는데 특징이 있습니까?

모든 조건이 갖추어졌을 때 혈토가 나온다고 보면, 혈토가 있다는 것은 갖추어졌다는 것이고, 천기와 지기가 교구하면서 조화를 이루었다는 것입니다. 사실 혈토를 찾고 활동하는 이론이 풍수이론으로 정립된 것이라 볼 수 있습니다.

[혈토 내용]

1. 혈토 조건

  1) 강도

  - 곡괭이로 파기는 쉽고 삽으로 파기는 어려울 정도로 단단해야 한다.
  - 겉이 강하면 속은 부드러워야 한다 → 강유(剛柔)
  - 겉이 부드러우면 속은 강해야 한다 → 유강(柔剛)

  2) 수기

  - 손으로 비벼서 뭉치면 팥고물처럼 뭉치고 1m 높이에서 떨어뜨리면 산산이 부서져야 한다.
  - 손으로 뭉쳤다가 놓을 때 부서지면 건조한 것이고 손으로 꽉 뭉쳐 쥐었을 때 손가락 사이로 빠져 나오면 수분이 많은 것이다.

  3) 성질 : 손으로 만졌을 때 묻어나고 칙칙하면 안 된다.

  4) 입자의 굵기 : 흙의 크기는 쌀알보다 잘아야 좋으며 밤톨보다 크면 못쓴다. 분말이 가늘면서 매끄러울수록 좋다.

  5) 광중의 온도 : 섭씨 16℃~18℃이어야 하며 이보다 낮으면 냉하다 하고 이보다 높으면 온하다고 하며 불가하다.

  6) 빛깔 : 광택, 윤기, 서기(瑞氣)가 나야 한다.

7) 색깔

水	木	火	土	金
지혜	문학	첨단	후덕	순결

8) 징표 : 1m 상공에 하루살이가 빙빙 돌기도

2. 혈토 색

1) 건맥 : 건맥이 술로 들어오면 황색이요 해로 들어오면 가는 백사이다.

2) 곤맥 : 곤맥이 미로 들어오면 청석이고 申으로 들어오면 금사이다.

3) 손맥 : 손맥이 진으로 들어오면 황토요 사로 들어오면 자색토에 무늬가 섞인다.

4) 간맥(四胎脈) : 간맥이 축으로 들어오면 흑색이고 인맥으로 들어오면 청색이다.

5) 인신사해맥(四胞脈) : 토색이 더욱 묘하고 진술축미사장맥은 토색이 누렇다.

6) 태감맥(酉子脈) : 백석비석이고 이(오)맥은 흰빛 진흙(백호)이다.

7) 을신정계(四强) : 을신정계사강맥은 호(虎)석이 많고 갑경병임사순맥은 토색이 백색이다.

8) 인신사해(四胎) : 사포가 훈을 안으면 아래에 오색토가 있어 굳고 윤택하다.

9) 자오묘유(사정) : 백색이 위주니 먼저 양룡으로 내려와 음맥을 만나면 밝은 돌이고 내부는 흙이며 먼저 음룡으로 내려오다가 양맥을 만나면 외부는 돌이니 돌 위에 흙을 채워 써야 한다. 가령 간인맥등(배) 위에 건손으로 교합하면 외부는 돌(석)이고, 내부는 흙이 있으면 건해 맥의 등위에 곤간으로 교합하면 외부는 흙이고 내부는 돌이다. 양은 돌(석)이 되고 음은 흙(토)이 되는 것이니 기타도 이와 같다.

10) 간병(탐랑목룡) : 청색

11) 신(辛)손(거문토) : 황색

12) 건갑(녹존토) : 황색

13) 이인오술(문곡수) : 흑색

14) 진경해묘미(염정화) : 홍색

15) 태정사유축(무곡금) : 백색

16) 감계신자진(파군금) : 흙색 도는 백색

17) 곤을(보필토) : 청색 또는 황색

47

영혼이 쉬는 것을 방해하고 있는 다섯 가지 징표?

[오렴]

Q 명당에 정혈하지 않으면 그 징표로 무엇이 있을 수 있습니까?

A 오렴이 있는데 이는 산에서 흔하게 볼 수 있습니다. 일반인은 다만 묘지를 정성스럽게 관리하지 못해서 그런 현상이 있는 것으로 여기나 묘지를 풍수이론에 합당하게 쓰지 않은 결과입니다. 풍수의 실력이 차이가 나는 결과물입니다.

[오렴의 종류 및 현상]

1. 오렴

① 목렴 : 무덤과 무덤주위의 토질이 돌과 흙으로 반반 이루어진 경우에 생긴다. 풍화 작용이 덜된 돌과 흙으로 형성된 땅, 잡지에 묘를 쓴 경우에 생긴다.

② 수렴
- 무덤 위쪽 즉 입수가 바위와 흙으로 나뉜 곳에서 생기며 수맥이 지나는 곳에는 반드시 관에 물이 찬다.
- 찬물(생수), 물이 땅에서 솟아오르는 경우, 시신이 잘 썩지 않고 물위에 떠 있거나 복시현상도 생긴다.
- 온수, 땅위의 물이 스며드는 경우 똥물 같은 악취, 3년이 안 되어도 뼈가 녹음, 이런 곳을 사토라 함.

③ 화렴 : 땅위 뒤가 단단한 반면 앞부분이 무른 경우, 바람의 침입으로 불에 탄 것처럼 되어 있는 현상

④ 풍렴
- 무덤의 좌우의 형세가 끊겼거나 산세가 한쪽으로 기운 형세에 무덤을 쓰면 틀림없이 생김

- 주위의 나무를 살펴보면 나무뿌리가 바람에 흙이 날려서 드러난 경우가 많으며 이런 바람은 곤신풍이라고도 한다.
- 뼈나 시신이 새까맣게 된다.
- 풍렴의 경우 대개 묘지의 한쪽이 허물어진다.

⑤ 충렴
- 통풍이 잘 안 되는 곳의 관속에는 어김없이 곤충이 나온다.
- 뱀, 구렁이, 쥐새끼, 지네, 개구리, 거미가 있기도 하다.

48

드러난 형태를 보면 길흉을 아는 법이 있다고?

[음택길흉론]

 음택에서 주변의 모습이나 형태가 어떻게 후손에게 발현할까요?

사실상 자연과학의 실험처럼 실험을 할 수는 없지만 오랜 경험의 축적 결과 길흉화복에 관한 자료가 집적되어 전래되고 실증되고 있습니다.
과학의 발전으로 근대에 미신으로 치부되던 것이 지금엔 과학적임이 입증되는 것은 현대과학이 그것을 입증할 수준이 되었기 때문입니다.

[음택길흉론]

1. 길흉화복론

1) 잡초가 무성한 산은 음란과 재산손실을 가져온다

2) 음습한 산은 내장병을 가져온다.

3) 단절이 많은 산은 자손이 요절한다.

4) 편산은 불구자손이 태어난다.

5) 역리한 산은 불효불충한 자손이 난다.

6) 역리한 산이 백호가 악산이면 악처가 들어오고 청룡이 악산이면 망나니 아들이 난다.

7) 주산이 험악, 산만하면 광란, 도박에 망한다.

8) 주산이 음기, 골짜기가 많으면 도적과 불구자손이 난다.

9) 주산이 산만하고 무력하면 과부가 치가한다.

10) 계곡풍은 여자가 음란하고 구설이 끊이지 않는다.

11) 삼곡풍이 상충하면 벙어리 자손이 나온다.

12) 협곡, 음풍에 질병난다.

13) 광중에 살풍이 들면 정신질환자손이 태어난다.

14) 물이 들어오는 것이 급하거나 나가는 물이 급하면 재산이 빨리 나간다.

15) 물이 많이 보이면 재산이 많이 나가고 음행으로 망한다.

16) 비혈에 강물이나 바닷물이 많이 비치면 하루아침에 파산한다.

17) 똘똘 떨어지는 물소리에 벙어리 자손이 나오고 부녀자가 광란한다.

18) 연못물이 많이 보이면 질병에 고생한다.

19) 사토에 무력한 토질은 내장병을 가져오고 천한 자가 태어난다.

20) 조토(푸석푸석한 땅)에 정신질환자가 태어난다.

21) 묘 근처에 차돌이 입석되면 남자가 사망하고 과부가 치가한다.

22) 묘 근처에 시커먼 바위가 입석해 있으면 차사고로 죽는다.

23) 묘 둘레에 차돌 줄이 나 있으면 자손들의 눈이 나빠진다.

24) 입수가 넓고 산만하며 당판이 없이 축대로 쌓으면 유처취첩하여 천한 자식을 출산한다.

25) 산도를 줄이기 위해서는 석회를 묘의 주변에 뿌려 중화시킨다.

26) 토양이 너무 건조한 곳에는 조경을 하고 수분을 잡아둘 수 있지만 잔디와 같은 포복성 식물을 심는다.

27) 백호에 평평한 돌이 있으면 군수가 나온다.

28) 백호 목성이 쌍태로 안전에 대하여 대명당과 상통하고 대명당이 광활하면 대장으로 성공한다.

29) 백호에 기치사가 출중하고 수려한 삼봉이 솟아있으면 장군과 명사가 나온다.

30) 청룡이 가늘게 쌍으로 둘러져 있으면 이를 영근사라고 하고 자손이 상귀한다.

31) 쌍청룡 내에 쌍우물이 있거나 수택이 있으면 부귀를 천하에 떨친다.

32) 백호 안부가 열리고 청룡과 대립하여 대수가 입래하면 자손이 창성한다.

33) 청룡이 유기하고 끝이 큰 암석이 있으면 큰 인재가 나온다.

34) 안전에 조경(照境)이 있으면 용모가 아름다운 현부가 나온다.

35) 기, 고사가 중첩한 가운데 검사가 있고 혈전에 군대형이 있으면 대장이 나온다.

36) 문필봉이 죽순처럼 생기거나 혹 첨곡되어 있으면 화공이 나오는데 아득한 곳에 있어 수려하게 솟으면 명화가 나온다.

37) 주산 뒤의 측면에 엿보는 듯한 규봉이 있으면 무녀 또는 바람둥이가 나온다.

38) 명당 주변에 노구모양으로 된 장봉이 있거나 혈전에 노구모양으로 된 장암이 있으면 이는 노인상 객사 상패가 빈번하다.

39) 두레박 및 중의 밥그릇이 있으면 스님이 나온다.

40) 용호 내에 양두가 있으면 광증과 풍병이 나타난다.

41) 백호가 쇠잔하면 자손 중에 기아자가 나온다.

42) 백호방에 괘목사가 있으면 목매어 자살한다.

43) 청룡이 멈추지 않으면 이사를 자주한다.

44) 백호방에 양족사가 있으면 한 이불 속에 두 간부가 있는 격이다.

45) 백호 물이 갈라지면 참수형을 당하는 자손이 생긴다.

46) 혈전에 식루사가 있으면 자손들이 횡사한다.

47) 백호 끝이 두 가지로 갈라지면 현침사라 하여 사교(蛇蛟)가 있다.

48) 백호의 속봉이 명당을 거듭 쏘고 그 끝이 한 무더기의 언덕모양으로 되면 과부가 생기고 무후한다.

49) 백호방의 규봉이 내당에 보이면 도적이 나온다.

50) 백호방으로 흘러가는 수구에 청룡이 활같이 휘어져 수구와 같이 하면 자식이 빈곤하여 여가에 몸을 의탁한다.

51) 청룡 끝이 끊어지고 청룡상에 첨봉이 일어나면 자손이 객사한다.

52) 청룡이 굽고 긴 가운데 백호가 혈두를 누르면 여강사라 하는데 간부가 살인한다.

53) 안산에 효석이 칼끝처럼 날카로우면 살상의 변이 있다.

54) 백호봉이 궤와 같으면 오육차 상배한다.

55) 주산 뒤에 규봉이 보이면 소년백발이 나온다.

56) 용호가 서로 바라보고 있으면 형제가 불목한다.

57) 용호봉이 절단되면 다리가 끊기는 자손이 생긴다.

58) 용호의 허리가 끊어지면 형장사한다.

59) 안이 혈을 찌르면 자손이 안맹한다.

60) 수구에 있는 산이 달걀모양이면 여자가 음탕하다.

49

산수에 관한 정보를 알고 보니 산수가 새롭게 다가오네?

[음택풍수팁]

Q 이론은 체계성을 요구합니다. 풍수에서도 중요하지만 이론 구성 때문에 언급이 안 되는 글들이 있습니까?

A 중요한 가치 있는 내용인데도 이론 구성에 얽매여 제외되는 내용들이 많고 그것은 구술로, 비전의 형태로 전해지기도 하면서 파편적인 형태로 남아 있기도 합니다. 문제는 그것이 다른 중요한 풍수이론을 해석하는 데 중요 기제가 되기도 합니다.

[음택풍수팁]

1. 형기는 마음의 눈으로 보고 가슴으로 느끼는 것이다.
2. 하나하나 길흉을 구분하는 것으로 끝나면 실력이 늘지 않는다. 전체를 하나로 볼 수 있을 때 진실을 볼 수가 있게 된다. 어려운 이야기이지만 척보면 아는 것, 이것이 진실의 시작이다.
3. 명당을 찾지 못하는 것은 지사의 실력보다 주인의 덕이 부족하기 때문인 경우가 많다.
4. 혈이 높고 호종사가 낮으면 귀한 자손이 많고, 혈이 낮고 호종사가 높으면 천한 자손이 많다.
5. 형세가 단정하면 귀하고 반듯한 인물이 나며 형세가 거칠고 혼탁하며 흉악하면 재산은 있어도 인물이 비루하다.
6. 괘등혈은 이마에 작고 연소혈은 횡룡 결작한다.
7. 혈판이 높아 노출되면 낮은 격이 되기 쉽다.
8. 천옥의 혈에서는 시신이 썩지 않는다.
9. 빼어난 안산이나 조산을 너무 탐내지 마라. 혈이 따라주지 않으면 소용이 없다.

10. 대지를 찾는다고 기룡혈을 욕심내지 마라. 임자가 스스로 찾아가는 곳이니라.

11. 이름난 지사를 구하려 하지 말고 덕을 쌓는 데 노력을 많이 하라.

12. 평지에서는 바람을 두려워 말고 산중에서는 물을 탓하지 마라.

13. 산중의 창고사는 명당의 호수를 대신한다.

14. 평지의 용은 물을 따라 보라. 물이 합치면 용이 멈추고 물이 굽이치면 용이 살아있는 증거이다.

15. 돌위 무덤은 발복하면 옮겨야 한다.

16. 횡룡 결혈에는 낙산이 있어야 한다.

17. 낙산은 가깝고 유정해야 상격이다.

18. 안산이 가깝고 높으면 속발하나 또한 오래가지 않는다.

19. 혈을 맺는 것은 천만가지 상이나 그 이치는 하나이니 가는 것과 멈추는 것에 있다.

20. 혈이 아름답고 국세가 좋아도 산수동거하면 능히 발복하나 종래에는 정재양쇠(丁財兩衰)하게 된다.

21. 역수국은 속발하고 발복이 오래 간다. 순수국은 속패한다.

22. 용진처에 결혈하는 것은 속발하는 수는 있으나 대지로 결작하는 경우는 드물다.

23. 대부대귀하는 혈은 용의 허리에서 찾아라.

24. 혈의 크고 작음은 혈장의 크고 작음에 있는 것이 아니라, 내룡의 기운과 주변의 세력에 따르는 것이니 혈이 볼품없다고 버리면 대지를 잃게 된다.

25. 넓고 넉넉하게 보기 좋은 혈장보다는 관 하나 겨우 들 만한 혈장이 대지이다.

26. 몸 가까이를 취하라. 멀리 있는 귀격 사봉을 탐하지 마라. 내 몸에 차고 있는 작은 칼이 나를 지키는 데는 더욱 유용한 것이다.

27. 호종사가 단순하면 후대를 기약하기 어렵다.

28. 혈의 역량이 천리를 관장하면 천리안의 암공수와 보이지 않는 외산 모두가 나의 조력자가 되느니라.

29. 용혈이 좋으면 보이는 사수가 부족하여도 능히 발복한다.

30. 본신 내룡이 귀하면 발복이 크고 오래 가며 호종사의 영향으로 발복하면 당대에 그친다.

31. 평지의 내룡은 보이는 대로 보지 말고 세워서 보는 법이 있음을 알라.

32. 평강룡의 기세는 오는 것보다는 가는 룡(여기, 餘氣)에서 그 길흉과 역량의 대소를

분별하는 방법이 있다.

33. 풍수의 근본은 형세에 있으니 방위에 맞지 않는다 하여 버리는 것은 이치에 어긋난 일이다.

34. 용진혈적한 곳이라도 발복의 차이가 있다.

35. 때를 못 만나면 더딜 것이요, 때를 만난다면 대성할 것이니 이기를 무시할 수는 없다.

36. 방위로 용혈의 귀천을 논하나 산도 알아야 한다.

37. 백호가 혈을 위세로 누르면 사고를 당하기 쉬우며 후손을 잇기 어렵다. 아름다운 모양이라도 귀한 인물이 날 수 있으나 화를 입게 된다.

38. 용호가 상충하면 가정이 불화하고 용호가 물을 끌고 나가면 재물이 스러진다.

39. 불합국에 자오묘유방에서 물이 만나면 음탕한 일이 자주 일어난다.

40. 대지는 용이 끝나는 곳에 있지 않고 허리춤에 찬 복주머니같이 맺는다.

41. 혈을 만들고 넘치는 남는 기운이 있어야 대지라 할 수 있다.

42. 내룡이 생왕한데 용진처에 이르도록 맥의 그침이 있는 혈이 보이지 않는다면 마지막으로 꺾이어 달리는 품안에서 생기의 응집을 보아라.

43. 관성이 청룡에서 조응하면 문사가 나고 백호 너머로 관성이 아름다우면 무관이 이름을 떨친다.

44. 명당이 좁고 물이 없어도 조안산이 토성이나 금성으로 창고를 지으면 거부가 나기도 한다.

45. 용진혈적한 대혈은 절할 마당을 찾기 어렵다.

46. 용이 늘어져 게을러 보여도 말자국으로 돌이 보이면 생왕룡이다.

47. 평강룡은 그 변화가 적은 듯 보여도 그 기운은 산룡의 10배가 된다.

48. 전순에 박혀 있는 바위 하나는 한 명의 귀인을 보장한다.

49. 흰돌(차돌)이 입수나 선익에 보이면 술과 여자를 좋아하는 위인이 난다.

50. 전순이 아름다우면 자수성가하는 자손이 난다.

51. 입수가 아름다우면 가문이나 조상의 덕으로 출세하는 자손이 있다.

52. 나눔과 합처짐이 분명하면 도덕군자가 있다.

53. 명당이 바르면 사람이 유덕하고 여유가 있다.

54. 수구가 벌어지면 힘이 떨어진다.

55. 수구가 긴밀하여야 가진 재산을 지킬 수 있다.

56. 명당 안에 아름다운 봉우리가 있으면 남의 아이를 키우게 된다.

57. 안산이 다리를 벌리면 음란한 자손이 가문을 망친다.

58. 안산이 달아나듯 무정(無情)하면 사기꾼을 만난다.

59. 기운이 넘쳐 남는 기운이 호종을 만들면 대혈이 되는 것이고 기운이 새나가서(누, 洩) 지각을 만들면 진혈이 되기 어렵다.

60. 용과 물은 곧으면 죽은 것이요, 굴곡하면(변화) 생왕한 것이다.

61. 산은 움직이는 곳에 길함이 있고 물은 머무는 곳에 귀함이 있다.

62. 혈 뒤로 들어오는 맥이 온전하지 못하면 자손을 잇기 어렵다.

63. 혈 앞에 독산이 있으면 양자를 들이게 된다.

64. 호종사는 내가 보는 곳에서 특별하고 아름답고 유정하면 좋은 것이고, 너무 크고 높거나 낮고 깨지고 험상 맞고 추하며 무정하면 나쁜 것이다.

65. 조안산이 너무 높으면 큰 인물이 나지 않는다.

66. 주산이 압혈하면 자식이 부모의 그늘을 벗어나지 못한다.

67. 회룡고조격의 혈에는 조상을 능가하는 손이 나오지 않는다.

68. 100% 완벽한 대지는 없다. 왕성한 기운을 뿜낼 때는 취임하는 대통령의 힘으로 발복하지만 운이 지나면 하나둘 흉사도 있게 되는 것이다.

69. 시운을 알지 못하는 지사는 불 조절을 못하는 요리사와 다를 바 없다. 밥을 잘 하기도 하고 수시로 설익히거나 태우는 우를 범하기도 할 것이다.

70. 씨도 뿌리는 때가 있고 거두어들이는 때가 있듯이 장사에도 그 시기를 알아서 용사를 하여야 한다.

71. 장사에 관이 맥을 떠나면 생기를 타지 못하는 것이다.

72. 지나는 맥은 생기가 아니다. 맥이 있다고 아무 곳이나 관(棺)을 내리면 재앙이 속히 닥치게 된다.

73. 혈의 생사는 최종 결인처를 보면 알 수 있다. 확실한 변화를 이루면 살아있는 것이요, 변화가 없으면 죽은 것이다.

74. 변화란 움직이는 것이다. 기복이나 굴곡이 기본적인 변화이며 초사, 회선, 주사, 마적도 변화이다.

75. 물이 오고 갈 때는 구불구불 만들어야 좋다.

76. 산수동거하면 아름다운 곳이라 하여도 쓸 곳이 아니다. 인정과 재물이 할 일 없이 스러지게 된다.

77. 혈장에서 만나는 물은 금성환포하는 게 상격이며 명당에 머물면 더욱 좋다.

78. 물이 아름답지 않다면 혈이 아름답다고 말하지 마라.

79. 사방의 물이 모여드는 곳에는 반드시 진혈이 맺는다.

80. 나경으로 물의 생사를 보나 형기를 보라.

81. 대지에는 수구사가(화표, 한문 등) 있어야 하는데 혈에서 보이지 않아야 더욱 좋다.

82. 안산이 너무 높거나 낮으면 좋지 않다. 혈에서 볼 때 정면으로 편안하게 보이는 것이 좋다. 눈썹과 가슴 사이의 높이면 적당하다.

83. 안산이 없어도 혈전에 물이 모여 있거나 금성수가 환포하면 부귀를 기약할 수 있다.

84. 기룡혈 본신의 안산은 속발을 약속한다. 타태사와는 다르다.

85. 안산이 빗겨 앉으면 배신을 당하는 일이 생긴다.

86. 용호가 배신하면 돌아올 집이 없게 된다.

87. 용호가 앞으로 나란히 하면 속패하며 형제간에 불화가 심하다.

88. 명당이 기울면 가운 또한 평안키 어렵다.

89. 명당으로 모든 물이 모여들면 만금의 재물을 얻게 된다.

90. 혈 앞으로 들어오는 한 줄기 굽은 물은 부귀를 약속하는 귀한 물이다.

91. 혈 앞에 맑게 빛나는 연못이 있다면 가문을 빛낼 귀인을 볼 것이다.

92. 묘 앞에 오염된 물웅덩이가 있으면 주인이 검은 돈을 만지게 된다.

93. 횡룡결혈에는 귀성과 낙산이 있어야 진혈이다.

94. 물이 잘 둘러싸면 낙산이 없어도 대지가 된다.

95. 산중에서는 바람을 피하고 평지에서는 물을 구하라.

96. 좁게 찌르며 들어오는 바람(곡풍/ 谷風 ; 건물 사이·문틈으로 들어오는 바람)이 해롭다.

97. 혈은 음양이 분명해야 생기가 넘친다.

98. 큰 명당은 용진혈적하고 산과 물도 유정해야 한다.

99. 명당이 기울면 재운이 불안하고 대인관계가 원활하지 못하다.

100. 혈 앞 명당이 층층이 낮아지기만 하면 재물을 모으기가 어렵다.

101. 혈 앞이 오목하고 명당이 퍼지면 재물이 모여도 유지하기가 어렵다.

102. 물이 득수일 경우 청룡이나 백호를 대신하기도 한다.

103. 물이 완전히 혈을 감고 나가면 물이 용호를 대신한다.

104. 혈 앞에(전순 아래) 맑은 샘물이 있다면 국세를 볼 것도 없이 좋다.

105. 전순에 층층이 바위가 감고 돌면 권세를 보장한다.

106. 혈의 생사는 순역에 달려 있다.

107. 용이 연약하면 허리에서 혈을 찾고 용이 강하면 발에서 찾는다.

108. 산수 동거하면 진혈이 아니다.

109. 좌선수면 우선룡이 합법이고, 우선수면 좌선룡이 배필이다.

110. 물과 용이 마주보지 않는 것은 등 돌리고 자는 부부와 같다.

111. 혈의 진짜와 가짜를 아는 것은 형기로 쉽게 정확히 파악된다.

112. 이법은 형기와 협력하여 혈을 찾아야 한다.

113. 현공풍수로 진혈을 찾는다고 말하는 이가 있으나 형기도 알아야 한다.

114. 이기론으로 혈의 대소를 말하는 이가 있는데 방안풍수의 자기도취적이 되기 쉽다.

115. 형기를 모르고 혈을 찾는다면 우연일 뿐이지 도통한 것이 아니다.

116. 도안이니 신안은 어려운 경지이다.

117. 상대(의뢰인)의 형편을 헤아리지 않고 과도한 사례비를 요구하는 것 역시 올바른 지사가 아니다.

118. 산과 물은 품격을 살피되 유무정을 더 살펴야 한다.

119. 전순은 혈의 남은 기운이 만들어 놓은 것으로 혈의 생기를 보호한다.

120. 전순이 보잘것 없으면 진혈이 되기 어렵다.

121. 전순이 없으면 자손을 찾기 힘들다.

122. 혈이 전순으로 끝을 맺지 못하고 길게 새 나가면(누기, 洩氣) 진혈이 되지 못한다.(전순으로 끝을 맺고 남는 기가 있는 것과는 다르다.)

123. 충렴 - 용호에 결함이 있으면 충렴이 염려된다.

    수렴 - 입수에 결함이 있으면 수렴

    화렴 - 선익이 없으면 화렴이 든다.

    목렴 - 당판에 힘이 없으면 목렴.

124. 엿보는 산 - 규봉이 보이면 도적을 당하거나 도둑이나 사기꾼이 난다.

    규봉이 뾰족하면 화재의 위험이 있다.

규봉이 목형으로 수려하면 관재

규봉이 칼모양이면 교통사고나 강도를 당한다.

125. 묘 앞에 물이 오염되면 주인이 내장질환에 걸린다.

126. 음양택 공히 가까이 있는 물이 오염되면 검은 돈을 만지게 된다.

127. 물이 나는 곳에 광중을 파면 절손이 우려된다.

128. 광중에 물이 들어가 고이면 질병으로 고생한다.

129. 전순 아래에서 샘이 솟으면 진응수이니 부귀발복을 약속한다.

130. 혈은 가는 기운이 멈추어 머무는 곳에서 만들어진다.

131. 용이 멈추는 모양은 각양각색이다. 그 진수를 알려면 많은 혈들을 직접 보고 그 격 (格)을 느껴야 한다.

132. 결인과 입수의 형태는 유돌과 와겸이 다르다.

133. 돌혈의 현침은 4개인 경우보다 입수 포함 3개인 경우가 더 많다.

134. 겸혈을 볼 때는 물이 나누어지는 곳이 아닌가 반드시 다시 한 번 살펴야 한다. 분수 처에 잘못 하장하면 임두수로 인하여 즉절 속패한다.

135. 진응수는 온도가 일정해야 진짜다. (여름엔 차갑고 겨울에는 따뜻하고)

136. 와혈이 소뿔처럼 생긴 산은 양변이 고르면 좋으나 하나인 경우에는 수구 쪽에서 막 아주면 결혈이 된다.

137. 평지룡의 맥은 선은 뚜렷하지 않아도 굴곡변화가 많아야 한다.

138. 개장(이장)은 함부로 하지 않는다.

139. 파묘된 곳이라도 좋은 곳(진혈)이라면 깨끗이 단장하여 다시 사용이 가능하다.

140. 혈은 윤곽이 분명하고 둥근 형태가 좋은 것이다.

141. 혈장에는 상수선이 있는데 이를 잘 보아야 천광후 광중에 물이 들지 않는다.

142. 혈의 당판은 평평해야 하는데 혈심은 유돌형은 오목하고 와겸형은 볼록해야 진혈 이다.

143. 혈토는 단단하고 윤기가 있어야 좋으나 토색은 구애받지 않는다.

144. 혈심은 온도 변화가 적은 땅이다.

145. 전순은 혈판의 전면에 붙어 있는 것으로 막아주는 형태가 확실해야 한다.

146. 전순에 박혀 있는 암석은 대단히 귀한 것으로 대지에서는 돌 하나를 장관 1명으로 본다.

147. 안산은 반드시 혈의 정면에 있는 것은 아니다. 용진혈적한 곳이면 안산이 좌우에 치우쳐 있어도 안산역할을 한다. (와우형 적초안인 경우 정면이 아닌 경우도 먹이로 하자가 없는 것이다.)

148. 대지라고 반드시 안산이 있어야 되는 것은 아니다. 안산이 없어도 수구가 긴밀하면 명당을 이룬다.

149. 안산은 너무 높지 않은 것이 좋다.

150. 혈 앞으로 흐르는 물이나 모인 물이 오염된 물이면 검은 돈의 유혹을 물리치지 못하여 패가망신한다.

151. 유돌혈의 경우 혈장에 오목한 모습이 비치지 아니하면 이곳이 두뇌이지 유돌혈의 혈장은 아니다. 혈장이 볼록하기만 하다면 혈은 옆으로 와겸혈을 이루는 경우가 대부분이다.

152. 내룡이 진짜인데 결인이 없거나 입수가 불명확하면 횡으로 떨어진 지각이나 와겸을 찾아라.

153. 인걸은 지령이라.

154. 산수가 수려하면 귀인과 복된 사람이 나고 산수가 험루하면 비천하고 남루하게 된다.

155. 사람은 누구나 뼈와 구멍을 가졌어도 성품과 외모가 다르듯이 산천은 많은 산과 물로 이루어져 있어도 형상에 따라서 그 마음이 다르다.

156. 혈에서 가까이 보이는 좋은 산과 물은 그 응험이 신속하여 바로 발복한다.

157. 혈로 직충하는 흉한 산의 피해는 발돌릴 틈을 주지 않는다.

158. 혈의 진짜와 가짜는 눈으로 가리고 사수의 길흉은 마음으로 구별한다.

159. 구곡수가 명당으로 흘러들면 당대의 큰 부자를 기약한다.

160. 명당이 넓어 만 마리의 말을 수용할 정도면 왕후가 날 만한 땅이다.

161. 나성 밖으로 수려한 봉우리가 하늘을 바치듯 나열하면 부귀공명이 대대로 이어진다.

162. 용호에 도로가 나면 살생과 목매 죽는 자살의 피해가 있다.

163. 혈 앞에 깊은 웅덩이가 있으면 음행스런 일이 성행한다.

164. 혈 앞의 기운이 새거나 길게 늘어지면 기운이 설기된다.

165. 안산이 핍박하고 누르면 후손이 아둔하다.

166. 대혈와 소혈의 구분은 안산의 웅대와 명당의 대소에 관련이 있다.

167. 조산이 특립하면 공후와 장상을 본다.

168. 앞 조안산을 탐하지 마라.

169. 진혈은 감추어져 찾기 어려우나 조안산의 수려함으로 혈을 증명한다.

170. 입혈의 재혈은 법칙에 있는 것이 아니라 사람의 마음에 있는 것이니 생각과 마음을 고요하고 맑게 가져야 한다.

171. 산을 보는 것은 사람의 관상을 보는 법과 다르지 않고 혈을 정하는 법은 침을 놓는 것과 같다.

172. 사람의 몸에 경맥이 있듯이 산에는 용맥이 있다.

173. 산의 이치는 의술의 이치와 다르지 않으나 의사가 인술이 어긋나면 한 사람을 죽이지만 지사가 실수하면 일족을 망하게 한다.

174. 진혈에는 조응하는 좋은 안산이 있다.

175. 뾰족한 창의 혈장엔 혈이 없으나 내룡이 좋으면 섬혈(閃穴)로 혈을 맺는다.

176. 유돌의 혈은 바람을 두려워하고 와겸의 혈은 혈내로 임두의 물이 침범함을 꺼린다.

177. 후사가 없는 것은 임두수가 혈을 적시기 때문이다.

178. 혈은 훈을 만드는데 일그러지지 않아야 귀하다. 훈은 멀리서 보면 그림자로 보이고 가까이 가면 형이 사라진다.

179. 혈 뒤는 속기가 되어야 하는데 과일의 꼭지로 영양분이 들어오는 것과 같다.

180. 조산이 바르면 점혈에 자가 소용없다.

181. 용혈의 진짜와 가짜는 구별키 어려우나 조안이 수려하고 물의 흐름이 유정하면 복을 의심할 필요가 없다.

182. 용이 좌에서 오면 혈은 우측에 있고, 용이 오른쪽에서 오면 혈은 좌측에 있다.

50

왕릉에도 이런 이치가 숨어 있다니?

[왕릉]

 Q 왕릉에도 일정한 법도가 있나요?

A 모든 사물에는 법도가 있듯이 왕릉에도 일정한 틀이 원칙적으로 있었습니다. 왕릉을 참관할 때 이를 알면 풍부한 문화인이 될 수 있습니다.

[왕릉의 구성요소들]

1. 능(陵), 원, 묘
① 능 : 황제, 황후 또는 왕, 왕후, 왕비의 무덤

② 원 : 세자, 세자비, 왕자, 왕자비 또는 같은 관계에 있는 왕비나 황제의 사친(생모인 빈궁)의 무덤

③ 묘 : 폐위된 왕 및 그 사친, 혼인하지 못한 공주 및 옹주, 왕의 후궁 및 왕의 먼 조상들의 무덤

2. 조선 최초의 합장릉
세종과 소헌왕후와의 합장(1450. 6. 12)

3. 왕릉
① 십이지신상 − 둘레돌에 새기는 것으로 모든 방위로부터 침범하는 부정과 잡귀를 쫓아 왕릉을 보호

② 난간석 밖의 돌로 만든 네 마리 양과 호랑이를 각각 밖을 향하도록 봉문을 호위
- 석호 : 능을 지키는 수호신
- 석양 : 사악한 것을 물리치는 파수꾼

③ 혼유석 : 일반무덤 − 상석으로 제물 받침으로

왕릉 – 혼유석으로 혼이 노는 곳

④ 망주석 : 멀리서 바라보아 볼 수 있도록 한 일종의 묘표

이 망주석을 보고 신령이 찾아온다 하여 무덤에 문무석이나 장명등과 같은 석물은 세우지 않더라도 망주석만은 빼놓지 않고 세운다.

⑤ 장명등 : 망주석 한 단 아래에 혼유석과 일직선이 되도록 돌로 만든 등

무덤을 밝혀 신들이 볼 수 있도록 할 뿐 아니라 잡귀를 막는 역할을 하는 등

(이유 : 귀신이 가장 무서워하는 것이 불이기 때문에)

조선 초기에는 8각 지붕이었다가 후기에 오면서 차츰 사각지붕으로 바뀜)

⑥ 문인석 : 장명등 좌우에 문인석 한 쌍이 석마를 대동한 채 서 있음

⑦ 무인석 : 문인석 아래에는 장검을 빼어든 무인석 한쌍과 석마 한쌍이 서 있음

이러한 문무석은 무덤을 지키는 시종역할을 하는데, 중국 한나라 때에는 장승을 대신 세우기도 함.

⑧ 능 묘 주위에 석물을 세우는 제작 시작 연도

중국 전한시대부터 시작됨. 우리나라에서 문무상과 십이지신상이 처음 배치된 것은 통일신라시대인 8세기 중엽에 조성한 성덕왕릉이었고, 14C말 고려 공민왕과 노국공주의 능에 이르러 그 양식이 완성됨. 조선시대의 왕릉제도는 이를 기본으로 하여 발전.

⑨ 비석을 세우는 위치

• 왕릉 : 정자각 오른쪽으로 비각 안에 세움(앞에서 보아)

• 민묘 : 봉분과 상석 사이에 세우거나 무덤 오른쪽에 세움(앞에서 보아)

• 정2품 이상 관직을 지낸 사람 : 신도비를 무덤 입구의 동쪽 길옆에 세우는데 신이 동쪽에서 오기 때문에 이를 안내하기 위한 것임

(왕릉의 경우 태조의 건원릉이나 태종의 헌릉처럼 초기에는 신도비를 세웠다. 그러나 문종 때 "예로부터 왕의 행력은 따로 실록에 기록하는데 굳이 사대부처럼 신도비를 세워 기록할 필요가 없다"는 신하들의 주장이 받아들여져 이후부터는 능에 신도비를 세우지 않음.

51

우리 조상들의 관직을 보니 자랑스럽다고?

[고금관작대조표와 증직표]

Q 옛날 벼슬과 지금 관직의 직급을 비교할 수 있습니까? 아들 또는 남편 덕에 관직을 받기도 했습니까?

A 관직은 국가의 효율적 운영을 위한 기구입니다. 국가의 가치를 재분배하는 데 중요한 역할을 하는 자의 일정한 친인척에게 국가가 예를 표시한 것이 증직이라고 볼 수 있습니다. 그래서 묘역에서 고위품계를 많이 볼 수 있습니다.

고금관작 대조표(古今官爵 對照表)

기관 계급	입법부	정부 기관	지방 행정	대학	군인	사법부	경찰계	문교부	정부투 자기관	일반 행정부	조선	품계
국가 원수		대통령										
	국회 의장	국무 총리				대법원장 헌법재판 소장					영의정 좌의정 우의정	정1품
	국회 부의장	부총리									좌찬성 우찬성	종1품
	국회 의원	장관 차관	서울시장 도지사 광역시장		대장	대법원 판사 검찰총장	치안 총감	장관 차관 교육감		장관 차관	판서 좌참찬 우참찬	정2품
		차관보		학장	중장	대법원 검사장				차관보	참판 관찰사	종2품
1급		관리관	도부 지사	주임 교수	준장 소장	차장 판검사 2호이상	치안 정감	관리관	관리관	관리관	참의목사 도호부사	정3품 (당상관)
2급		이사관 (국장)	도실장 시장	교수	대령	부장 판검사	치안 정감	부 교육감	이사	이사관	집의 사관	종3품

기관계급	입법부	정부기관	지방행정	대학	군인	사법부	경찰계	문교부	정부투자기관	일반행정부	조선	품계
3급		부이사관 (3년 이상)	도국장	부교수	중령	6호이상 판검사 부부장검사	경무관		이사 (3년 이하)	부이사관	군수 사인 장령	정4품
											경력 첨정	종4품
4급		서기관 (과장)	국장 군수	조교수	소령	검사	총경	교장6호 이상	부장	서기관	현령 관관 지평	정5품
5급		사무관 (계장)	과장 (연장)	전임 강사	대위	사법 연수생	경정	교감9호 이상	과장 차장		정랑 교리	종5품
											좌랑 감찰	정6품
											현감 찰방	종6품
6급		주사	주사 (계장)	전임강사 (6급미만)	중위		경감	21호 이상	계장 (대리)	주사	박사	정7품
7급		주사보	주사보	조교	소위 준위		경위 경사	30호 이상	평사원 3년이상	주사보	직장 저작	종7품 정8품
8급		서기	서기		상사 중사		경장	31호 이상	평사원	서기	정사 훈도	정9품
9급		서기보	서기보		하사		순경		평사원	서기보	참봉	종9품

증직표

증직 받는 사람	증직 되는 관직
종친 및 2품 이상 문무관의 3대	1대를 오를 때마다 1품계씩 감계
종친 및 2품 이상 문무관의 아내	남편의 관직
대군 아내의 아버지	정1품
왕자군 아내의 아버지	종1품
자신이 공신인 사람	정2품
1등 공신의 아버지	순충적덕병의보조공신(純忠積德秉議補祚功臣)
2등 공신의 아버지	순충적덕보조공신(純忠積德補祚功臣)

증직 받는 사람	증직 되는 관직
3등 공신의 아버지	순충보조공신(純忠補祚功臣)
임금 사친(私親)의 아버지	영의정
임금 사친의 조부	좌찬성
임금 사친의 증조부	판서
대원군 사친의 아버지	우의정
왕세자 사친의 아버지	좌찬성
왕비의 아버지	영의정
왕세자 빈의 아버지	좌의정
대군 아내의 아버지	우의정
왕자군 아내의 아버지	좌찬성
왕세손 빈의 아버지	우의정
상보국숭록대부(上輔國崇祿大夫)	영의정

52

삶을 이해하려면 죽음을 알아야 한다고?

[죽음(시체)]

Q 인간은 누구나 죽게 마련입니다. 풍수에서의 죽음의 의미는 무엇입니까?

A 생자필멸이요, 회자정리라. 혼비백산, 오행의 이합집산이 죽음입니다. 이승을 떠나면서 부인하다가도 결국은 수용해 가는 과정이 죽음을 수용하는 인간의 마음입니다. 절대적인 것에 대한 수용이나 낮춤이라고 볼 수 있겠지요.

1. 인간의 죽음

동양철학적인 관점으로는 인간의 구성, 인간의 영혼은 천기에서 주어진 것이고, 육체는 지기로 구성된 것이니 인간의 죽음은 왔던 곳으로 되돌아가는 것을 뜻하는 것이라고 본다. 영혼은 천기를 받은 것이니 천기에 돌아가고 육체는 지기를 받은 것이니 지기로 돌아간다고 생각하는 것이다. 좀 더 구체적으로 설명하면 천간 10간과 지지 12지지가 있는데 24방을 가리키는 방향에 천간에서 무기를 뺐다. 그리고는 건곤간손을 넣어 24방위를 명시했다.

어떤 글자를 넣어 방향을 정함에 있어 무기를 빼놓을 필요가 무엇인가? 건곤간손을 넣기 위해서도 아니요, 편리하기 위해서도 아니다. 무기는 무형이며 영적인 것이며 중앙 5 10 ±라 하여 토와 상부한다.

동양학에서는 천간에서 무기가 영혼이 되고 유형한 육체는 지지의 진술축미의 기가 이루어진 것이라 본다. 즉, 무기 진술축미가 인간의 구성요소라 본 것이다.

그렇기 때문에 인간의 죽음에서 영혼은 무기 천기로 돌아가고 육체는 진술축미 지기로 돌아간다는 것은 당연하다 하겠다. 지수화풍의 집합이산이 만물의 생성 소멸하는 이치다.

2. 죽음의 이해

① 생물학적 죽음 - 순수한 물성(죽음의 평등) 물리

② 사회적 죽음 – 새로운 사회질서

예컨대 그들의 선조들에게로 옮겨감(죽음의 불평등)

3. 시체의 매장

① 인체의 환부를 썩히고 뼈를 보존한다는 기본정신으로 죽은 사람에 대한 애착, 존경, 혹은 영혼에 대한 숭앙 등 정신적 입장의 결과이며 이것이 더 발달하면 육신전부를 보존하려는 인공미라로 발전하기도 한다.

② 조상숭배사상과 내세의 삶에 대한 깊은 믿음의 결과물

③ 알려진 최초의 매장시기 – 간빙기

④ 원시인들은 죽은 자에 대한 인간적인 배려와 형식으로 죽은 자를 보살핌

⑤ 어미 원숭이는 죽은 작은 새끼원숭이를 며칠 동안 손을 끌고 다니고 손을 비벼 주기도 하며 얼굴을 씻어 주기도 하지만 새끼의 시체가 썩기 시작하고 그 모습이 형태를 잃어감에 따라 급격히 어미로서의 본능을 잃고 새끼를 뉘어둔 채 이제 거기에 대해 마음을 안 씀.

4. 시체의 머리 방향

① 우리나라 경우 동침과 남침이 기본이었으나 동침이 압도적이었으며, 이것은 해가 뜨는 방향과 햇볕이 뜨겁게 비쳐주는 방향이 다시 생명을 부활시킨다는 사고의 반영인 듯하다.

② 한나라에서 시작되는 북침풍수의 영향을 받아 고구려 백제에서부터 북침으로 차차 바뀌어 그것으로 정착되지만 백제 영산강지방 옹관묘에서는 서침이 압도적으로 발견되기도 한다.

5. 화장은 우리나라 불승에 의해 비롯됐다. 불교는 적멸도(寂滅道)이기 때문에 화장이 적멸에 이르는 빠른 길이라고 생각한 듯하다.

6. 이승을 떠나는 마음의 일반적인 변화(DABAD모델)

① 부인(denial) – '아니야, 나는 아니야'

부인과 함께 동시에 고립감

② 분노(Anger)— '왜 하필 나야' '왜 이렇게 재수 없어' 투덜대며 정서불안 → 가족
과 의사는 인내심 갖고 무조건 사랑으로 보살펴야

③ 거래(bargaining) — 죽음을 지연시키는 방법 궁리
'새 사람으로 태어나겠다. 천주님의 영광을 빛낼 일에 여생을 바치겠다.' — 환자
의 절박한 심정을 보여줌

④ 우울(depression)
병세가 약화되고 있음을 깨닫게 되면서 우울증에 시달린다. '죽은 뒤에 남겨질 배
우자나 자식에 대한 걱정, 죽기 전에 하고 싶은 일을 마무리하지 못한 상실감 등'

⑤ 수용(acceptance)
죽음이 피할 수 없는 자연현상임을 인정하고 마음으로 받아들임. 이승의 모든 굴
레를 벗어던지고 긴 여행을 떠나기 전 마지막 휴식을 즐기는 것처럼 평온한 마음
으로 기꺼이 수용한다.

하지만 모든 사람이 죽음을 자연스럽게 맞이하는 것은 아니다. 최후의 순간까지
죽음의 그림자로부터 빠져 나오려고 몸부림치는 사람은 존엄한 임종을 맞이할 수
없기 때문에 가족의 이해와 도움이 절실히 요구된다.

• 스위스 출신 정신과의사 엘리자베스 퀴블러로스(1926~2004)의《사망과 임종
에 대해서》참조.

53

장례의식을 아니 영혼을 잘 예우할 수 있다고?

[장례의식 순서]

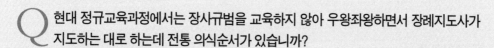

Q 현대 정규교육과정에서는 장사규범을 교육하지 않아 우왕좌왕하면서 장례지도사가 지도하는 대로 하는데 전통 의식순서가 있습니까?

A 생로병사는 인간 누구나 거쳐야 하며, 죽음을 알아야 삶을 알고 진지한 삶을 살 수 있다고 봅니다. 현대의 사회 환경의 변화에 맞추어 다소 변용된 의식이 있으나 그 근본 정신은 같다고 봅니다. 학교 교과상의 책에 기재된 것이 없어서 당황하나 규범을 일독해 둘 필요는 있습니다.

[장례의식 규범 및 순서]

1. 임종
- 환자의 근친들은 조용히 상태를 지켜보면서 유언을 삼가 듣는다.
- 정결한 의복으로 갈아입고, 회생을 바라는 간절한 마음으로 환자를 동쪽으로 머리를 돌려뉘고 운명을 지켜본다.

2. 운명
- 곡성을 내지 않고 조용히 명복을 빌며 겸허한 마음으로 고인의 눈을 쓸어 감겨 드린다.

3. 수시
- 소렴이라고도 하며 운명 즉시 시신을 바르게 뉘고 머리를 펴고 수족과 이목구비를 바로 잡는다.
- 악취, 오수를 막기 위해 깨끗한 탈지면으로 시신의 모든 공구를 막는다.
- 칠성판에 모신 다음 홑이불을 덮고 병풍을 둘러 방풍한다.

4. 초혼
- 고인의 혼비백산을 막기 위해 운명 즉시 망인의 의복을 휘휘 두르며 "복복복(전주 이) 공(창소) 씨(갑술) 생 회복하시오"라고 삼창하며 초혼한다.(가로 안은 예시임)

5. 사자반상

- 반상을 대청마루 또는 대문(공동주택 : 현관문) 앞에 놓고 그 위에 밥 세 그릇, 짚신 세 켤레, 금전 약간을 차려 놓는다.

6. 발상(초상을 알리는 절차)

- 수시한 다음 근친들은 검소한 옷으로 갈아입고 피발 예곡한다.
- 남상에는 미망인과 자녀가, 여상에는 자녀만 피발한다.

7. 대곡과 조상

- 상주 : 애고애고(아이고~) 소리 내며 애통함을 표시한다.
- 조객 : 애의애의(어이~) 소리 내며 애통함을 표시한다.

8. 상주

- 고인의 자녀는 죄인의 심정으로 상주가 되어 변이피발(부상우 모상좌편 소매를 끼지 않음)하고 호신 애통한다.
- 주상은 장자가, 장자유고시 장손이 이어받아 의식제전을 주재한다.

9. 호상

- 친족이나 친지 중에서 명망 높고 상례절차에 밝은 인사를 선정하여 초종부터 장례가 끝날 때까지 장의에 대한 일체 범절을 주관한다.
- 부상에는 조객록, 모상에는 조의록, 부의출납은 증의록이라 표기 비치한다.

10. 염습

- 시신을 향탕으로 목욕시키고 수의로 갈아입히는 절차다.
- 조발주머니에 고인의 모발과 손톱 발톱을 잘라 넣어두고
- 시신 입에 반합미와 주구(동전)을 물리고
- 충이충비(코와 귀를 탈지면으로 막음), 명목악수, 동심결, 복건, 착혜의 순으로 작업한다.
- 천금과 지금으로 싼 뒤 결속포로 결속한다.
- 운명한 지 24시간 후에 하되 중상일은 피한다.

11. 입관

- 염습이 끝난 시신을 관곽에 격납하는 절차다.
- 입관하고 공간을 한지나 마포 면의복으로 채워 시신의 요동을 방지한다.
- 천금으로 덮고 은정복개하고 관상에 명정을 깔고 장지로 싸서 결관하면 입관 작업

이 끝난다.

- 상주와 복인은 애곡한다.

12. 영좌

- 입관 후 구의로 관을 덮은 다음 영좌를 마련한다.
- 영좌에는 지방 또는 사진을 모시고 향을 피우고 초를 밝힌 다음 주과포를 진설한다.

13. 성복

- 입관 후 상주와 복인은 천상배한 다음 상복으로 갈아입고
- 혼백을 모시고 영좌 상청에서 성복제를 지낸다.

14. 장례

- 매장과 화장이 있으며, 대개 운명한 3일차에 하는 3일장이 많고 형편에 따라 5일장 7일장도 한다.
- 중상일은 피한다.

15. 천구취여

- 관구를 상여나 영구차로 모시는 절차다
- 호상은 독축하고 상주와 복인은 애곡한다.
- 축문 : 금천구 취여감고

16. 발인제

- 관을 영구차나 상여에 안치하고 그 앞에 제물을 진설하고 마지막 고별제를 지낸다.
- 주상이 헌작독축 재배한 다음 상주 복인 친지 등이 헌작 재배한다.
- 축문 : 영이기가 왕즉유택 재진유례 영결종천

17. 운구행렬

- 선두순 : 명정, 공포, 만장, 혼마, 혼교, 사진, 상여, 상주, 복인, 조객 순이다.

18. 노제

- 운구도중 상여를 멈추고 정든 친척과 친지들과의 마지막 작별을 뜻하는 노변에서 의 고별의식이다.
- 친지는 조시를 읊고 헌작 재배한다.

19. 영막

- 장지 부근에 차일 장막을 치고 영의와 사진을 모시고 조객의 문상을 받는다.
- 정상기방을 피하고 상주불복방도 피해야 한다.

20. 산신제

- 청결한 타인이 주관하며 축관이 독축하고 제관이 헌작 재배한다.
- 예가 끝나면 혈장에서 "참파토합니다"를 삼창하면서 괭이나 삽으로 천광할 곳을 찍는다.

21. 천광

- 재혈정좌하여 금정을 놓고 생기혈토가 나올 때까지 깊이 파서 내광을 조성한다.

22. 하관

- 가풍과 지방관습에 따라 입관 매장과 탈관 매장이 있다.
- 내광분금에 맞춰 하관하고 내광변극을 회로 다진다.
- 명정을 관(시신) 위에 덮고 산폐(현훈 운아)를 드린다.(명정은 나일론이 많아 제거하기도)
- 횡대를 덮고 평토를 하되 지석을 관의 우변에 묻고 성분한다.
- 현은 시신의 좌측 상에 훈은 시신의 우하에 놓는다.

23. 성분제(평토제)

- 성분이 다 되면 제사를 지낸다. 시간이 없으므로 평토하고 평토제를 지내는 것으로 대체한다.

24. 반우

- 장지에서 혼백을 모시고 처음 왔던 길로 귀가하는 절차이다.

25. 우제

- 장사 당일 귀가하여 모시고 온 혼백을 상청 영좌에 모시고 제사를 지낸다.

26. 재우

- 다음날 아침에 모시는 제사이다.
- 축문은 일자와, 초우를 재우로, 협사를 우사로 고쳐 읽으면 된다.

27. 삼우

- 장사 후 삼일째 날 제수를 마련하여 장지에서 제사지낸다.
- 축문은 날짜와 삼우 성사만 고쳐 읽으면 된다.
- 산역의 부실한 것을 다시 손질한다.

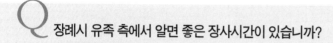

죽어서도 자연과 만나는 적절한 시기가 있다고?

[입관길시와 하관길시]

Q 장례시 유족 측에서 알면 좋은 장사시간이 있습니까?

A 현대는 전문화시대이므로 모든 것을 아는 것이 불가능합니다. 그러나 종교의 종류를 떠나 입관하는 길한 시간이나 매장시 하관하는 시간을 알고 있으면 장례절차를 조정하는데 도움이 될 것입니다. 나머지는 대부분 전문가에게 의존할 수밖에 없는 현실입니다.

[입관길시와 하관길시]

• 입관길시 : 사망 24시간이 지난 후 대렴(大殮)을 마치고 입관(入棺)하고 길시(吉時)에 모신다.

조견표(早見表)

입관일	갑자	을축	병인	정묘	무진	기사	경오	신미	임신	계유	갑술	을해
시간	오,술	사,유	사,미	인,오	인,사	해,오	미,해	묘,미	진,묘	사,술	오,신	사,미
입관일	병자	정축	무인	기묘	경진	신미	임오	계미	갑신	을유	병술	정해
시간	인,오	사,해	묘,해	인,신	해,신	인,미	묘,미	묘,유	유,술	오,해	인,진	사,해
입관일	무자	기축	경인	신묘	임진	계사	갑오	을미	병신	정유	무술	기해
시간	인,신	미,해	미,유	진,신	진,미	묘,신	묘,유	사,유	사,오	인,미	신,술	미,해
입관일	경자	신축	임인	계묘	갑진	을미	병오	정미	무신	기유	경술	신해
시간	진,신	묘,미	묘,해	진,술	묘,술	진,미	사,유	사,해	술,해	묘,신	진,오	묘,미
입관일	임자	계축	갑인	을유	병진	정미	무오	기미	경신	신유	임술	계해
시간	진,술	묘,유	묘,해	오,술	오,유	사,술	사,해	미,해	미,신	진,유	인,술	묘,유

• 하관길시(下棺吉時) : 산역장지(山役葬地)에서 묘지광중(墓地壙中)으로 내려 모시는 절차이다.

황도시(黃道時) 조견표 : 지기 기준에서 귀인시를 겸하면 좋고 황도시만 가려도 된다.

하관일	자	축	인	묘	진	사	오	미	신	유	술	해
시	오,신	사,신	진,사	오,미	진,사,신	진,오,미	오,신	사,신	진,사	오,미	진,사,신	진,오,미

귀인시(貴人時) 조견표 : 천간기준(天干基準)

하관일	갑	을	병	정	무	기	경	신	임	계
시	미	신	유	유	미	신	미	오	사	사

십이지(十二支) 시간표

지지		시
자	자시	오후 11시 ~ 오전 1시
축	축시	오전 1시 ~ 오전 3시
인	인시	오전 3시 ~ 오전 5시
묘	묘시	오전 5시 ~ 오전 7시
진	진시	오전 7시 ~ 오전 9시
사	사시	오전 9시 ~ 오전 11시
오	오시	오전 11시 ~ 오후 1시
미	미시	오후 1시 ~ 오후 3시
신	신시	오후 3시 ~ 오후 5시
유	유시	오후 5시 ~ 오후 7시
술	술시	오후 7시 ~ 오후 9시
해	해시	오후 9시 ~ 오후 11시

55

보내면서 이런 말을 하면 잘 알아듣고 좋은 곳에 가는가?

[송령문(送靈文)]

Q 죽은 자에게 마지막 길을 보내는데 읽어줄 만한 글인 송령문은 없나요?

A 풍수는 산 자를 위해 양택이론, 죽은 자를 위해 음택이론이 있으나 삶에서 죽음으로 넘어가는 과도기에 필요한 송령문(送靈文)도 필요하다고 보아 송령문을 게시하오니 사망 후 49재까지 망자에게 들려주면 좋을 것입니다.

송령문(送靈文)

이제 영원한 세계에 드신 ○○○영가이시여!

잘 들으십시오. 어디서 오셔서 어디로 떠나십니까? 한 조각 구름 나고 사라짐이 실체 없듯이 나고 죽고, 오고 감도 이러합니다. 제행이 무상이요, 생자는 필멸입니다. 당신은 이제 죽음을 맞이하면서 광명을 인지하지 못했고, 그래서 실재계의 현 상태까지 흘러왔습니다. 마음을 흩으리지 말고 설명하는 것을 잘 들으십시오. 당신은 이제 죽음의 경험을 하고 있습니다. 죽음은 당신만의 일이 아니고 이 세상 모든 사람에게 찾아오기 때문에 애착과 갈망을 포기해야만 합니다. 아무리 무서운 체험을 하더라도, 빛 속에서 천둥이 울리는 것보다 더한 큰 소리가 들릴지라도, 당신 마음의 환영임을 알고 두려워하지 말며 무서워하지 마십시오. 오직 근원의 빛인 청광명의 빛만이 그대를 인도할 것입니다. 그러니 안심하고 따라 그 속에 머무르십시오.

오! 고귀하게 태어나 살다간 ○○○이여! 마음을 집중하여 주의 깊게 들으십시오. 당신은 자신의 순수한 마음에서 나온 근원의 투명한 빛이 나타났으나, 당신은 그 곳을 붙잡을 수 없어서 여기까지 오게 된 것입니다. 이제부터 당신에게 어떤 공포와 두려움이 밀려올지라도 당신은 다음에 하는 말을 잊지 말아야 합니다. 우리는 곁에서 당신을 도울 것입니다. 그러니 안심하고 진리의 가르침에 귀 기울여 듣고 따르도록 하십시오.

당신 앞에 어떤 환영이 나타나든지 그것이 당신 자신의 마음 속에서 나온 것임을 깨닫고, 그 환영을 꿰뚫어 보십시오. 당신의 육체와 정신이 분리되어 있는 이 때, 당신은 순수한 진리의 세계를 잠깐 경험하게 될 것입니다. 그 곳은 밝고 눈부시고 무서울 정도로 빛이 납니다. 그것을 보고 당황하거나 두려워하지 말고, 당신 자신의 참 본성임을 깨달으십시오.

그 빛 한가운데서 천 개의 천둥이 울리는 것처럼 존재의 근원에서 나오는 자연스런 소리가 들려올 것입니다. 그것도 당신 자신의 참 본성의 자연스런 소리이니 두려워하거나 무서워하지 마십시오. 당신은 살과 뼈로 만든 육체를 갖고 있지 않으므로 어떤 것이 그대 앞에 나타나든지, 그것이 소리이든 빛이든 환상이든 그 어떤 것도 당신을 해치거나 죽일 수는 없습니다. 이 모든 것도 환영에서 그대 자신의 생각에서 나온 것임을 명심하십시오. 당신 앞에 나타나는 것들을 두려워하게 된다면 빛과 소리와 현란한 색채들이 당신을 더욱 공포에 떨게 만들 것입니다.

또한 당신이 빛과 소리와 색채의 본질을 깨닫지 못하면 윤회계 속을 방황하게 될 것입니다. 그러나 당신 앞에 일어나는 모든 세계가 환영임을 깨닫게 되면 그것들은 모두 사라지고 눈부시게 찬란한 빛이 드러날 것입니다. 그것은 당신의 참 본성인 밝은 빛이 나타나는 것이므로 안심하고 그 빛 속으로 들어가십니다.

무거운 짐 내려놓고, 모든 미련 떨쳐 버리고, 맺은 원결 풀어놓고 편안한 마음으로 자비 마음 가지시면서 그 빛 속으로 들어가십시오. 들어가시어 극락세세, 천국에 기시옵소서.

56

기제사, 이렇게 하면 조상님이 잘 드실까?
[기제사 차리는 법 및 절차]

Q 학교에서는 제례절차를 정규로 가르쳐 주지 않습니다. 그래서 잘 모르기도 하지만 집안마다 조금씩 다른데 문제가 없습니까?

A 어느 예절이든 마음을 제일로 하지만 형식은 마음을 담는 그릇이기 때문에 일정한 절차를 따르는 것이 좋다고 봅니다. 다만, 큰 형식을 따른다면 집안마다 조금씩 다른 것은 문화의 차이이기 때문에 문제가 없으므로 시시비비해서는 안 된다고 봅니다.

[기제사 차리는 법 및 절차]

1. 차리는 법(참사자 위치에서 오른쪽을 동쪽으로 간주)
① 조율시이 : 왼쪽부터 대추, 밤, 곶감, 배, 생과일, 만든 과자를 차린다.
② 홍동백서 : 붉은색 과일은 오른쪽, 흰색 과일을 왼쪽에 차린다.
③ 좌포우혜 : 포(문어, 명태, 오징어 등)를 왼쪽에 식혜 · 김치를 오른쪽에 둔다.
④ 좌건우습 : 마른 것을 왼쪽에, 젖은 것을 오른쪽에 차린다.
⑤ 생동숙서 : 김치는 동쪽에, 나물은 왼쪽에 차린다.
⑥ 좌면우병 : 국수는 왼쪽에, 떡은 오른쪽에 차린다.
⑦ 좌반우갱 : 밥은 왼쪽에, 국은 오른쪽에 차린다.
⑧ 접동잔서 : 접시는 동쪽에, 잔은 서쪽에 둔다.
⑨ 어동육서 : 생선은 동쪽에, 고기는 서쪽에 차린다.
⑩ 두동미서 : 생선의 머리는 동쪽에, 꼬리는 서쪽으로 차린다.
⑪ 고좌비우(남좌여우) : 남자는 왼쪽에, 여자는 오른쪽에 둔다.
⑫ 복숭아, 치자로 끝나는 생선(갈치, 꽁치)은 차리지 않는다.
⑬ 고춧가루, 마늘 양념은 안 한다.
⑭ 식혜, 탕, 면은 건더기만 올린다.
⑮ 차리는 순서로 수저와 술잔은 제일 먼저 올린다.

⑯ 탕은 홀수(음수)로 올린다.(좌로부터 육류탕, 소탕, 물고기탕 순서로 한다)

2. 절차

① 분향재배 : 제주가 제상 앞에 정중하게 무릎을 꿇고 공손하게 두 손으로 향불에 분
   향을 한 뒤 절을 두 번 한다.

② 강신재배 : 강신이란 신위께서 강림하시어 음식을 드시기를 청한다는 뜻이다. 제
   주 이하 모든 사람이 손을 모아 서 있고, 제주가 신위 앞에 나아가 꿇어앉아 분향
   하고 집사자가 술을 잔에 조금 따라 제주에게 주면 제주는 받아서 모사그릇에 3번
   으로 나눠 붓고 잔을 집사자에게 돌려보내고 일어나서 2번 절한다. 향을 피우는
   것은 위에 계신 신을 모시고자 함이요, 술을 모사에 따르는 것은 아래에 계신 신을
   모시고자 함이라 한다.

③ 참신 : 참신이란 강신을 마친 후 제주 이하 모든 참사자가 함께 2번 절하는 것을 말
   한다.(신주인 경우에는 참신을 먼저, 지방인 경우에는 강신을 먼저 한다.)

④ 초헌 : 초헌이란 제주가 신위 앞에 나아가 꿇어 앉아 분향한 후 집사자가 잔을 제주
   에게 주면 제주는 잔을 받아 집사자가 잔에 술을 따르면 제주는 강신할 때와 오른
   손으로 잔을 들어 향불 위에 세 번 돌리고 모사에 조금씩 3번 기울여 부은 다음 양
   손으로 받들어 집사자에게 주면 집사자는 그것을 받아 제상에 올린다. (먼저 고위
   (아버지 위)앞에 올린다. 2번째 잔을 어머니 앞에 올린다.)
   집안에 따라서는 술을 올린 뒤 밥그릇의 뚜껑을 연다.

⑤ 독축 : 초헌이 끝나면 제주 이하 모든 참사자가 무릎을 꿇고 부복하며 축관은 앉아
   서 엄숙한 목소리로 축문을 읽는다. 읽기가 끝나면 부복한 참사자는 모두 일어나
   절을 두 번 한다.

⑥ 아헌 : 2번째 올리는 잔은 주부가 올리는 것이 예의이지만 올리기 어려울 때에는
   제주의 다음가는 근친자나 장손이 올린다. (주부가 올릴 때에는 4번 절한다.)

⑦ 종헌 : 종헌이란 3번째 올리는 잔을 말하는데, 종헌은 아헌자의 다음가는 근친자가
   아헌 때의 예절과 같이 한다. 집안에 따라서는 아헌과 종헌 때에도 적을 올리는 경
   우가 있다.

⑧ 계반삽시 : 계반삽시란 메(밥)그릇의 뚜껑을 열고 수저를 꽂는 것을 말하는데 수저
   는 동쪽을 향하게 꽂는다. (수저바닥이 동쪽을 향하게 하여 꽂는다.)

⑨ 첨작 : 첨작이라 함은 종헌자가 채우지 않은 술잔에 제주가 무릎을 꿇고 다른 잔에 술을 조금 따라서 좌우측 사람을 통하여 술을 채우도록 한다.

⑩ 유식합문 : 유식이란 음식을 권하는 절차로 참사자 일동이 문을 닫는 것을 말하는 데, 대청이나 마루에서 조용히 기다린다.(대청일 경우에는 뜰 아래로 내려선다.) 합문의 시간은 밥을 9번 떠먹을 동안의 시간.

⑪ 계문 : 계문이란 문을 여는 것을 말한다. 제주가 앞에 서서 기침을 하고 일동을 데리고 들어간다.

⑫ 헌다 : 숭늉을 국과 바꾸어 올리고 메(밥)를 조금씩 3번 떠서 말아놓고 정저한다. 이때 메에 꽂아 놓은 숟갈을 숭늉 그릇에 담궈 놓는다.

⑬ 철시복반 : 철시복반이란 숭늉 그릇에 있는 수저를 거두고 메그릇 등 모든 뚜껑을 덮는 것을 말한다.

⑭ 사신 : 참사자 일동이 2번 절하고 신주일 경우에는 사당에 모시고, 지방과 축문을 불태운다.

⑮ 철상 : 철상이란 상을 걷는 것을 말하는데, 모든 제수(祭需)는 뒤에서 물린다.

⑯ 음복 : 음복이란 조상께서 주신 복된 음식이라는 뜻으로 제사가 끝나면 참사자와 가족들이 모여서 시식을 한다.

57

옛 사람도 현대인 못지 않게 집에 관한 의견이 있었다고?

[황제택경]

Q 황제택경에도 양택에 관한 내용이 많습니까?

A 음택보다 양택의 내용이 많으며 현재에도 참고할 내용이 많습니다. 온고지신의 정신으로 참고를 하면 길한 것은 취하고 흉한 것은 피할 수 있으리라 봅니다.

[황제택경의 내용]

1. 황제택경

1) 건방은 진, 감, 간방을 통솔한다.(양의 방위에 속함)

2) 곤방은 음의 방위인 손, 이, 태방을 통솔한다.

3) 양택은 먼저 마땅히 음방을 수리해야 한다.

4) 양택은 음방위, 음택은 양방위가 높고 웅장하며 공간과 결손이 없이 긴밀하면 길하다.

5) 음방에서 양방을 향해서 가면 모두 양에 들어가는 것이다.(그 반대는 음에 들어감)

6) 천덕, 월덕, 생기 위치를 청결, 넓게, 두텁게 해야 안녕부귀가 있다.

7) 묘지가 나쁘면 7세대의 망혼이 슬프고 고통스러움을 겪는다.

8) 묘흉택길 - 자손관록

   묘길택흉 - 자손의식부족

   묘택모두길 - 자손영화

   묘택모두흉 - 자손이 고향을 떠나고 절손된다.

9) 집수리 순서

   ① 주택을 수리할 때 형화를 먼저, 복덕을 나중에 수리해야

   ② 음택이면 사방에서 먼저 시작, 양택이면 해방에서 공사시작

③ 형화가 미치는 곳에 100명의 일꾼을 쓴다면 복덕이 미치는 곳에는 200명의 일꾼을 쓰면 좋다. 양택은 외부에 수리가 많고, 음택은 내부에 수리가 많다. 음양의 두 기가 숨어 다니는 숫자가 같지 아니함으로 팔괘 9궁으로 나누어 배열하고 남녀의 자리를 배치한다.

④ 동지나 하지는 음양이 처음 성하는 극점이다.

⑤ 땅이 선한 즉 싹이 무성하고, 집이 길한 즉 사람이 번영한다.

⑥ 가옥을 수리할 때 온 도로 쪽으로 하면 불길한 일이 없지만 다다른 쪽을 범하면 편안하지 못하다.

　예) 동쪽으로부터 이사 왔을 때 이 집에 살다가 후에 고치면서 서쪽으로 확장하면 저로고, 동쪽으로 확장하면 래로다.

⑦ 귀두청(龜頭廳)이 남쪽에 있어 북쪽을 찌르는 것을 흉정(凶亭)이라 하고, 뾰족하고 높이 솟은 건물 역시 불리하다.

　결에 말하기를 귀두청이 남쪽에 있으면 반드시 주인이 바뀌고 또한 주인을 해친다. 고루대수(高樓大樹)가 동서나 남에 있으면 모두 불리하니 제거해야 길하다.

⑧ 봄에는 동, 여름에는 남, 가을에는 서, 겨울에는 북방의 공사를 피한다. (사왕천의 주신 제거(帝車), 제로(帝輅), 제사(帝舍)다. 만약 제거가 되는 방위를 범하면 아버지가 죽고, 제로가 되는 방위를 범하면 어머니가 죽으며, 제사가 되는 방위를 범하면 자손이 죽는 재앙이 생긴다.)

⑨ 공사달의 생기방, 천월덕방에 수리해야 복 있다.

		생기방		사기방
1월	−	자계	−	오정
2월	−	축간	−	미곤
3월	−	인갑	−	신(申)경
4월	−	묘을	−	유신(辛)
5월	−	진손	−	술건
6월	−	사병	−	해임
7월	−	오정	−	자계
8월	−	미곤	−	축간
9월	−	신경	−	인갑

10월	—	유신(辛)	—	묘을
11월	—	술건	—	진손
12월	—	해임	—	사병 방위

10) 담을 쌓고 집을 짓는데 기와충이 되는 방향이 있으면 액막이해야 한다.

1월	—	정미방향
2월	—	곤
3월	—	임해
4월	—	신(辛)술
5월	—	건
6월	—	인갑
7월	—	계축
8월	—	간
9월	—	병사
10월	—	을진
11월	—	손
12월	—	신(申)경

* 다섯 가지의 **허약함**

1. 집은 큰데 식구가 적은 것

2. 대문은 크고 집이 작은 것

3. 창문이나 담장이 부실한 것

4. 우물이나 부엌이 제자리에 있지 않은 것

5. 대지는 넓은데 건물이 작은 것

* 다섯 가지의 **탄탄함**

1. 집은 작은데 식구가 많은 것

2. 집 규모에 비하여 문이 작은 것

3. 담장이 반듯한 것

4. 집은 작은데 가축이 많은 것

5. 물이 동남쪽으로 흐르는 것

58

택리지를 가진 후손이 풍수를
미신으로 본다고?

[택리지]

Q 사람이 살기에 좋은 곳에 대한 관심은 이전에도 있었으며 대표적인 것이 『택리지』인
것으로 아는데 풍수적인 내용이 있습니까?

A 이중환의 『택리지』에서 살 만한 곳과 살기가 어려운 곳으로 분류하여 그 조건을 내용
으로 기술하고 있습니다. 사실 양택이나 음택에서 최상의 조건을 경험적으로 이기적
으로 연구하여 집적된 이론이 풍수이므로 이는 과학이지 미신으로 볼 것이 아닙니다.

1. 택리지

책	시대(편저자)	주요사항
택리지(擇里志)	조선시대 이중환(李重煥)	1751년 조선 영조때 나온 조선시대의 대표적인 인문지리서, 『박종지(博綜誌)』, 『팔역지(八域誌)』라고도 한다. 『사민총론(四民總論)』의 4부분으로 구성 • 사민총론 : 사, 농, 공, 상의 계급 발생 원인과 내력 • 팔도총론 : 팔도의 지리와 지역 특성 • 복거총론 : 사람이 살기 좋은 입지조건 • 총론 : 시민총론, 팔도총론, 복거총론을 총괄한 결론

2. 택리지의 구성 내용

순번	제목	내용	비고
1	사민총론	• 사농공상의 계급 발생 원인과 내력	• 살 곳을 가리는 부분
2	팔도총론	• 한국의 지리총론 • 당시 행정구역인 팔도의 역사와 지리를 서술 • 각 지역별 산맥과 물의 흐름 조사 • 각 도 민심의 특색, 사건 등을 통한 인문지리서 • 각 도의 자연환경(위치, 지형, 기후 등) 및 인문환경(역사, 산업, 교통, 무역 등) 서술	

순번	제목	내용	비고
3	복거총론	• 한국적 이상향 • 사람이 살 만한 땅을 지리, 생리, 인심, 산수로 구분, 각 조건의 구체적 이론전개 • 지리 : 거주지 지리의 요건 • 생리 : 물자의 생산과 교역 • 인심 : 사회적 환경 • 산수 : 지역별 지리와 인간생활	• 사람이 살 만한 땅의 조건과 사례, 이상향의 개념 • 지리, 생리, 인심, 산수 4가지 조건 제시
4	총론	• 조선의 성씨, 족벌의 폐단 • 사대부의 살 곳	

3. 복거총론에 나타난 살 만한 곳, 살기가 힘든 곳

대구분	소구분	살 만한 곳	살기가 힘든 곳
지리조	수구	• 꼭 닫힌 듯하고 그 안에 들이 펼쳐진 곳 • 물은 반드시 역으로 흘러들어 판국을 여러 겹으로 막은 곳	• 엉성하고 널따랗기만 한 곳
	야세	• 항상 해와 달, 별빛이 드는 곳 • 바람과 비, 차고 더운 기후가 고르게 알맞은 곳	• 사방 산이 높아 해가 늦게 돋고 일찍 지는 곳 • 양명한 빛이 적고 음랭한 기운이 있는 곳 • 조석으로 산안개와 독기가 있는 곳
	산형	• 주산은 수려하고 단정하여 청명하고 아담한 곳 • 산의 맥이 끊어지지 않고 주산의 형세가 온중하고 풍대한 곳	• 산의 내맥이 약하고 생생한 기색이 없으며 산 모양이 부서지거나 비뚤어져 기운이 적은 곳
	토색	• 사토로서 굳고 촘촘하여 우물물이 맑고 찬 곳	• 붉은 찰흙과 검은 자갈, 누런 진흙인 곳, 우물물에서 독기가 나오는 곳
	수리	• 산수가 조화된 곳 • 물이 흘러오고 흘러감이 지리에 합당한 곳 • 산중이라도 시내와 간수물이 모이는 곳	• 물이 없는 곳
	조산	• 멀리 있으면 맑고 빼어나 보이는 산 • 가까이 있으면 맑고 깨끗한 산 • 울퉁불퉁한 모양이 없는 산	• 돌로 된 추악한 봉우리가 있는 산 • 비뚤어진 외로운 봉우리나 무너지고 떨어지는 듯한 형상, 엿보고 넘겨보는 모양의 산 • 이상한 돌과 괴이한 바위가 산 위나 산 밑에 보이는 산

대구분	소구분	살 만한 곳	살기가 힘든 곳
생리조	조수	• 작은 냇물이나 작은 시냇물이 역으로 흐르는 곳 • 흘러드는 물이 산맥의 좌향과 음양이치에 합당한 곳 • 꾸불꾸불하고 길고 멀게 흘러들어오는 곳	• 큰물이 역으로 흘러드는 곳 • 물살이 활을 쏘는 듯한 곳
	토옥	• 땅이 비옥한 곳	• 땅이 비옥하지 못한 곳
	무역	• 배와 수레와 사람과 물자가 모여드는 곳, 있는 것과 없는 것을 서로 바꿀 수 있는 곳, 강과 바다가 서로 통하는 곳	
인심조	무처	사대부가 없는 곳	사대부가 사는 곳
산수조	산수조응	• 산이 수려하고 물이 맑은 곳, 강이나 바다가 서로 모이는 터 • 야읍이라도 시내와 산, 강과 산의 경치가 있어 넓으면서 명랑하고 깨끗하면서 아늑하며, 산이 높지 않아도 수려하고 물이 크지 않으면서 맑고 기이한 바위와 이상한 돌이 없고 음침하거나 험악한 모습이 전혀 없는 곳	• 높은 산과 급한 물, 험한 산과 빠른 여울이 있는 곳(절이나 도관자리로 적합하나 영구히 대를 이어 살기는 곤란)
	입지	• 계거 : 능선에서 멀지 않은 곳 • 능선을 떠나 들판에 내려앉은 마을	• 해거 : 바람이 많고, 각종 질병, 샘물 부족, 갯벌, 탁한 조수 등으로 대부분 불가거지 • 외적 침입 빈번 • 토지 척박 • 수질의 독기 • 토양불량(점토질)
	산수경치 좋은 곳	• 실가거지 • 은둔지 • 피병지, 복지	

59

사람이 태어나면서 적합한 집이 있다고?

[동서사택]

Q 양택에 동사택 서사택이 있어 자기에게 유리한 위치가 있다고 하는데 신뢰할 만합니까?

A 천기가 음양배합의 조합이라 본다면 천기를 어떻게 받아들이느냐에 따라 운세가 바뀔 수 있다고 봅니다. 가정이나 회사에서 아버지나 사장을 중심으로 하나, 본명성도 고려한다면 그러해야 하나, 일반적인 경우에는 대문을 중심으로 보는 동서사택이 유용하리라 봅니다.

[동서사택]

1. 팔택길흉
① 최선 : 택명상배(동사명과 동사택, 서사명과 서사택이 되도록 산다.(상길)
② 차선 : 본명상배(본명괘를 우선하여 본명괘의 길방위가 되는 집과 방을 사용하는 것으로서 방과 본명괘를 맞춘다.(중길)
③ 상명상배(床命相配)
방의 소태극을 취해 본명괘를 길방위에 맞추고 방안을 배치하는데 특히 침대를 길방위에 맞춘다.(소길)
→ 원칙적으로 현관, 거실, 침실 등은 길방위에 둔다.

2. 하도낙서 수에 따른 층수
1층 6층 11층→ 水
2층 7층 12층 17층 → 火에 해당

3. 사람의 오행
12지지에 의해 분류

4. 아파트 층과 거주자의 오행

층수의 오행이 거주자의 오행에 상생, 상비 → 길함

누설, 상극 → 흉함

예) 주인 : 돼지띠(水)

　　아파트 : 1층 6층(水) → 길함

　　5층 10층(土) → 토 극 수 흉함

5. 문, 주의 배치에 따른 길흉 판단(총괄)

구분	서사택															
	건문 금+				곤문 토-				간문 토+				태문 금-			
	동서	음양	오행	길흉	동서	음양	오행	길흉	동서	음양	오행	길흉	동서	음양	오행	길흉
건주	○	×	−	복	○	○	○	연	○	×	○	천	○	○	−	생
감주	×	×	○	육	×	○	×	절	×	×	×	오	×	○	○	화
간주	○	×	○	천	○	○	−	생	○	×	−	복	○	○	○	연
진주	×	×	×	오	×	×	○	화	×	×	○	육	×	×	○	절
손주	×	○	×	화	×	×	×	오	×	○	×	절	×	×	×	육
이주	×	×	×	절	×	×	○	육	×	○	○	화	×	×	×	오
곤주	○	○	○	연	○	×	−	복	○	○	−	생	○	○	○	천
태주	○	○	−	생	○	×	○	천	○	○	○	연	○	×	−	복

구분	동사택															
	감문 수+				이문 화-				진문 목+				손문 목-			
	동서	음양	오행	길흉	동서	음양	오행	길흉	동서	음양	오행	길흉	동서	음양	오행	길흉
건주	×	×	○	육	×	○	×	절	×	×	×	오	×	○	×	화
감주	○	×	−	복	○	○	×	연	○	×	○	천	○	○	○	생
간주	×	×	○	오	○	○	○	화	×	×	×	육	×	○	○	절
진주	○	×	○	천	○	○	○	생	○	×	−	복	○	○	−	연
손주	○	○	○	생	×	○	×	천	○	○	−	연	○	×	−	복
이주	○	○	×	연	×	○	−	복	○	○	○	생	○	×	○	천
곤주	○	×	○	절	×	×	○	육	×	○	×	화	×	×	×	오
태주	×	○	○	화	×	×	×	오	×	○	×	절	×	×	×	육

① 양택 3요에 따른 길흉판단 : 동서사택론〉음양론〉오행론의 순으로 비중을 둔다.

② 복택 : 생기택〉천을택〉연년택〉복위택

　흉가 : 절명택〉육살택〉오귀택〉화해택

③ 길한 방위에 문의 방향, 출입문, 가스레인지 방향, 침대를

　흉한 방위에 화장실, 가스레인지 자리를 둔다.

6. ① 생기택 : 크게 부귀하거나 수재, 시험 합격, 장수, 자손 번창 등이 있을 가장 좋은

　집이다.

② 천을택 : 선을 선호하는 가정이다. 부귀영화, 정수 등 처음에는 좋으나 뒤에 문제가

　생길 우려가 있다.

③ 연년택 : 부부가 화목하고 부귀영화를 누리며 발복이 빨라진다.

④ 복위택 : 문과 좌의 방향이 같으므로 초년에는 길하나 오래 가면 불길하다. 남녀가

　조화하기보다는 음양 한쪽으로 치우친다.

⑤ 화해택 : 모든 일이 이루어지지 않고 사업이 기울어지며, 재산이 흩어진다. 모자간

　불화가 생기거나 부녀자에게 병이 많으며 요절한다.

⑥ 오귀택 : 도둑이 들고 재산이 없어지며 대흉이 생기거나 부녀자가 음란하고 질병

　이 많다. 또한 관재가 있으며 아내를 잃는다.

⑦ 육살택 : 불화가 잦고 재산이 없어지며, 아내 혹은 남편을 잃는다. 자식이 다치거나

　요절한다.

⑧ 절명택 : 어린아이에게 질병이 많고 잘 자라지 않는다. 도둑이 들고 재산 손실이 많

　으며, 남편을 잃거나 남자가 요절한다.

7. 동 · 서사택 혼합택

① 대문과 안방이 동사택이고, 부엌이 서사택 : 경제적 문제 없으나 우환

② 대문과 부엌이 동사택이고, 안방이 서사택 : 건강은 좋으나 경제적으로 어려움

③ 대문이 동사택인데 안방과 부엌이 서사택 : 우환도 많고 경제적 어려움도 있음

60

옛 이론인 줄 알았더니 아파트에도
풍수이론이 맞다니?

[아파트 풍수]

Q 아파트는 외부 모양이 거의 비슷한데 당연히 풍수적 영향도 같은 것 아닌가요?

A 아파트도 입지조건이 다르고, 동의 배치모양도 다를 뿐 아니라 실내구조도 다릅니다. 입주자들이 입지와 동의 배치는 바꾸기가 쉽지 않으므로 실내를 풍수이론에 맞게 하는 것이 흉을 피하는 첩경이라 봅니다.

1. 아파트의 실용풍수

① 배산임수

② 전저후고(공통출입구도 낮은 방향으로 내야)

→ 낮은 쪽을 향하여 거실 잡아야

(이유 : 전망이 시원해 마음이 넓어지고 원대한 포부 생김.(만약 반대의 경우에는 폐쇄적 사고 형성)

③ APT동 배치에 있어 각 동 모서리가 옆 동을 충해서는 안 된다.

④ 긴 골목의 마지막 통로 끝에 충하는 아파트도 흉하다.

⑤ APT가 단독주택보다 흉한 이유가 덜한 이유 → 동간 간격이 넓으며 많은 사람이 분산해 받기 때문

⑥ 좋은 배치는 명당형국, 부채꼴모양

⑦ 전착후관 − 이중문 설치, 크게 부귀하게 됨

⑧ 현관문이 마주보지 않아야

• 공동주택에서는 완전히 한 세대가 몰락하지 않으나 약간의 하향선을 보이다가 평행유지

⑨ 거실공간을 정사각형이나 황금비율(1:1.6818)로 하기 위해 식당과 문으로 구획해야 한다. (식당 연기와 냄새를 외부로 유출시켜야)

⑩ 방문과 창문은 대각선 방향으로 엇갈리게 설치하고 열리도록 한다.

(만약 마주보고 있더라도 방문과 엇비껴 있는 쪽이 창문을 여는 것이 살풍을 막아주어 좋다)

⑪ 최상층 위에 지붕이 있는 형태의 건물은 귀의 영향을 최상층만은 받는다.

⑫ 기존 아파트에서는 8층에서 10층까지를 로얄층이라 하지만 풍수개념으로 본 로얄층은 5층 미만이다.

(이유 : 지기가 미치는 범위를 나무가 자랄 수 있는 높이, 즉 10m 안팎으로 볼 때 5층 미만이다. 지자기가 낮아진다. 4층은 1층의 1/2 정도이다)

⑬ 복도식 아파트는 이웃해 있는 벽의 중심에 주가 있다.(목걸이나 염주를 생각해 보면 구슬이 맞닿는 부분이 가장 강력하게 붙어 있는 모습)

→ 서향이면서 동쪽 문이 동사택 복가다.

→ 남동향이면서 북북서문이 복가다.

⑭ 계단식 아파트의 주도 이웃한 세대와 벽을 공유하는 세대는 주의 위치는 벽 가운데에, 독립되거나 분리된 세대는 단독세대로 보아 내부구조를 보아 정한다.

⑮ 문과 주의 비중을 비교해 보면 문의 비중이 더 크다.

⑯ 같은 사택 내에서의 상극관계는 더욱 점진시킨다는 뜻

⑰ 배합집이며 양이 만나면 → 초반에 많은 발전이 있다.

⑱ 불배합 사택이나 음양이 배합되고 상생관계 → 초반에는 좋은 출발, 시간이 지날수록 하향곡선

⑲ 동향 계단식 아파트

→ 모든 세대가 배합, 또는 한 층에 한 세대만 불배합

2. 현관 : 조명을 밝게 한다.

잡동사니 금물

청결(신발은 신발장으로)

출입문 정면에 대형거울 안 된다.

물(어항 등) 피한다.

쇼파는 현관 쪽을 바라보거나 동쪽을 향해 놓을 것

3. 엘리베이터 문과 현관문 직선 × → 복도식

4. **거실** : 중앙 ○

> 방향 : 남쪽, 동남쪽

> 장판 쇼파 → 황색, 노랑, 갈색 ⇒ ±

5. **유실수 피해야, 키 작은 분재** : 베란다로 보낸다.

6. 모서리가 보이지 않게 장식용으로 가릴 것

7. **거실** : a. 호랑이 그림

> b. 쇼파 뒤에 호랑이 가죽

> c. 호랑이 인형(현관문 쪽을 바라보도록)

> d. 거실 방향이 남쪽이나 동남쪽이 좋다.

8. **주방은 서쪽을 피한다.**

식탁 → 원탁 ○ 싱크대 : 푸른색

주방룸 없으면 문을 달아라.(커튼, 버티칼 등)

주방문과 침실문을 일직선상에 놓지 말 것

9. **화장실** : 방과 방 사이에 두지 않는다. (만사가 불통)

10. **욕조** : 없애고 샤워부스로 바꿀 것

11. 사진은 부부의 사진을 동쪽에 건다.

12. 침실은 조금 어둡게 한다.

13. 물건 구입은 한쌍으로 구입 배치한다.(예, 원앙은 서로 마주보게 한다)

61

행운을 불러오는 좋은 집 고르는 법을 우리는 아는데?

[좋은 집 고르는 법]

 Q 살 집을 고르는 것이 쉽지 않습니다. 좋은 집을 쉽게 고르는 방법이 있습니까?

A 매매나 임대차시 매도인이나 임대인은 계약이 빨리 체결되기만을 원하나, 거주자는 양택의 영향으로 풍수적으로 해로움을 입을 수가 있습니다. 큰 해를 면하기 위해서는 기본적인 사항을 알고 있어야 합니다. 일부 종교인은 자식의 수술과 수혈이 필요할 때 기도만 하면 된다고 하는데 수술과 수혈이 미신이라고 하면서 거부하여 자식의 생명을 잃는 어리석음을 범해서는 안 될 것입니다.

[좋은 집 고르는 법]

길지

1. 앞은 낮고 뒤가 높아야 좋다.
2. 삼각형의 집터는 나쁘다.
3. 습기가 있는 대지는 성토하는 것이 좋다.
4. 정원에는 크게 자라는 나무를 심지 않는 것이 좋다.
5. 정원에 많은 돌을 깔지 않는 것이 좋다.
6. 건물 사이의 중간에 연못을 파지 않는 것이 좋다.
7. 담장을 너무 높이지 않는 것이 좋다.
8. 남쪽에 빈 터가 있으면 좋다.
9. 주택의 서쪽에 큰 길이 있으면 좋다.
10. 작은 집엔 많은 사람이 살아야 좋다.
11. 정면의 폭보다 안쪽 길이가 길어야 좋다.
12. 심한 요철이 없어야 좋다.
13. 방의 배치는 거실을 중심으로 해야 좋다.

14. 현관은 대문에서 일직선이 되지 않아야 좋다.

15. 남향집엔 서쪽에 방을 만들어야 좋다.

16. 부엌은 동남쪽에 있어야 좋다.

17. 창은 동쪽으로 내어야 좋다.

18. 무성한 나무는 그루터기를 남기지 않아야 좋다.

19. 좋은 집엔 좋은 사람이 살아야 좋다.

20. 막다른 곳에 짓지 않아야 한다.

21. 대문 앞에는 큰 나무가 없어야 한다.

22. 단칸방은 많이 내지 않아야 한다.

23. 중앙의 방은 비워놓지 않아야 한다.

24. 침실은 부엌과 떨어져 있어야 한다.

25. 화장실은 집 가운데를 피해야 한다.

26. 화장실과 대문은 마주보지 않아야 한다.

27. 중앙엔 계단을 만들지 않아야 한다.

28. 외풍이 센 집은 피해야 한다.

29. 대문과 집은 균형이 맞아야 한다.

30. 집안에 더러운 물이 괴지 않아야 한다.

31. 쓰레기는 남서쪽에 버리지 않아야 한다.

32. 천장의 채광은 너무 크지 않아야 한다.

33. 지붕 위에 빨래를 널지 않아야 한다.

34. 임신 중엔 공사를 하지 말아야 한다.

35. 집은 부분적으로 개조하지 말아야 한다.

36. 많은 장식을 하지 말아야 한다.

37. 붙박이 화로를 중앙에 만들지 말아야 한다.

38. 생토가 아닌 매립지는 좋지 않다.

39. 집안에 지붕보다 높은 나무가 있으면 좋지 않다.

40. 망해서 나간 집은 좋지 않다.

41. 연못이 마당에 있으면 좋지 않다.

42. 대문에서 안방이나 부엌문이 보이면 좋지 않다.

43. 벽에 금이 가거나 물이 스며들면 좋지 않다.

44. 집이 어둡고 그늘지면 나쁘다.

45. 따뜻해야 한다.

46. 햇볕과 안정감이 있어야 한다.

47. 교통이 편리해야 한다.

48. 집 앞의 전경이 좋아야 한다.

62

좋은 집에 사니 어느덧 부귀가 오는가?

[양택풍수에서의 주의사항]

Q 양택풍수에 있어 일반적으로 조심할 사항이 있다고 봅니까?

A 양택풍수든 음택풍수든 조심해야 될 사항이 많습니다. 다행히 주의할 사항이 있으면 비보를 통해 그것의 흉을 줄일 수 있습니다. 그렇지만 처음부터 주의할 사항을 피하는 것이 현명하다고 봅니다.

[양택풍수에 있어 주의사항]

1) 산등성이(산척, 山脊)나 산곡(山谷)의 입구에 집을 지으면 흉하다.

2) 정자(丁字) 길의 꼭대기 부분에 집을 지어도 흉하다.

3) 막다른(막힌) 골목의 끝에 집을 지으면 나쁘다.

4) 대문 앞에 큰 나무나 고목(枯木)이 있으면 나쁘다.

5) 주택 주위에 높은 건물이 있으면 나쁘다.

6) 용마루가 정면으로 보이면 아주 나쁘다.

7) 자녀 주택과 부모 주택 또는 형제 주택이 붙어 있으면 나쁘다.

8) 삼각형의 대지나 주택은 나쁘다.

9) 대지의 사방에 결함이 있으면 나쁘다.

10) 끈기(점토, 粘土)가 없는 토질(모래흙)의 대지는 나쁘다.

11) 수목이 무성했던 땅에 뿌리를 제거하지 않고 집을 지으면 나쁘다.

12) 북동쪽, 남서쪽에 요철(凹凸)이 있는 집은 나쁘다.

13) 고저가 있는 바닥의 집은 나쁘다.

14) 정면에 철(凸)자 형의 집은 나쁘다.

15) 현관이 대문에서 일직선이 되면 나쁘다.

16) 침실이 문과 일직선으로 위치하면 나쁘다.

17) 침실이 부엌 가까이에 있는 것은 나쁘다.

18) 부엌의 불이 외부에서 보이면 나쁘다.

19) 부엌이 남서쪽에 있는 것은 나쁘다.(동방, 동남방이 길)

20) 욕실을 북동쪽이나 남서쪽에 만드는 것은 나쁘다.

21) 집 중앙에 변소를 만드는 것은 나쁘다.

22) 변소와 문간이 마주 보이는 것은 나쁘다.

23) 계단이나 붙박이 화로를 주택 중앙에 만드는 것은 나쁘다.

24) 집 중앙에 쓰지 않는 방이 있는 것은 나쁘다.

25) 북향의 창은 나쁘다.

26) 대들보가 실하지 않은 집은 나쁘다. (기둥은 들보보다 중요하다)

27) 가옥을 부분적으로 개조하는 것은 나쁘다.

28) 2층으로 증축하는 것은 나쁘다.

29) 두 채의 집을 합쳐서 한 채로 하는 것은 나쁘다.

30) 가정에 임산부가 있을 때 신개축, 수리하면 나쁘다.

31) 재목을 거꾸로 쓰는 것은 나쁘다.

32) 창고 위에 주거 공간을 만드는 것은 나쁘다.

33) 정원에 크게 자라는 나무를 심은 것은 나쁘다.

34) 나무가 처마나 차양을 뚫고 뻗어나 있는 것은 나쁘다.

35) 정원에 돌을 많이 까는 것은 나쁘다.

36) 우물과 부뚜막이 나란히 있는 것은 나쁘다.

37) 안 쓰는 우물을 함부로 메우는 것은 나쁘다.

38) 대지의 남서쪽으로 배수하는 것은 나쁘다.

39) 장식이 많은 집은 나쁘다.

40) 외풍이 심한 집은 나쁘다.

41) 명당이나 사신사에 송전탑설치, 산맥절단, 석산개발, 환경오염이 되면 아주 나쁘다.

[입지선정 비교]

구분	비율				
평점항목	100	80	60	40	20
건폐율	80%	60%	40%	30%	20% 이하
용적율	100% 이상	500%	300%	150%	100% 이하
통근시간	30분 이내	40분	60분	90분	90분 이상
지형	정방형	남북장방형	동서장방형	부정형	삼각형
연접도로	8m 이상	6m	4m	3m	2m 이하
정류장	5분	10분	15분	20분	30분 이상
경사도	약간 경사	평지	경사 10도	경사 15도	경사 20도 이상
전망	남향	동남향	서남향	서북향	북향
교육시설	초·중·고	초등	중등	고등	원거리
시장거리	인근	10분	15분	20분	30분 이상
혐오시설	전무	소음 약간	악취 약간	소음+악취	소음+악취
위험시설	전무	낮은 축대	높은 축대	고압선	축대+고압
상수도	공용 인접	공용 원거리	수압 약함	우물 사용	수질 불량
전기시설	완비	전압 양호	전압 불량	시설 예정	없음
하수도	공용 인접	공용 원거리	하천	하천 원거리	타토지 이용
지반	절토	일부 절토	절토와 성토	일부 성토	성토
택지정돈	완비	보도	석축 2m	석축 3m	높은 석축
상린관계	명확	약간 불명확	불명확	분쟁 우려	분쟁
복지시설	인근	10분 내외	20분 내외	원근	전무
채산성	급등세	등세	성장세	보합세	하락세
재산관리	완전	전세저당	지상권	해결 가능	불가능
공원, 산	50m 이내	100m	200m	300m	400m
지하철	5분내	10분	15분	20분	30분 이상

[입지조건 체크]

구분	입지조건	내용
주거지	자연환경	북서고 동남저, 동문, 남향, 배산임수, 15도 경사, 지반이 약간 높고 건조한 곳, 지세, 지질, 지반
	택리지(이중환)	지리, 생리, 인심, 산수
	풍수지리	동청룡(시내), 서백호(큰길), 남주작(시내), 북현무(언덕)
	사회환경	교통편리, 도로 양호, 교육시설 양호, 편의시설 접근 양호, 복지시설접근 양호, 위험 및 혐오시설, 사회조건
	아파트분양시 선호도	단지크기, 교통여건, 자연환경(등산로, 물, 나무, 공원, 녹지 등), 교육여건, 시공회사, 분양가, 편의/복지시설 여부 등
상업지	공통사항	유동인구가 많은 곳, 가로의 폭이 적당한 곳, 접근성이 양호한 곳, 인지도가 높은 곳, 배후도시가 큰 곳 등, 영업의 종류 및 경쟁상태, 배후지 및 고객의 질과 양, 공공시설의 배치
	산재성 점포	잡화점, 어물전, 이발소, 공중욕장, 세탁소 등
	집재성 점포	은행, 보험회사, 관공서, 가구점
	집중성 점포	농기구점, 석재점, 비료점, 종묘점
	집심성 점포	대형서점, 영화관, 극장, 백화점, 고급 음식점, 보석가게, 미술품, 고급 의료점 등
	타워형상가	기존 상업권역내 작은 부지에서 극대화
	스트리트/몰형	대규모 토지 및 집객 요인
공업지	공통사항	용수, 전력, 교통, 기후, 인력확보, 관련 산업과의 거리, 행정지원
업무지	공공업무시설	통근성/교통이 편리, 공무환경, 유사시설 집약, 이용자 편의시설
	일반업무시설	교통편리, 상업중심지, 이면도로 접한 곳 20m 이상 전면도로, 직사각형
농업지	공통사항	용수, 기후 등 자연환경, 조장 및 규제정도, 획지조건
레 저	공통사항	자연환경(스키 : 눈, 온천 : 물, 해수욕 : 바다)

[입지분석 체크]

구분		체크사항
기본사항	위치	행정지역상 위치(위치도 포함)
	용도	법률상 용도 및 개발가능용도, 전환용도
	면적	토지대장상 면적 및 실제면적
	소유주	등기부상 권리관계 및 실제 관계

구분		체크사항
	가격	공시지가 및 거래가격
교통여건		도로여건, 교통망, 지하철, 항공, 철도, 접근성 등
교육여건		종류, 접근성, 접근방법 등
문화/편의여건		종류, 접근방법, 수준, 편의성, 정보화 및 전산화 수준
공공여건		종류, 접근방법, 편의성, 사회복지상태
의료여건		종류, 접근성, 수준, 시간 등
공공시설		종류, 접근성, 수준, 시간 등
인구동향		인구 및 세대수, 수준, 밀도, 소득, 인구의 상태, 소비행태 등
산업시설		주택보급, 산업동향, 지목현황, 주택 유형, 공해발생의 위험성 등
자연여건		지세, 지형, 지질, 강수량, 기온, 녹지수준 등

〈택지를 살 때 체크사항〉

1. 지적도를 지참하고 현장에서 실제 부지 경계선을 확인하여 정확한 지적 및 지형상태를 본다.

2. 등기면적과 실제면적이 같은지 본다.

3. 등기상 소유자와 대리권이 있는지를 확인한다.

4. 계절별 눈, 비, 바람 등 환경변화에 따른 부지의 변화를 상상해 본다.

5. 지형, 지반, 경사도, 방위, 방향 등을 확인한다.

6. 땅이 성토했거나 습지인지 침하우려가 있는지 본다.

7. 채광, 통풍이 좋은 곳을 고른다.

8. 인근에 공장, 축사, 쓰레기 처리장, 차량 소음, 먼지 등 공해 요인이 있는지 본다.

9. 전기, 통신, 가스, 수도, 급수, 지하수개발, 하수, 배수 등을 검토한다.

10. 폭 4m 이상의 진입도로가 있는지, 부지가 도로에 2m 이상 접하는지 본다.

11. 공사 관련 민원, 일조권 민원, 프라이버시 등을 예측해 본다.

12. 근무처, 학교, 병원, 역, 버스정류장, 노선, 편의시설, 시장 분포 등을 알아본다.

13. 건축상 관계법규(제한구역, 지목변경, 건축제한, 건축허가, 건축가능면적, 도로계획예정지 등)를 확인한다.

63

미인을 보면 기분이 좋은 걸 보니
생김새도 중요한가?

[집터]

Q 집터와 집의 모양도 길흉화복과 관계가 있습니까?

A 모양이 이미지 형상에 따른 심리적 영향을 미칠 수 있다고 볼 수도 있지만 음양오행의
많고 적음을 결정해서 그것이 무의식적으로 길흉화복을 결정한다고 보아야 합니다.

[모양이 가져오는 길과 흉]

1.

▢ 정재안전	▱ 재운대길	⊔ 가산불발 중남이 더 심함
가번성중남번성	가업부진	가화등재 소남이 더 심함
가정다난	정재양패	가주실권
자식반목		

[그림92] 택지지형과 길흉화복

2.

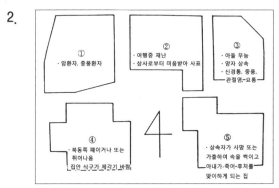

① · 암환자, 중풍환자

② · 여행중 재난
· 상사로부터 미움받아 사표

③ · 아들 무능
· 양자 상속
· 신경통, 중풍,
  관절염,~요통

④ · 북동쪽 패이거나 또는
  튀어나옴
  집안 식구가 제각기 바람

⑤ · 상속자가 사망 또는
  가출하여 속을 썩이고
  아내가 죽어·후처를
  맞이하게 되는 집

[그림93] 택지로 보는 영향

3. 가택의 방위별 함돌요철과 화복길흉

방위	길상	화복	흉상	화복
감	적당한 돌출	번성하고 재물	지나친 요철	차남 안됨—자식 재물 안됨
간	적당한 돌출	부귀자손—막내 잘됨	지나친 요철	불구자손—가난, 관재
진	적당한 돌출	부화승진—장손 잘됨	지나친 요철	가업부진—장남 쇠퇴
손	적당한 돌출	부귀 있음—여자손 잘됨	지나친 요철	매사 안됨—여자손 안됨
이	적당한 돌출	귀인이 도와줌—벼슬	지나친 요철	관재송사—여인부정
곤	적당한 돌출	여주인이 가장—재산 많음	지나친 요철	어머니 병약—남녀음란
태	적당한 돌출	부귀 있음—막내딸 잘됨	지나친 요철	객사—여자손 안됨
건	적당한 돌출	가장이 잘됨—무병장수	지나친 요철	재물 잃음—가장 단명

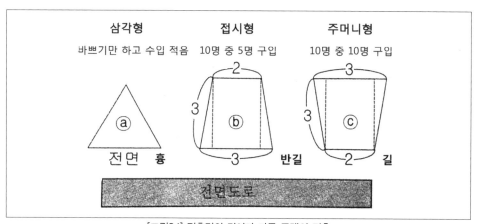

[그림94] 전후면의 길이가 다른 주택의 길흉

64

친구를 잘 만나야 성공한다?

[배치의 길흉도]

Q 건물도 음택과 마찬가지로 도로나 물이 흘러가거나 오는 방향, 주변의 배치물에 의해 길흉이 결정됩니까?

A 풍수란 기의 조화로운 운용을 목표로 이론이 형성되어 있는데, 음택이나 양택의 차이가 본질적으로 있을 수 없습니다. 주인을 도와주느냐 해롭게 하느냐는 인간세상도 마찬가지입니다. 아래의 그림은 일반적인 경우를 의미하는 것이므로 특별히 고려할 사항이 있으면 이로 인해 길흉이 상반되게 나타나기도 합니다. 관상에서 하나는 흉하지만 전체가 모여 길상이 되기도 하는 것과 같습니다.

[음.양택의 배치와 길흉]

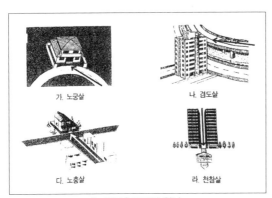

[그림95] 도로의 형상

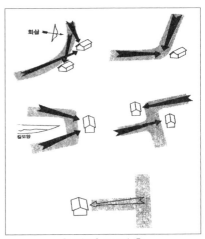

[그림96] 도로와 흉

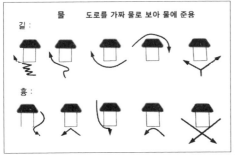

[그림97] 물의 작용

지령은 인걸을 만들어
천천히
길 → 인망패절
대길
(기가
융집)

절수   삼절수   회륭

흉   대흉
지체부자유자
정신질환자
송사발생
장기거주시 절가

횡직수   반구

[그림98] 물의 길흉

서
남   북
길
동

[그림99] 배산입수, 전저후고

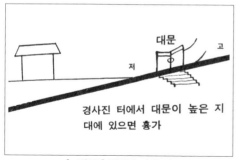

대문
저   고

경사진 터에서 대문이 높은 지
대에 있으면 흉가

[그림101] 경사진 터의 집

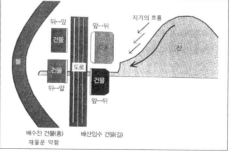

뒤→앞
건물   앞→뒤
건물
물   건물   도로   산
뒤→앞   건물
앞→뒤
지기의 흐름
배수진 건물(흉)   배산임수 건물(길)
재물운 약함

[그림100] 명당터

산
B
C
③   ①   ②

[그림102] 배산임수?

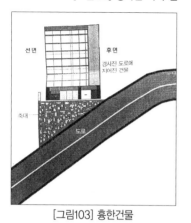

선면   후면
경사진 도로에
지어진 건물
축대
도로

[그림103] 흉한건물

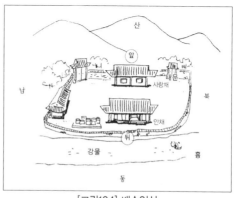

산
앞
남   대문   사랑채   북
안채
뒤
강물   흉
동

[그림104] 배수임산

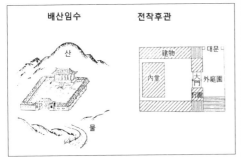

[그림105] 배산임수

[그림106] 전저후고

[그림107] 전광후작도

[그림108] 대지의 길흉

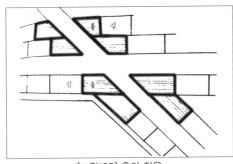

[그림109] 충의 작용

[그림110] 건물의 흉살도

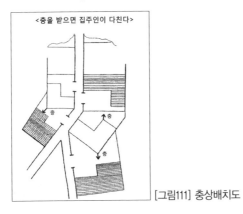

[그림111] 충상배치도

[그림112] 궁궐 길상배치도

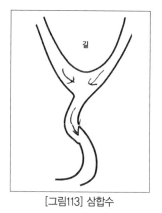

[그림113] 삼합수

[그림114] 곡수

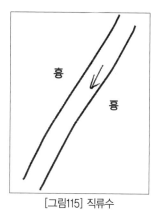

[그림115] 직류수

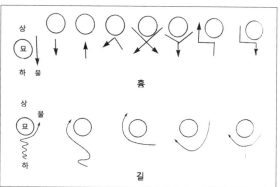

[그림116] 수와 도로의 길흉

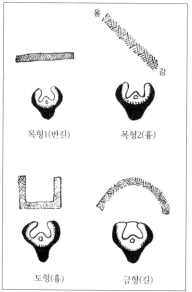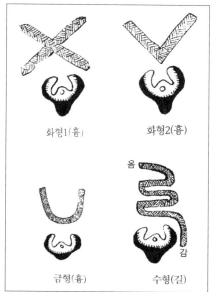

[그림117] 5형수의 길흉

65

성형수술 좀 하니 미인이라고 몰라보다니?
[대지나 건물의 평면에 따른 길흉]

Q 대지나 건물의 평면도에는 차이가 있습니다. 길흉의 차이가 있습니까?

A 물건은 각자의 기를 가지고 있고, 형태의 기도 마찬가지입니다. 그 기의 발현에 따라 그 내부나 외부에 다른 영향을 미치고 있습니다.

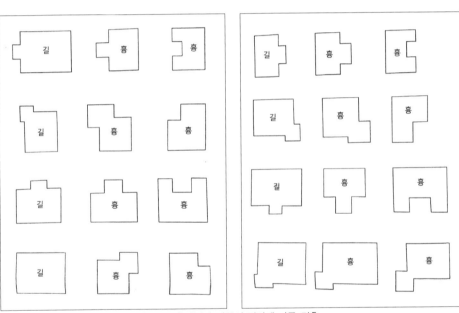

[그림118] 대지나 건물의 평면에 따른 길흉

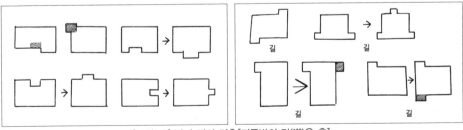

[그림119] 만과 결의 길흉[귀문방의 만(滿)은 흉]

66

건물을 보여달라.
그러면 그대의 성패를 말하리라?

[건물의 길흉]

Q 양택의 외부 형상에 의해서도 길흉이 있습니까?

A 기의 외부적 나타남이 형태라 하였습니다. 사람도 관상을 보고 좋아함과 미워함이 자연스럽게 생기듯이 건물도 그 모양에 따라 길흉이 나타납니다. 실내 인테리어를 이론에 맞춰 아무리 잘 하더라도 한계 범위내에서 움직일 수밖에 없습니다. 음택이나 양택이나 그이론은 동일하나 나타남이 다를 뿐입니다. 부봉이나 일자문성, 문필봉 등 음택이론의 양택이론에의 적용이라 볼 수도 있습니다. 그래서 양택풍수가들도 음택풍수를 제대로 배워야 하는 이유입니다. 양택풍수만 배워 전문가처럼 활동하더라도 문제가 있는 연유입니다.

[건물의 길흉]

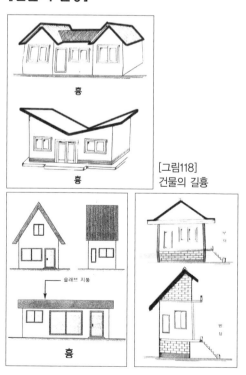

[그림118]
건물의 길흉

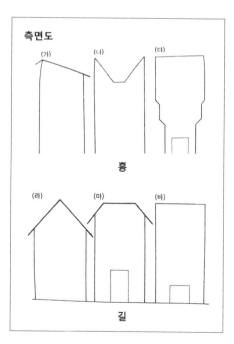

67

남을 판단하려면 내가 중심을 잘 잡고 보아야?

[나경위치]

Q 양택에 있어 동 · 서는 사택 등을 볼 때 나경(패철)의 정확한 위치가 있습니까?

A 나경의 위치는 판단하고자 하는 곳의 중심점 또는 조화점을 기준으로 하고 있습니다.

[나경의 위치]

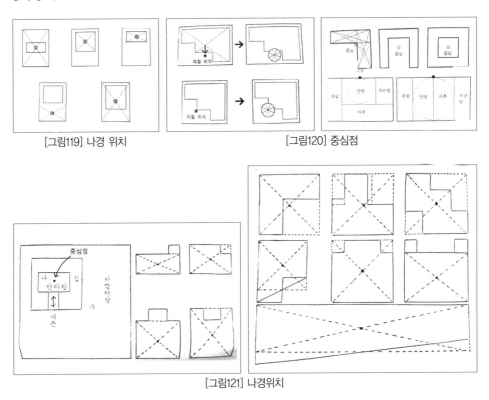

[그림119] 나경 위치   [그림120] 중심점

[그림121] 나경위치

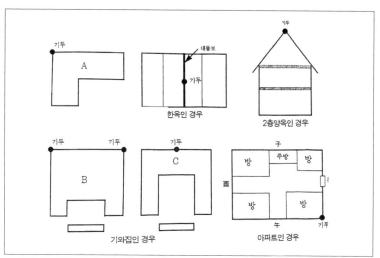

[그림122] 기두점(고, 광, 힘, 실) / 실질적인 좌

68

주인의 성공이 대문에 쓰여 있다고?

[대문]

 대문이 집의 구조에서 중요한 역할을 합니까?

대문이 집의 구조에서 중요한 역할을 합니까?

천기가 들어오는 입구이므로 지기의 흘러가는 방향에 영향을 미칩니다. 동서사택의 분별에 있어 대문을 중심으로 구분하므로 지기맥을 고려하고 주변 환경에 맞게 설치해야 합니다.

[대문]

① 대문이 양인 동사택궁에 위치하고 있으면 부귀속발한다.

② 대문이 음인 서사택궁에 위치하면 재물의 발복이 우선한다.

③ 북향대문은 부자가 나고 남향대문은 부귀영화한다.

④ 대문이 양인 동사택궁에 있고 건물이 음인 서사택궁에 있으면 먼저 남아를 출산한다.

⑤ 대문이 음인 서사택궁에 있고 건물이 양인 동사택궁에 있으면 먼저 여아를 출산한다.

⑥ 대문이 건물을 극하면 주인이 상하고, 건물이 대문을 극하면 도적이 들어오지 못한다.

⑦ 대문과 건물이 다 양일 때는 속발하나 자손을 두기 어렵고 모두 음일 때는 재물은 왕성하나 질병이 많다.

⑧ 대문이 주택 대지보다 지대가 낮은 경우 집안의 가장에게 이성문제가 있다.

⑨ 대문이 주택대지보다 지대가 높은 경우 차남이나 삼남이 가업을 잇거나 양자가 승계한다.

⑩ 대문이 파손되어 눈에 띄게 조화가 깨지면 집안에 질병이 발생한다.

⑪ 대문이 대지 안으로 들어와 있는 경우 불행하다.

⑫ 대문이 담보다 높아야 한다. 낮으면 흉가다.

⑬ 비슷한 크기의 대문이 한 집안에 두 개 있으면 두 집 살림을 할 수 있다.

[현관]

① 북서쪽 방위는 가장의 방위이므로 가장의 권위상실, 불치병, 만성병

② 남서쪽 방위는 기가 희박하여 주부가 가정경제 이끄는 경우는 매우 조심해야 한다.

③ 동쪽, 남쪽, 남동쪽 바위는 기가 충만하여 발전적이다.

④ 서쪽 방위는 경제적 어려움 있음

⑤ 북쪽 방위는 입수맥이 남쪽으로 들어온 경우 등 부득이한 경우에 둔다.

⑥ 북동쪽 방위는 기가 없으므로 가족의 불화, 질병, 재난, 도난 우려

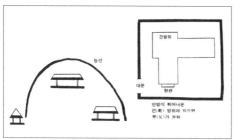

[그림123] 능선안과 밖

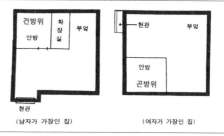

[그림124] 안방과 가장

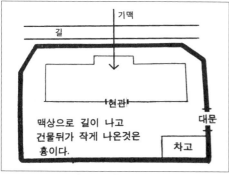

[그림125] 맥과 길

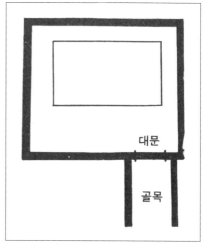

[그림126] 골목과 배치

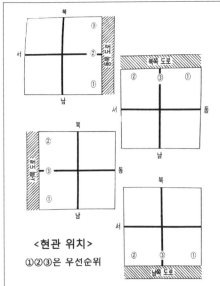

북
서
남
동
북쪽 도로
서쪽 도로
남쪽 도로
① ② ③
<현관 위치>
①②③은 우선순위

[그림127] 현관위치 순위

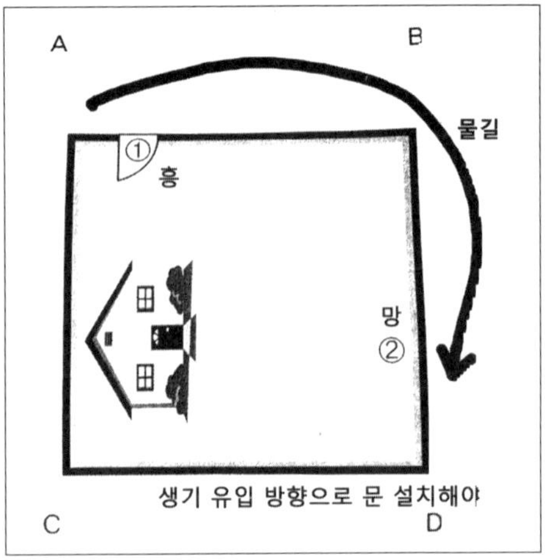

A
B
물길
①
흉
망
②
생기 유입 방향으로 문 설치해야
C
D

[그림128] 생기유입과 문 위치

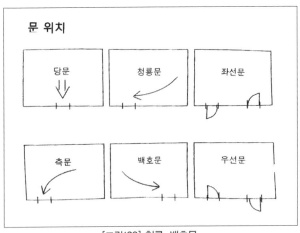

문 위치
당문
청룡문
좌선문
측문
백호문
우선문

[그림129] 청룡, 백호문

69

멀리 떠나면 마음도 떠나가는가?

[지기를 받는 방법]

 Q 아파트나 건물에는 땅의 기운을 어느 높이까지 받을 수 있습니까?

A 현대의 높은 인구밀도와 생활의 편의성, 부동산 가격의 높은 상승세 때문에 펜트하우스라는 이름으로 모나코공국에서는 최고 4,300억 원까지 고가가 있기도 합니다. 그러나 지기의 온전한 영향권 내에 있다고 보기에는 다소 의문이 있습니다. 일부에서는 고층 거주자의 수명이 저층 거주자보다 짧다는 의견을 내기도 합니다. 한국에서는 최고 부자들은 고층보다는 저층 주택에 거주하기를 선호하기도 합니다.

땅의 기운을 받는 높이

① 자력과 전기력의 영향으로부터 사람을 완전히 벗어나게 하면 신체의 일부가 규칙성을 상실하고 평상시와 전혀 다른 생체리듬을 형성한다.

② 땅에서는 평균적으로 0.5가우스(gauss) 정도의 자기가 발생한다. 사람은 그 평균치의 자기를 가능한 한 많이 받고 살아야 건강한 생활을 할 수 있다.

③ 자기와 함께 인체의 전체적인 균형을 잡아주는 요소로 '기압'을 들 수 있다. 기압은 위로 10m 올라갈수록 1.3헥토파스칼(hpa)씩 낮아진다고 하며, 우리 몸에 알맞은 기압은 약 1기압쯤이다.

④ 사람의 몸은 0.5가우스의 지자기와 1기압의 자연환경에 알맞게 설계되어 있다고 보아도 무방, 그런데 지자기가 지상에서 15m까지는 0.5가우스를 유지하지만 15m가 넘으면 0.25가우스 지자기 밖에 받을 수 없다.

　→ 고층 아파트에 살면, 영향력을 많이 받는 임산부, 어린아이, 노인들이 유산, 임신의 어려움, 잔병치레, 관절염, 신경통, 무력감, 피로감 쉽게 느낌

　→ 신체방어기제작용해서 살고 싶지 않음.

⑤ 자기가 혈액순환을 촉진하고 체내에 산소를 원활하게 유통시키는 역할을 한다. 적당한 자기의 자극은 골절된 뼈를 치료하고 통증이 심한 관절염을 치료하는 구실을 한다.

마음은 돌고 돌아야 정이 쌓이는가?

[생기의 순환]

Q 풍수에서는 택지나 건물의 모양을 중요시 합니까?

A 풍수란 기의 조화와 순환을 우선시 합니다. 모양이 좋아야 생기가 발생하고 그 발생한 생기의 순환이 원활하여 인간에게 좋은 영향을 주기 때문입니다.

[생기의 순환 정도]

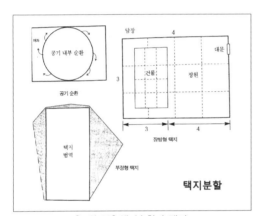

[그림130] 생기순환과 택지

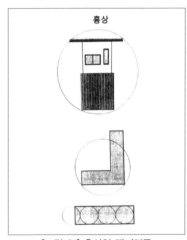

[그림131] 흉상인 택지건물

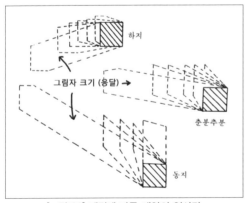

[그림132] 계절에 다른 태양의 입사각

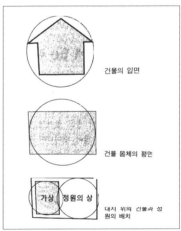

[그림133] 길한 택지, 건물

눈을 맞추어야 마음을 얻겠지?

[복을 부르는 방향]

Q 사람이나 땅이나 자기에게 도움이 되는 것과 해가 되는 것이 있습니까?

A 문의 방향이나 잠자리 방향, 책상 방향 등 모든 것이 유리한 방향이 있는데 그것을 모르고 생활할 뿐입니다. 현대사회에서는 서구교육 중심의 교육 편제로 동양학을 배울 기회가 적고, 동양사상을 미신시하니 자연히 운명이 상승할 기회를 놓치기 십상입니다. 그러나 의식주에서 자유로운 계층은 이를 이용해 부귀를 유지하는 노력을 합니다.

[복을 부르는 방향]

1. 겁살방(천겁문)

겁살은 지극히 흉한 살이다. 좌산에서 파산 흉석 등 흉살의 위치방위를 측정하는 법이다

이 겁살방에서 흉사가 용혈을 충격하면 살상 등 극히 흉한 일을 당할 우려가 있다.

겁살방은 재물 말살 방향이다. 집은 양옥은 현관 방향, 한옥은 대청 방향, 묘지는 묘의 중심에서 본다.

택향 (묘좌)	겁살방 (천겁문위)	택향 (묘좌)	겁살방 (천겁문위)
임(좌)	신(방위)	손	계
자	사방	사	유
계	사방	병	신
축	진	오	유
간	정	정	인
인	미	미	계
갑	병	곤	을
묘	정	신	계
을	신	경	오
진	미	유	인
신	축	건	묘
술	축	해	을

2. 복을 부르는 방향

구분 / 생	신자진	해묘미	인오술	사유축	비고
1	동	남	서	북	종교물(출입문)
2	북	동	남	서	장롱(문 폐쇄)
3	북동	남동	남서	북서	잠자는 방향
4	남서	북서	북동	남동	책상
5	남서	북서	북동	남동	출입문
6	백색, 적색	흑색, 백색	청색, 흑색	적색, 청색	보호 색상
7	흑색, 청색	청색, 적색	적색, 백색	백색, 흑색	나쁜 색상

3. 12신살 응용

① 제사 – 천살 방향에 제사음식 차려 놓는다.

② 침실 방문 – 장성살 방향을 피한다.

③ 점포문 – 육해살, 지살, 년살 방향의 문을 사용한다.

④ 종교적 물건 – 화개살 방향에 놓고, 천살 방향은 피한다.(천살 방위에 있으면 조상이 안 돌봄)

⑤ 학원 – 천살 방향으로 보낸다.

⑥ 열등생이 상급학교에 진학 – 월살 방향에 있는 학교 선택한다.

⑦ 흉기 – 재살 방향에 두면 안 된다.

⑧ 문패, 간판, 선전물, 차고 – 지살 방향에 둔다.

⑨ 노총각은 반안살 방향으로, 노처녀는 천살 방향으로 머리를 둔다.

⑩ 집, 고사 방향 – 망신살 방향으로 한다.(점포, 공부방, 침실 등)

⑪ 문 – 장성살 방향은 막혀 있어야 한다.

⑫ 아들 딸 낳는 법 – 부부 성교시 남편 나이 기준 반안살 방향이면 남자아이, 천살 방향에 머리두면 딸아이 잉태, 이때 장성살 방위에 방문 있으면 둔재 출생(천살 방에는 음기가 강하고 양기가 약함, 반안살 방에는 그 반대임.)

⑬ 금고, 카운터 – 반안살 방향에 둔다.

⑭ 이사방향 – 반안살 방향이 좋다.

⑮ 환자 – 반안살 방향이 빨리 낫는다.

⑯ 피신, 금전융통 ─ 반안살 방향으로 피하거나 반안살 방향에 거주하는 사람에게
　　부탁하면 좋다.

⑰ 피곤한 상대, 나를 괴롭히는 상대 ─ 재살 방향에 있다.

⑱ 조상 방향, 스승 방향, 선산 ─ 천살 방향에 모신다.

72

제자리에 있어야 얻어먹겠지?

[홍란실방, 문창귀인방, 귀인방]

Q 자녀들의 공부와 결혼은 부모에게 대단히 중요한 문제입니다. 풍수에서는 길한 방향을 알 수 있을까요?

A 하늘과 땅의 기가 거주자에게 각자 다르게 발현되는데 방향성에 의한 이기론에 의해 집의 방향에 따라 공부와 결혼에 좋은 방향이 있으므로 선용하는 지혜가 필요합니다. 노처녀, 노총각이 매력만점으로 성장 돕는 홍란실방향, 수험생 공부 증강·합격을 돕는 문창귀인방, 인덕이 생기는 귀인문향이 있다.

[홍란실방, 문창귀인방, 귀인방]

1. 홍란실방

집의방향	오	정	미	곤	신	경	유	신	술	건	해	임	자	계	축	간	인	갑	묘	을	진	손	사	병
홍란실	유	곤	신	정	미	병	오	손	사	을	진	갑	묘	간	인	계	축	임	자	건	해	신	무	경

2. 문창귀인방

집의방향	자	계	축	간	인	갑	묘	을	진	손	사	병	오	정	미	곤	신	경	유	신	술	건	해	임
문창귀인방위	진	손	사	병	오	정	미	곤	신	경	유	신	무	건	해	임	자	계	축	간	인	갑	묘	을

3. 귀인방(인덕 보는 향)

집방향	해	건	술	신(辛)	신(申)	곤	미	정	사	손	진	을	인	간	축	계
귀인문향	손사	갑묘	병오	간인	정미	계축	경유	건해	건해	경유	임자	곤신	계축	정미	갑묘	손사

73

잠잘 때 꿈만 꾸는 것이 아니고
운세도 바뀌겠지?

[침실]

Q 침실은 거실과 마찬가지로 중요합니까?

A 하루의 3분의 1 정도를 잠을 자는 등 휴식을 취하는 공간인 침실은 대단히 중요합니다. 수면시에는 인체의 기능이 휴식기이기 때문에 작은 흉도 인체에 큰 영향으로 다가올 수 있습니다. 수맥파가 있다면 가장 큰 영향을 미치는 시간대도 수면 때입니다. 따라서 침대에 수맥을 피하는 것은 제일 중요하며 타고난 오행에 의해 이기의 영향을 좋게 할 수도 있는데 형기적으로도 해가 없게 해야 합니다.

[침실에 대한 일반적인 기준]

1. 침실

① 조용하고 아늑하게 집안 식구들의 왕래가 적은 곳에

② 북, 북서방(집의 중심에서 보아)이 좋다.

③ 부부 사이가 시들해진 경우

　　→ 서방(남녀간의 즐거움, 쾌락, 소녀방)으로 침실을 옮긴다.

④ 북방 : 남자답게 만들어주는 운

　　사회활동에 적극적이며 그만큼 부의 축적 가능. 정력도 강해진다.

　　→ 화기애애, 원만해짐

⑤ 북서방 : 하늘, 아버지, 가장, 가장으로서의 권위, 상급자로서의 통솔력, 남편으로서의 구실, 가족 및 아랫사람으로부터 존경

⑥ 부부금슬에 흉하다.

　　→ 북, 서방에 화장실, 부엌 있으면 부부금슬이 나쁘다.

⑦ 바람기 ― 북, 서, 북서방에 욕실, 화장실, 주방, 푹 들어간 곳, 지하실

(정원 있는 집에서 → 북, 서, 북서방에 우물 있어도)

⑧ 북서방이 흉 → 이상한 종교에 빠지는 식구 있기도

⑨ 침실 한쪽에 둘만의 대화 가질 수 있는 공간 있으면 좋음.(가능하면 아침 햇살 드는 쪽)

⑩ 침실에 물건 많이 두면 흉하다. → 공기순환 원활해야(지기 막힘이 없어야)

⑪ 분홍빛 벽지는 애정을 넘치게 한다.

⑫ 빨강꽃이나 분홍색 꽃을 꽂아둔다.(조화는 안 됨)

2. 안방

① 남동 – 경우에 따라 이상적이지만 가능한 한 부엌이 좋다.

② 동 – 체질 약한 자녀방, 독서실

③ 남 – 안방 및 독서실로는 금물, 거실이 좋다.

④ 남서 – 예술가나 학자에게는 길상

⑤ 서 – 재산을 잃으며 심정이 불안

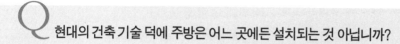

74

잘 먹어야 오래 살고 건강하다고?

[주방]

Q 현대의 건축 기술 덕에 주방은 어느 곳에든 설치되는 것 아닙니까?

A 풍수는 음양·오행의 기의 순환을 통해 인간에게 최적의 환경을 제공하는 환경경험학이라고 볼 수 있습니다. 부엌은 물과 불 그리고 바람이 만나는 장소에다 음식재료인 목과 토, 음식조리기구인 금이 만나는 오행의 만남의 장소이기도 합니다.

[주방의 위치와 팁]

문	북				북동				동			동남		
안방	북	동	남동	남	북동	남서	서	북서	동	동남	남	남동	북	동
부엌의 좋은 위치	동남 남 북	남 남동 북	동 동남 남	동 동남 남	남서	남서 북동 서 북서	남서 서 북서 북동	남서 북서 북동	북 동 남동 남	남동 북 동	남동	동	북 동 남동 남	북 동 남

문	남				남서				서				북서			
안방	남	북	남동	동	남서	서	북서	남동	서	북서	남서	북동	북서	북동	남서	서
부엌의 좋은 위치	북 동 남	동 남	북 동	북 동 남동	북동 북서 서 북서	서 북서 북동	서 북서 북동	남동 남서 서 북서	북동 남동 북서	북동 남서 서 북서	북동 북서	북동 남서 서	북동 남서 서	서 남서	북동 남서 서	북동 남서 남서

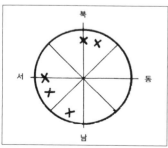

[그림134] 일반적인 부엌의 흉한 위치(×표)

2. 주방

① 최저 4평 이상이 필요

② 환기창은 남북으로 통하는 통풍을 고려해야(동서는 흉)

③ 사용도 편리도 고려(예, 냉장고 → 설거지대 → 조리대 → 개수대 순)

④ 주방 설치시 광선의 상태보다 통풍과 환기 설비 충분히.(타방이 조건이 좋은 곳에 다른 방을 설치하는 관계로 일반적으로 북방측에 설치하기 쉽다.)

⑤ 동쪽이 최상(위생, 건강면)

⑥ 서쪽 - 흉(석양이 강하게 비추고 음식의 색채와 음침하기 때문에 식사하는 사람에게 나쁘다.)

⑦ 북동쪽 - 귀문의 주방이다.(흉)

⑧ 남서쪽 - 햇빛이 잘 들어서 위생적으로는 좋으나 우리나라의 기류를 고려하면 통풍이 잘 되지 않기 때문에 흉하다. 가족이 병에 걸리기 쉬움.

⑨ 북서쪽 - 흉(주인의 운세에 나쁜 작용)

⑩ 남쪽 - 여름에 너무 덥고 운세상으로 낭비성이 많아짐

⑪ 북쪽 - 여름에는 굉장히 좋지만 겨울에는 북풍이 들어오기 때문에 그다지 탐탁치 않음.

⑫ 남동쪽 : 주방으로 적당하게 운수도 좋게 함.

⑬ 귀문방은 안 됨

　북동쪽 - 햇볕 안 듬(겨울엔 추워서 문 안 열고 닫고 지냄 → 기 부족, 유독가스 발생.

　남서쪽 - 햇빛이 잘 들어 기온이 높아져 요리재료 상함. 남서풍으로 인해 실내에 요리냄새와 연기가득, 화재발생 개연성

⑭ 귀문방 - 물에 관계되는 시설, 불결한 것을 쌓아두는 장소로 부적합

⑮ 서쪽 - 안 좋음

　오후에 햇살 쨍쨍, 여름엔 더함.

⑯ 적합한 장소 - 북, 북서, 동

⑰ 주방은 그 집안의 돈복을 좌우함

　청결, 밝은 조명, 좋은 방위로 돈 복 불러야

75

얼굴에 따라 인삼도 해롭다고?

[오행의 유형에 따른 영양음식]

 Q 오행의 유형에 따라 음식도 좋고 나쁜 것이 있습니까?

A 인삼이라 하더라도 자기와 맞지 않으면 오히려 해롭습니다. 인간도 다르고 땅도 다르고 음식도 모두 다른 것입니다. 하늘 아래서 자기와 맞는 것을 찾는 것도 지혜입니다. 생명의 근원인 음식도 자기 유형에 맞아야 합니다. 명당이더라도 자기와 맞지 않으면 발복이 되지 않는 것도 같은 이치입니다.

[오행의 유형에 따른 영양음식]

체질	목형	화형	토형	금형	수형	상화형	표준형
오행 유형	□	▽	□	○	△	◇	○
형태	얼굴 모양이 길조 좁은 직사각형	이마는 넓고 턱이 뾰족한 역삼각형	사각이 뚜렷한 사각형 얼굴	양파 같이 동그란 원형얼굴	턱이 넓고 이마가 좁은 삼각형	미릉골과 태양혈이 발달된 마름모형	좌우상하가 대칭인 계란형
장부	목/간장/담낭	화/심장/소장	토/비장/위장	금/폐장/대장	수/신장/방광	상화/심포/삼초	육장육부 동일(투명색)
지배 부위	간당 담낭의 지배부위 간장.담낭.간담경.대맥.눈.목.편도선.근육.눈.손.발톱.고관절	심장 소장의 지배부위 심장.소장.심소장경락.독맥.얼굴.혀.피.혈관.상완.주관절	비장 위장의 지배부위 비장.위장.위장경락장.충맥.입.입술.배.배통.유방.살.허벅지.무릎	폐장 대장의 지배부위 폐장.대장.폐.대장경락.임맥.코.피부 체모.맹장 가슴통.직장 항문.하완 손목	신장 방광의 지배부위 신장 방광 신,방광경락 양교맥 음교맥 귀 이빨 뼈 골수 머리털 생식기 자궁 허리 발목	심포장 심초부의 지배부위.심포장 삼초부 양음유맥 느낌 얼굴 표정 임파액 신경 손 어깨관절	전신을 지배
본래 성격	간담이 건강한 목형 성격 부드럽고 따	심소장이 건강한 화형 성격 예의바르고	비위장이 건강한 토형 성격 확실하고 철	폐대장이 건강한 금형 성격 의리가 있고	신방광이 건강한 수형 성격 참고 견디며	심포삼초가 건강한 상화형 성격	원만하고 모나지 않고 잘나지

체질		목형	화형	토형	금형	수형	상화형	표준형
본래 성격		뜻하고 온화하고 인자하다. 희망적이고 계획적이고 교육적이다.	명랑하고 화려하고 용감하다. 뜨겁고 정열적이며 확산한다.	저하며 신용 있고 배운대로 한다. 고지식하고 명령대로 시행한다.	리더쉽이 있으며 다스리기를 좋아하고 준법정신이 강하고 모범을 보인다.	인내심이 강하고 내성적이며 지혜롭고 연구한다.	다재다능하고 생명력이 강하고 초능력적이며 중재능력이 강하다.	도 않고 못나지도 않았으며 부자도 아니고 가난하지도 않은 보통사람임.
		간담이 허약할 때 영양음식	심소장이 허약할 때 영양음식	비위장이 허약할 때 영양음식	폐대장이 허약할 때 영양음식	신방광이 허약할 때 영양음식	심포삼초가 허약할 때 영양음식	
건강하게 하는 음식	6미	신맛, 고소한맛, 누린내맛	쓴맛, 단내(불내)나는 맛	단맛, 향내, 고란내 나는 맛	매운맛, 비린맛, 화한맛	짠맛, 꼬랑내, 지린내 나는 맛	떫은맛, 생내 나는 맛, 아린 맛	육미를 골고루 먹음
	곡식	귀리, 메밀, 밀 보리, 팥	수수	기장쌀, 피쌀	현미, 율무	콩, 서목태(쥐눈이콩)	옥수수, 녹두, 조	
	과일	귤, 딸기, 포도, 모과, 사과, 매실	살구, 은행, 자몽	참외, 호박, 대추, 감	배, 복숭아	밤, 수박	오이, 바나나, 토마토	
	채소	부추, 신김치, 깻잎	상추, 쑥갓, 샐러리, 씀바귀, 고들빼기, 영지, 익모초	고구마 줄기, 미나리, 시금치, 마	파, 마늘, 고추, 달래, 무, 양파, 배추	미역, 다시마, 김, 파래, 각종 해초류	콩나물, 고사리, 우엉, 버섯, 양배추, 우무, 아욱	
	육류	개, 닭, 계란, 동물의간	염소, 동물의 염통, 곱창, 피	소, 동물의 비장 위장 췌장	생선류, 물고기	돼지, 해삼, 젓갈류, 동물의 신장 방광 생식기	양고기, 오리고기, 오리알, 꿩	
	조미료	식초, 참기름, 들기름	술, 자장, 면실류	엿기름, 꿀, 설탕, 잼	고춧가루, 후추, 생강, 와사비	소금, 된장, 두부, 간장	된장, 캐첩, 마요네즈	
	차류	오미자차, 유자차, 오렌지쥬스	홍차, 녹차, 커피, 쑥차, 영지차	인삼차, 칡차, 식혜, 대추차	생강차, 율무차, 수정과	두향차, 두유	요구르트, 덩굴차, 로열젤리, 알로에, 화분	
	근과	땅콩, 들깨, 잣, 호도	더덕, 도라지	고구마, 칡, 연근	양파, 무릇	다시마, 미역	감자, 도토리, 당근	
	차 요법	오렌지쥬스 일 3잔정도 가감	커피 일 3잔정도 가감	흑설탕 일회3스푼 일 9밥스푼정도 가감	생강차 일회 2스푼 일 3잔정도 가감	두유+소금(1티스푼정도) 일3잔정도 가감	시지 않은 요구르트 일 3잔정도 가감	

[사상에 따른 영양 음식]

	태양인	소양인	태음인	소음인
육류	생선회, 조개, 굴	돼지고기, 오리, 굴, 해삼과 멍게, 자라, 거북이	쇠고기, 우유, 버터, 치즈	닭고기, 개고기, 양고기, 멸치, 조기, 뱀장어, 뱀, 미꾸라지
곡류	메밀, 쌀, 검은콩	보리, 현미, 녹두, 감자	밀, 마, 콩, 고구마	쌀, 찹쌀, 된장
과일	포도, 머루, 다래, 키위, 앵두, 모과	참외, 사과, 파인애플	견과류(땅콩, 호도, 은행, 율무, 잣, 해바라기씨), 배, 매실, 살구, 자두, 수박	복숭아, 망고, 대추야자, 귤, 오렌지
야채	모든 야채	오이, 상추, 우엉, 씀바귀	배추, 호박, 미나리, 당근	무, 양배추, 파, 양파, 마늘, 생강
약주	포도주	복분자주, 소주	맥주, 소주	백주(고량주, 소주)
차	모과차, 녹차	녹차	둥글레차, 칡차, 커피	생강차, 쌍화차, 유자차
보약	솔잎, 오가피	숙지황, 산수유	녹용, 웅담, 사향	인삼, 황기, 당귀
해로운 음식	태음인 음식	소음인 음식	태양인 음식	소양인 음식

76

음식 먹고 기를 먹으면 로또 될까?

[기와 음식]

Q 음식에도 음양오행의 기가 작용합니까?

A 풍수이론은 동양의 음양, 오행, 팔괘와 다 뿌리를 같이 합니다. 풍수에서는 땅의 '기' 를 보고 명당처에 정혈하며, 음식에서는 색깔에 의해 '기' 를 판별합니다. 음식에서 사람에 맞게 요리해야 하며, 보조음식조차 '기' 의 응집을 고려해야 합니다. 풍수에서도 상생의 용맥은 생기가 흐르고 있는 땅으로 보고 있습니다. 만물이 기가 아닌 것이 없습니다.

[기와 음식]

1. 건강을 위한 음식의 색깔 도표

오행	색깔	기관	맛	음식	악센트 색깔	건강효과	조리법
화	붉은색	심장	쓴맛	새우, 빨간 후추, 토마토, 바다가재	파란색, 초록색, 노란색, 주황색, 황금색	항암, 면역력, 혈관건강	소금간, 기름에 익히기 비타민과 무기질 항산화 효과 위해서는 날것으로
토	노란색, 주황색, 황갈색	비장	단맛	계란, 호박, 카레, 당근	빨간색, 흰색	심혈관계. 눈. 세포. 피부건강	기름에 익히고 식초 넣으면 비타민C 파괴억제 흡수율 60~70%로 높아짐
금	흰색	폐	자극적인맛	가리비, 달걀 흰자위, 생선, 닭	노란색,주황색,황갈색,검은색,짙은갈색	면역력, 뼈. 혈관건강	기름과 함께 볶으면 체내 잘 흡수
수	검은색, 짙은갈색	신장	짠맛	검은콩, 소고기, 양고기, 간장, 가지	흰색, 초록색, 파란색	심장. 뇌. 뼈건강	살짝 헹구고, 들기름 뿌려 몸에 흡수 잘됨, 물에 오래 담가두지 말 것(영양소 빠져나감)
목	초록색, 파란색	간장	신맛	완두콩, 파, 시금치, 샐러리, 양배추	검은색, 짙은 갈색, 빨간색	세포손상 방지, 눈. 혈액. 뼈건강	샐러드, 물에 살짝 데치기 (가열하면 영양소 파괴)

2. 색상, 색광에 의한 생리적 반응

① 밝은 난색계(백열전구, 난색광) : 소화작용과 자율신경계를 자극하여 공복감을 일으킴

② 부드러운 한색계(형광등, 한색등) : 소화작용도 부진하고 신경계를 둔화시킨다. 공복감을 저지함

③ 식욕에 대한 색상 반응

- 붉은 주황과 주황영역 : 가장 상쾌
- 노랑 주황 : 약간 저하
- 황록 : 최저로 떨어짐
- 녹색 · 파랑 : 상쾌(파랑은 직접 식품을 연상시키지 않지만 식품을 뛰어나게 돋보이게 함)
- 보라 : 저하
- 스펙트럼 단파장 말단 : 약간 회복
- 식당의 벽면색은 식욕에 큰 영향 : 흰 회반죽색 〉 오프 화이트색

77

화장실 가서 황천 가면 안 되지?

[화장실]

Q 화장실도 길방과 흉방이 있습니까?

A 화장실은 반드시 필요합니다. 그러나 위치가 잘못되면 사고사, 건강불량, 수술, 만성
병, 난치병이 생길 수 있으므로 주의를 해야 합니다. 8방의 중심선은 피해야 합니다.
황천으로 가면 안 되니 황천살방도 피해야 합니다.

〈수세식 변소의 방위〉

X : 흉한 방위

[그림135] 수세식 화장실의 방위

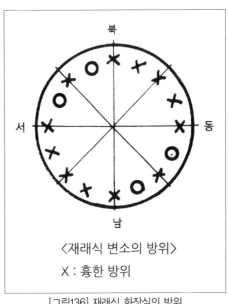

〈재래식 변소의 방위〉

X : 흉한 방위

[그림136] 재래식 화장실의 방위

1. 황천살방이 되는 화장실 위치

택향	북	북동	동	남동	남	남서	서	북서
황천살방	을진	간인	곤신	경유	건해	갑묘	손사	병오

(집의 중심에서 본 방향)

사고사, 불건강, 수술, 만성병, 난치병

2. 일반적 화장실 방위

① 북 – 차남, 차녀가 부모와 불화, 대체적으로 무난

② 북동 – 많이 사용, 두통, 교통사고 주의

③ 동 – 장남의 품위를 지키지 못하여 이남, 삼남이 가업 승계

④ 남동 – 대체로 양호, 회사 내 부정, 기밀 누설 조심

⑤ 남 – 송사가 끊이지 않고 하극상과 심장병 및 빈혈 등 발생 우려

⑥ 남서 – 자식 출산 지장, 주부 허영심과 도화살, 신경과민증, 안질, 두통의 질병 발생

⑦ 서 – 처자가 수절하지 못함. 신경성 부인병, 위장질환 빈번히 발생

⑧ 북서 – 재물 잃음, 자식이 불효, 가장 권위 상실, 도화살, 신경질환 발생

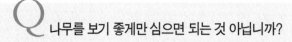

78

나무가 제자리에 서 있는데도 우리를 도와줄 수 있나요?

[나무]

Q 나무를 보기 좋게만 심으면 되는 것 아닙니까?

A 나무에도 기가 배출되며 나무의 오행성질에 따라 심는 위치가 있습니다. 전통이 있는 가문에서는 보기 좋다는 한 가지 이유만으로 아무렇게 나무를 심지 않습니다.

[풍수상 좋은 나무 및 심는 방위]

① 정원은 자연을 집에 불러들인 것으로 땅의 기의 소멸을 방지한다. 그러나 나무가 많아도 땅의 생기를 흡수하므로 사람의 생기 적음

② 나무가 침실 가까이 있으면 밤에는 인간에게 해로운 탄산가스를 배출하므로 창문이나 출입문을 통해 침실에 들어오면 수면 중에 사람에게 해롭다.

③ 나무간의 상극

아카시아 ↔ 소나무

향나무 ↔ 배나무(향나무에서 성장한 해충이 배나무에 옮기면 더 강력한 해충이 됨)

④ 집의 중심에서 보았을 때

간방, 곤방에 있는 거목은 좋지 않다.(관목은 괜찮음)

⑤ 큰 나무가 처마에 닿거나 대문 가까이 있으면 나쁘다.

⑥ 지붕 위의 마른 나뭇가지에는 귀신이 모여든다.

⑦ 집안에 장수목을 심는 것은 불가(집의 기와 사람의 기를 빼앗긴다)

⑧ 향나무를 담장을 따라서 심는 것이 좋으며 파초, 소철 등 음성식물은 한두 그루는 무방하나 많으면 좋지 않다.

⑨ 우물가 - 구기자나무(○), 오동나무(×)

⑩ 사철나무나 홰나무, 대추나무, 감나무, 대나무 등은 어디에 심어도 좋으며, 특히 홰나

무는 잡귀의 접근을 막아주는 수호목이라고 생각하여 집안에 많이 심고 있다.

⑪ 건방에 있는 일단 수십년간 그 자리에서 자라온 것이라면 비록 집 가까이 있다 할지라도 베서는 안 된다. (주인에게 변고가 생긴다고 여기기 때문이다)

⑫ 라일락, 장미 등의 방향성 화초목은 어디에 심든지 상관없이 좋은 영향을 미친다.

⑬ 거목이나 지금은 묘목이라도 나중에 키가 클 나무가 북쪽에 있으면 상속이 순조로운 집이 된다. (집의 터는 넓어야 하며, 담장은 통풍이 잘 되어야 한다)

⑭ 북쪽 담장에 홰나무가 쭉 늘어선 집은 － 길

⑮ 동쪽에 매화나무가 많은 집에서는 대문장가가 나올 가능성이 높으며, 또 이 방향의 거목은 흉하지만 관목은 무난하다.

⑯ 매화, 대추나무를 손방에 심으면 － 대길

오동나무나 뽕나무도 적당한 거리를 유지하면 좋다.

⑰ 좁은 정원에 침엽수나 플라타너스와 같은 활엽수가 있으면 햇빛을 가려 음침하게 되므로 채광상 큰나무는 어떤 나무이든 남쪽에 심으면 좋지 않다. 그러나 구기자, 대추, 목단, 작약, 매화등과 같은 나무들은 채광상 큰 영향이 없으므로 상관없다.

⑱ 서쪽은 해가 지는 쪽이므로 대체로 큰나무 － 길

따라서 느릅나무, 소나무, 떡갈나무 등은 대길, 대추나무, 석류나무도 무난

79

어느 향기에 취한 신선일까?

[나무의 기능과 향기의 영향]

 Q 양택에서는 정원이나 집주변의 나무식재에 관한 이론이 있습니다. 나무가 주는 이점
이 많습니까?

A 나무가 뿜어내는 음이온이나 향기가 건강을 지켜주고 수명을 연장할 뿐 아니라 인간
의 컨디션을 최고로 좋게 하므로 결과적으로 부부간의 사랑 및 최선의 선택을 통한 사
업번창에도 기여하는 중요한 고려사항입니다.

[나무의 기능과 향기의 영향]

1. 나무의 기능

〈나무에서 뿜는 피톤치드, 계곡에 많은 음이온〉

숲은 피톤치드, 햇볕, 산소, 음이온 등을 아낌없이 준다. 이 중 피톤치드는 나무가
뿜어내는 휘발성 물질이다. 주성분은 테르펜이다. '피톤치드는 심리적 안정을 주고
말초혈관을 안정시키며, 심폐 기능을 강화한다.' 또한 스트레스 호르몬을 줄여준다.

피톤치드를 더 많이 섭취하려면 집주위에 나무를 심는 노력도 필요하지만, 소나무,
잣나무, 전나무, 편백나무 등 침엽수 숲에 가는 것이 유리하다. 침엽수 숲은 ha(약
3000평)당 4kg, 활엽수 숲은 2kg의 피톤치드를 낸다. 계절적으론 여름과 봄에, 시간적
으론 오전 11시에 피톤치드 발산량이 가장 많다. 산꼭대기나 산 밑보다는 산 중턱, 잔
잔한 날보다는 바람 부는 날이 더 많이 나온다. 오전 산책이 좋다.

숲(특히 침엽수 숲)엔 신경 안정제로 통하는 음이온이 풍부하다. 음이온은 폭포, 냇
물 등 물이 흐르고 방울이 튀는 곳, 계곡 등 바람이 모이는 곳, 식물의 광합성이 활발
한 곳에서 많이 만들어진다. 음이온은 양이온을 상쇄해 자율신경을 진정시키고 혈액
순환을 돕는다.

'도시에서 공기 중 산소 비율은 20.9%인데 숲에선 이보다 1~2% 높다' 며 나뭇잎이
필터 역할을 해 오염물질을 걸러주므로 숲의 공기, 산소는 더 맑고 깨끗하다.

〈대기 중에 포함된 음이온의 양(개/㎤)과 인체에 필요한 양〉

• 도시 실내 30~70   • 도시 실외 80~150

• 교외 200~300   • 산과들 700~800

• 숲 1000~2200   • 인체에 필요한 양 700

〈숲이 인간에게 주는 선물〉

1) 피톤치드 : 면역성 제고, 마음 안정, 스트레스 감소

2) 간접광 : 직사광선을 차단하는 녹색 커튼

3) 비타민 D : 칼슘 흡수를 돕고 암예방

4) 세로토닌 : 행복 호르몬인 세로토닌 분비

5) 음이온 : 자연의 신경안정제

6) 산소 : 피부 호흡을 통해 피로해소, 두뇌활동 증진 등 기여

7) 자연의 소리 : 심신이완 효과

8) 생명력 : 위 7가지를 종합하여 생명력을 높여줌

2. 향기의 영향

향기	미치는 영향
장미향	영혼과 사랑의 감정을 강화한다.
라벤다향	침착하고 자기 표현을 쉽게 한다.
월계수향	통찰력과 영감을 불어 넣는다.
박하향	정신적으로 자극한다.
삼나무향	두려움을 줄인다.
페퍼민트향	창조성과 집중력을 높인다.
백단나무향	일체심과 지속성을 불러온다.
유칼리나무향	개방성과 투명성을 느끼게 한다.
제라늄향	수용성을 높이고, 안전함을 느끼게 한다.
포도향	되살아나게 하고, 밝아지게 한다.
자스민향	조화로움과 열망을 높인다.
일랑일랑향	행복감, 특히 성적 만족감을 높인다.

80

실내에 자연을 옮겨 오면?

[실내식물과 그 효과]

 풍수에서 비보물중 식물을 비보에 사용하는 이유는 무엇입니까?

 식물의 배치가 탁기를 생기로 만들기도 하며, 색에서 나오는 기가 오행의 순화를 가져 오기도 합니다. 일반인들은 식물에서 나오는 건강물질 때문에 식물을 더 선호합니다.

[실내식물과 그 효과]

1. 실내식물과 그 효과

① 공기 맑게, 오염물질 없애고 가습효과

영하의 찬바람에 창과 물을 닫고 한낮에도 난방을 켜야 하는 겨울철의 실내공기는 난방으로 건조해지고 환기를 자주 못해 탁해지는데 호흡기가 약한 아이들은 연방 기침을 하고 코를 훌쩍거린다. '식물은 천연공기정화 가습기' 다. 습도를 유지시켜 주고 포름알데히드, 벤젠 등 새집증후군과 아토피를 유발하는 휘발성 오염물질을 제거한다. 이산화탄소를 산소로 바꿔 맑은 공기를 제공한다. 식물은 암모니아를 제거하거나 음이온을 방출하는 등 종류에 따라 각기 다른 특성을 가지고 있다.

② 겨울철 실내 식물 어디에 놓으면 좋은가?(적합한 위치)

• 화장실, 욕실 : 관음죽, 테이블야자, 제라늄, 백문동, 스파더필룸

• 주방 : 스킨답서스, 산호수, 로즈메리, 라벤더, 페퍼민트(요리할 때 나오는 일산 화탄소를 정화하고 음식냄새를 없애줌)

• 침실 : 호접란, 선인장, 산세베리아(밤에도 산소를 내뿜어 편안한 수면을 도와줌)

• 공부방 : 팔손이나무, 필로덴드론, 파키라, 로즈메리(음이온을 방출하고 이산화 탄소를 잘 흡수해 두뇌활동과 기억력 향상에 도움)

• 베란다 : 시클라멘, 팔손이나무, 분화국화, 꽃베고니아, 허브류(미세먼지나 휩라 성 유해물질 흡수, 빛이 많아야 잘 자람)

- 거실 : 파키라, 인도고무나무, 해운목, 아레카야자, 피닉스야자, 보스턴고사리, 산세베리아(휘발성 유해물질을 흡수, 인테리어 측면에서 입이 넓고 키가 큰 식물이 잘 어울림)
③ 실내식물이 인체에 미치는 효과를 보면
- 공기중의 유해물질과 이산화탄소는 기공을 통해 식물에 흡수해서 공기정화
- 유해물질과 이산화탄소는 잎맥의 체관을 통해 줄기를 거쳐 뿌리로 이동하며 흙속 미생물에 의해 분해한 후 공기정화
- 정화된 산소화 습기는 기공을 통해 공기 중으로 배출된다.
- 두통 45%, 기침 40%, 새집증후군 30%, 기관지통증 30%, 안면피부건조 25%를 각각 감소시킨다.
④ 적당한 식물부피
- 공간 대비 2%다. 9.9㎡(3평)당 화분을 포함해 1m 높이인 식물 하나의 분량이다.
- 실내공간의 부피 대비 2%(면적 대비로는 5%)로 채워두는 것이 공기정화에 가장 적합하다.
- 2%일 때 식물을 들여놓지 않은 경우보다 포름알데히드와 톨루엔이 각각 50%, 60%씩 줄어든다.

2. 형기적으로 본 식물

① 집에서는 되도록 피해야 할 식물(뾰족한 식물)

모든 선인장, 마지나타, 산세베리아, 부채꼴야자수, 브롬멜리아, 파리지옥 등 각종 식충식물

② 집에 좋은 식물

스파티필럼, 디펜바키아, 인도고무나무, 아를라오네마, 스킨답서스, 에피프레넘(포토스), 싱고니움, 드라세나(행운목), 개운죽

3. 식물에 대한 의견 대립

산소배출, 공기정화 효과를 중시하느냐, 형상에서 나오는 기의 효과를 중시하느냐에 따라 의견이 대립하고 있으나, 정반합의 이론에 의한다면 형기적으로 부드러운 기운을 방출하면서 식물효과가 좋은 식물들을 선정하여야 한다.

81

나무와 놀면서 사람이 달라지다니?

[조경수]

Q 정원에 심는 나무에도 의미가 있나요?

A 예부터 식물에게도 상징성을 두고 의미가 남다른 식물은 주위에 두고 선비로서의 품격을 더하기도 했습니다. 상징성이 좋은 식물 곁에서 수련을 하기도 하였지요. 상징성을 고려하여 민속신앙, 도교사상, 불교사상, 유교사상, 서구사상의 이념 하에 조경처리를 하기도 합니다.

[식물의 상징 의미]

1. 화목 구등 품계(2개 의견)

등급	식물	품계	식물
1등	매화, 국화, 연꽃, 대나무	1품	소나무, 대나무, 연꽃, 국화, 매화
2등	모란, 작약, 파초, 해류(海柳)	2품	모란, 작약, 파초, 해류
3등	동백, 사계화, 종려, 만년송	3품	사계화, 월계화, 왜철쭉, 영산홍, 진송, 석류, 벽오동
4등	소철, 서향화, 포도, 귤	4품	작약, 서양화, 노송, 단풍, 수양버들, 동백
5등	석류, 복숭아, 해당화, 장미, 수양버들	5품	치자, 해당화, 장미, 진달래, 홍도, 벽도, 삼색도, 백두견, 파초, 금전화, 전추라
6등	진달래, 살구, 백일홍, 감나무, 오동나무	6품	백일홍, 홍철쭉, 홍두견, 두충나무
7등	배나무, 정향목, 목련, 앵두, 단풍	7품	자두, 살구나무, 빈장화, 목련, 향, 정향목
8등	무궁화, 석죽, 옥잠화, 봉선화, 두충나무	8품	촉규화, 산규화, 옥매, 산장화, 해바라기
9등	해바라기, 금잔화, 석창포, 회양목, 전추라 등	9품	옥잠화, 연교화, 초국화, 석죽화, 앵속각, 계관화, 무궁화, 개나리, 봉선화 등

2. 조경소재의 상징성

상징성	소재
지조, 절개, 고귀한 기상, 강직, 운치	매화, 난, 국화, 대나무, 소나무, 연꽃, 오동나무
부귀영화, 고귀	모란, 작약, 배롱, 계수, 오동, 닭, 원앙
자손번성, 무병	석류, 포도, 대우, 복숭아, 고추, 밤
무릉도원, 탈속, 초연	복숭아, 자두, 살구, 귤, 석류, 잣나무, 괴송, 거북
십장생	해, 산, 물, 돌, 구름, 소나무, 불로초, 거북학, 사슴
신선세계	주로 가짜산과 자연석으로 상징
벽사축귀	대나무, 노거수, 용, 봉황, 곰, 소
입신출세	연꽃, 맨드라미, 잉어, 닭
사계절 평안	장미
송구영신	매화, 수선화, 동백
군자, 순결, 초연세상	연꽃, 살구
태평성세	오동, 벽오동, 대나무, 봉황
학자, 무욕, 분수	회화나무
열정, 애정	동백, 앵두, 나비, 벌
우정	측백나무
부부금슬	자귀나무, 복숭아, 원앙
융성, 번성, 순결	무궁화
길상	소나무, 연꽃, 매화, 버드나무, 감나무, 백합, 이화, 갈대, 용, 호랑이, 봉황, 학, 백로, 꾀꼬리, 까치, 두견새, 갈매기, 기러기, 물놀이
효	잉어, 죽순, 부채, 거문고, 귤
공경, 화해	할미새, 산앵두나무
충	용, 잉어, 대나무, 새우, 대합, 거북
신	푸른새, 흰기러기, 서신
예	거북, 책, 살구꽃
염치	봉황, 소나무, 개
의	복숭아꽃, 물수리, 연
부끄러움	매화, 달
좌청룡	복숭아, 느티, 버들, 벽오동, 자두

상징성	소재
우백호	치자, 느릅, 석류, 산뽕
남주작	매화, 대추
북현무	벚, 능금, 살구, 진달래
주로 이용 10대 조경수 : 소나무, 대나무, 버드나무, 느티나무, 회화나무, 매화, 봉숭아, 자두, 살구, 모란	

3. 꽃말

식물·꽃	상징	식물·꽃	상징
갈대	불근신	비연초	변하기 쉬운 사랑
개나리	희망, 청초	빈틈나라	질투
거베라	애교	산당화	의욕
꽃창포	양보	셀비아	정력
과꽃	추억	수련	신비
국화	평화, 굳은 절개	스토크	영원한 아름다움
군자란	희망	시클라멘	질투
극락조화	영구불변	아네모네	비밀의 사랑
글라디올러스	젊음	아마릴리스	정열
금송화	반발	아이리스	기다림
금어초	고백	안개꽃	약속
금작화	겸손	어제일리어	사랑의 즐거움
금잔화	인내	연꽃	군자
나리	순결	오랑캐꽃	가난한 행복
나팔수선	자존심	옥잠화	소박
난초	절개	은방울꽃	행복한 기별
달리아	정열	장미	사랑
달맞이꽃	마법	제라늄	사기
도라지	따뜻한 애정	진저	헛수고
동백	자랑	창포	우아
라일락	연정	카네이션	어머니의 사랑

식물·꽃	상징	식물·꽃	상징
로베리아	정숙	칼라 릴리	이별
리아트리스	기다림	튜베로스	귀부인
매화	결백	튤립	밀회
모란	부귀	패랭이꽃	부인의 사랑
목련	우아	팬지	나를 사랑해 주세요
무궁화	일편단심	포인세티아	축복합니다
백일홍	꿈	프리지어	정숙
백합	순결	함박꽃	만남
봉선화	신경질	해바라기	믿음

82

정원에 있는 나무가 나에게 인사를 하다니?

[정원수와 화분]

 Q 정원수의 위치나 화분 위치에도 길흉이 있습니까?

A 어떤 경우는 위치나 숫자에 의해 길흉이 상반되기도 하므로 가급적 풍수이론을 따라 해로움을 피해 가는 지혜가 필요하다.

[정원수와 화분]

① 뒤뜰이 클 때 꽃나무로 단장하면 첩이 생기는데 그것도 미인으로 처와 첩을 두게 된다.

② 후원에 문이 있으면 처첩한 것을 모두 알게 되고 문이 없으면 비밀에 대주의 신선당이 된다.

③ 뒤뜰이 크면 첩이 생긴다는 속담과 같이 여는 재물이요, 그러니 재산이 그곳으로 갈라지지 않으면 주부의 힘이 쇠약중으로 일찍 죽는다.

④ 흉한 나무 : 수양버들, 오동나무, 가시나무, 모과나무를 심으면 각종 질병이 생긴다. 술해방에 3그루 심으면 아랫사람이 많다.

⑤ 넝쿨이 지는 나무는 일체 흉하다 : 등나무, 포도나무, 넝쿨장미 그 외 뻗어가는 나무를 심으면 가정이 불화하고 사업에 매사 실패인 데다가 파산한다.

⑥ 고목된 나무, 괴이하게 작품화된 나무는 해롭다.
   가정에 우환이 생기고, 크면 관재구설, 매사 불성, 각종 실패

⑦ 정원에 모든 수목이 어린 것을 심어서 집의 일층 키를 넘는 것은 불길

⑧ 대개 향나무를 운치 있게 가꾸는데 아름다운 것이다.
   지붕 높이 이상이면 해롭다.

⑨ 새집을 지으면 여러 가지 정원수를 많이 심는다.
   10년이 지나 20년 가까이 되면 나무숲이 져서 울창하다.

마치 깊은 산속을 들어온 좋은 기분이다. 이렇게 되면 그 집은 벌써 파산의 조짐이 보인다(비보 → 전부 뽑아 버리고 어린 나무로 새로 단장하면 화를 면한다)

⑩ 정원 둘레 변에 30㎝ 높이로 개천돌 또는 벽돌을 예쁘게 쌓고 드문드문하게 탐스러운 나무만 심는다.

⑪ 정원 중심둘레에 안에는 잔디만 심어야 한다.

⑫ 정원 내에 여기저기 나무를 심으면 재산이 손해나고 가정에 구설, 매사 불성이 생긴다.

⑬ 실내 난초는 모두 길하다 − 난초가 꽃을 피우면 집안에 큰 경사가 난다.

⑭ 화분에 나무가 적어야 좋은 것이다 − 너무 크고 말라 죽은 일이 있으면 집안이 구설에 휘말리고 발전이 없다.

⑮ 베란다의 화분도 개수가 5개 이하가 좋으며 꽃이 피면 집안 경사이다.

⑯ 사무실내에 화분은 천장 높이에 닿을 정도가 되면 − 시야에 장애가 크다.

⑰ 나무 중에 늘어지는 나무는 금물이다 − 사업발전에 장애가 온다.

⑱ 화분이 많아 이 구석 저 구석 많이 놓여 있는 것은 불길하다.

⑲ 나무 가지가 꼬여 있는 것 − 아주 불길하다. 되는 일을 막아 버리는 해를 본다.

⑳ 책상 위에 올려놓을 수 있는 화분이 가장 길하다.

㉑ 문 앞에 대추나무 2그루를 심으면 자손이 번창하고 길하다.

㉒ 모과나무는 일본에서는 정원수로 괜찮다고 하나 우리나라에서는 수분을 많이 빨아들이고 벼락을 끌어들여 피한다.

㉓ 홰나무, 향나무는 담장에 심으면 잡귀를 막아주는 수호목으로 좋다.

㉔ 복숭아나무는 집안에 있으면 제사를 지낼 때 조상들이 무서워서 집안으로 들어오지 못한다고 믿어서 피했다.
   요염한 복숭아색이 여자의 음기를 자극해 바람 날 우려가 있어 우물가에 심는 것은 피해야 한다.

㉕ 단풍나무를 집안에 심으면 질병이 나거나 가운이 쇠퇴한다.

㉖ 수양버들은 늘어선 가지가 상을 당해 머리를 풀어 헤친 여인을 연상시키므로 버들은 하늘거리는 모습이 요염한 여자의 허리를 닮아 피한다.

㉗ 대나무를 문 앞에 심으면 화를 당한다.
   그러나 서쪽에 있으면 재물이 늘어나고 북쪽에 있으면 겨울에 북풍을 막아서 좋다.

㉘ 소나무 아래에는 물이 적으므로 뱀이나 곤충이 없다.

㉙ 은행나무는 문묘나 향교, 학교, 사찰의 경내에 심는데 하늘의 뜻을 내리는 신목으로 여긴다.

㉚ 집안에는 집을 감싸는 큰 나무, 가지가 처지는 나무, 뿌리가 많은 나무, 단풍나무 등 도 피한다.

83

여자가 화장하니 클레오파트라가 되어 있네?

[색채의 의미]

 Q 색채에도 기가 있다면 방출되는 기의 내용도 다르겠네요?

A 색채와 인간과의 관계이므로 인간이 느끼는 기가 색채의 기가 된다고 볼 수 있습니다. 사실 빨강을 보면 장미, 혈액, 태양 등을 떠올리며 그 이미지로써 사안을 느끼지 않습니까?

[색채와 의미]

황금	파랑	보라	갈색	검정	흰색	빨강	핑크	오렌지	녹색	노랑	주황
부	상상	직관	군건함	강함	순수	열정	사랑	열중	조화	낙관	행복
지혜	고요	헌신	따뜻함	우아함	순결	용기	달콤함	기쁨	시작	집중	집중
고급	평온	공경	실용	보호	신념	힘	끌어올림	풍부	번영	소통	지성
풍요	이완	평화	근면	세련	자비	부	행복	상호작용	자연	햇빛	배신
섬광	자애	영성	신뢰	지식	정직	동기	부드러움	놀이	성장	영감	기쁨
영향력	대양	지각	인내	기만	품위	명성	매력	용기	치유	충실	정력
과시	영성	냉기	안정	신비	시작	번영	순수	괴로움	비옥	깨우침	인기
정점	묵상	어둠	우아	독립	차가움	따뜻함	연애	전진	휴식	지성	거만
신성	신비	그늘	우울	음모	무기력	자극	결혼	열	낙관	이성	숭고
정의	인내	고독	노화	힘	완고	분노		사교	자유	결단력	고전
행복	신뢰	절망	원만	유혹	재충전	수치		협력	균형	약삭빠름	슬픔
운수대통	충성	고귀		죽음		증오		건강	시기	과장	
장엄	안정	미지		어둠		승부		우정	기만	엄격함	
신비	의심			악		판단력	행운		희망		
소극	우울증			현상유지		이성			안정		
높은이상	집중			비밀		태양			관용		
넉넉	냉정			신뢰		행복			건강		

황금	파랑	보라	갈색	검정	흰색	빨강	핑크	오렌지	녹색	노랑	주황
위엄	지식			지혜		남성적			유대		
낭비	이완			끝					신성		
높은식견	과거			지원					정의		
긍지	침묵								신비		
	고독										
	피로										
	자유										

84

매력적으로 보여 유혹해 볼까?

[목적에 적합한 색]

 Q 목적에 적합한 색깔이 있을 수 있습니까?

A 색에도 고유한 파장이 있습니다. 다만 눈에 보이지 않을 뿐입니다. 그래서 어떤 색을 보고 나면 기분이 좋고, 어떤 꽃은 활력을 가져다 주기도 하는데 이는 색에서 나오는 기의 영향이라 봅니다.

[목적에 필요한 색상]

목적(이미지)	색상
자살방지	초록색, 밝은색, 검은색
기 고양	강렬한 핑크색, 초록, 레몬색
결혼, 항복	분홍
인내심	엷은 파란색, 빨간색, 황갈색, 커피색, 갈색
매력	분홍색
행복	초록색, 분홍색, 엷은 파란색
창의력	흰색, 검은색, 초록색
명성	빨간색
부	초록색, 빨간색, 보라색, 검은색
통찰력, 지혜상징	회색, 초록색 또는 짙은 초록색, 흰색에 검은색
자애심	초록색, 파란색, 검은색, 빨간색
지능	검은색, 초록색, 파란색
성실	노란색과 흰색
애교	살색 계통
보호	검은색과 흰색, 검은색
시험(정신활동)	검은색, 검은색과 초록색, 짙은 초록색
체격	빨간색, 초록색

목적(이미지)	색상
난폭함의 치유	초록색과 밝은 파란색 또는 흰색과 검은색 그리고 초록색의 혼합색
활달	초록색, 빨간색, 보라색
양심적 이미지	주황색
혁신적 이미지	애플그린
낙천적 이미지	청록색
타인 부양적 이미지	갈색
개성적 이미지	흰색
명예적 이미지	은색
물질적 이미지	금색
창조적 이미지	밝은 파랑색
이상주의적 이미지	민트그린
감정적 이미지	밤색
커뮤니케이션적 이미지	노랑색
타인 보호적 이미지	검정색

85

낯빛을 보고 건강을 알다니, 기인인가?

[색깔과 건강, 옷, 주파수 등]

Q 색깔에도 기의 작용이 있고, 형태와 마찬가지로 많은 길흉을 가져옵니까?

A 기업이나 국기, 상징물 등에도 색깔을 통해 특정한 이미지 즉 기를 전달합니다. 인류가 창조된 이래 인간 두뇌에 각인되어 유전자 인자로 구성된 색깔의 기를 활용하는 것은 큰 지혜입니다. 하늘을 거부해도 엄연히 하늘이 존재하는 것과 같이 무조건 거부하지 말고 그 의미를 적절히 이용해 행복의 문에 다가가야 합니다.

[색깔과 건강, 옷, 주파수 등]

1. 낯빛에 드러나는 운명

① 심장 : 맥박

폐 : 피부색

간장 : 근육

비장 : 살색

신장 : 뼈에 연결되어 있음

② 피부색 : 창백하고 마른 뼈의 색깔 → 호흡기에 문제

③ 속살 : 누른색(피부의 근육 색깔과 다름) → 비장에 문제

④ 속살 : 게의 배처럼 맑게 노란 → 건강

⑤ 혀나 눈의 흰자위가 노랗게 변하면 → 쓸개에 문제

⑥ 코의 색깔이 빨갛게 변함 → 죽음이나 폐의 질환

⑦ 눈 밑이 검게 변함 → 신장에 문제

2. 오행의 색깔을 이용한 치유

① 몽유가, 정신이 산만한 사람 : 현실에 기반을 둔 삶을 살아가도록 목의 초록색이나

옅은 파란색 옷을 입게 한다.

② 몽유병자 : 침실 천장에 초록색이나 옅은 초록색을 입혀 이곳이 자신의 터전이라는 사실을 주지시킨다.

③ 누군가 휴식이나 여유를 갖고 싶다면 – 초록색

④ 너무 활동적인 사람 : 베이지색이나 파스텔톤처럼 옅게 퍼지는 느낌의 색깔을 통해 왕성한 기운을 조절해 준다.

⑤ 심기증(心氣症, 기가 몸 전체에 흐르지 못하고 딱딱하게 굳어서 생기는 병) : 무지개색의 옷

⑥ 만성적 우울증, 항상 불행하다는 생각으로 인해 고통을 겪는 사람 – 봄을 상징하는 푸른 사과 빛이나 붉은색을 띤 보라색을 사용하여 어두운 외관과 기를 밝게 해주어야 한다.

⑦ 편집증이 있는 사람 : 머릿속에서 기가 너무 빠르게 움직이기 때문에 노란색이나 갈색의 토색을 이용하여 기의 흐름을 안정화 시켜야, 명석함과 지혜를 상징하는 수의 검은색도 편집증세를 완화시킨다.

⑧ 감정과 생각이 순간마다 바뀌는 사람(음양의 균형이 불안정) : 토의 노란색, 베이지색, 갈색

⑨ 편향된 기를 지닌 사람 : 쉽게 신뢰가 가지 않고 진실성이 없다. 습관적으로 겉꾸밈을 반복하는 사람은 짙은 빨간색을 사용하여 왜곡된 습성을 바로 잡아야 한다.

⑩ 터무니없는 말을 자주 하여 경우가 없어 보이는 사람 : 정중한 언행을 길러주는 빨간색 활용

⑪ 이상한 말과 행동으로 인해 다른 사람과 어울리지 못하는 성격이 모난 사람 : 공정하고 바른 성품을 함양해 주는 흰색

3. 목표달성에 도움이 되는 색깔

① 정신 산만 : 검은색, 노란색, 흰색 옷으로 기의 향상과 정신집중(빨간색 : 주의 분산)

② 작업능률 향상 : 화려한 색깔의 옷이나 넥타이, 붉은색이나 초록색 계통의 장식물(흰색, 검은색과 같은 내향적인 색깔은 작업능률 저하시킴)

③ 사람의 호응 : 복숭아색이나 무지개빛 옷 착용

④ 정신의 각성이나 영감 : 여러 색깔의 옷을 입거나, 파란색과 빨간색 또는 보라색 계통의 액세서리를 사용

⑤ 다이어트 : 흰색 — 실제보다 더 크게 보인다. 흰색은 쉽게 때가 타기 때문에 식생활습관에 항상 주의하고 음식 앞에서 조심하게 만든다.

⑥ 여배우가 행운을 원하면 : 명성에 상응하는 빨간색

⑦ 투자자 : 부에 해당하는 파란색과 초록색, 빨간색 또는 보라색이 좋다
지갑에 가장 좋은 색깔은 금전운을 상징하는 수의 검은색이다. 흰색과 파란색 초록색 역시 무난하다. 오행의 상생주기에서 금(흰색)은 수(검은색)를 생성하고 수는 목(초록색 or 파란색)을 생성하기 때문

⑧ 창의성 높임 : 흰색, 초록색, 검은색

⑨ 신경이 예민한 사람을 안정 : 짙은 초록색

⑩ 위의 통증을 가라앉힘 : 빨간색, 노란색

4.색깔과 인간관계

① 우정, 국기에 대한 충성심 : 정의를 상징하는 금의 흰색으로 강화

② 부부간의 신뢰 : 토의 색깔이자 확고한 믿음을 상징하는 흰색과 노란색
→ 흰색과 노란색 옷을 즐겨 입는 사람은 바람을 피우지 않는다.

③ 결혼생활에 어려움 : 빨간색

④ 매력적으로 보이고 싶다면 : 살색을 띤 분홍색 옷이나 란제리같이 매끄럽고 반짝이는 옷을 입는다. (살색 계통의 색깔은 어떤 종류의 옷이라도 신비스럽고 매혹적인 느낌이 들게 만들어 전혀 다른 사람처럼 보이게 할 것이다.)

5. 나이에 따른 색깔

가. 어린이 색 (유치원 – 초등학교)

① 무지개색 : 모든 덕목을 함양할 수 있는 여건 형성

② 빨간색 : 10대의 경우 이성의 힘을 높인다.

③ 검은색 : 10대의 경우 지혜를 높인다.

④ 초록색 : 10대의 경우 너그러운 마음을 길러준다

⑤ 무지개색깔, 육진색 : 정신에 있어 질적 성장 시기

⑥ 빨간, 초록 : 육체의 성장시기에 활동

⑦ 호전적이며 거친 성격 완화
- 푸른 사과색, 엷은 파란색
- 짙은 초록색(너그러운 마음 상징)
- 흰색과 검은색과 초록색을 혼합한 색

⑧ 학습이 더딘 어린이 : 흰색(지능 계발), 검은색

⑨ 정신적 성장이 더딘 어린이 : 초록색, 파란색

⑩ 빨간색 : 불같은 열정

⑪ 검은색, 갈색 : 주위가 산만한 어린이의 기질을 차분히 가라앉혀 성실하고 바른 자세를 길러준다.

⑫ 노란색 : 평범한 어린이에게 성실과 명예, 정직을 함양

⑬ 폐의 활발한 운동이 필요한 어린이 : 초록색(봄상징), 파란색 그러나 검은색은 피해야 함(너무 차갑고 심각한 느낌을 주기 때문 → 추위를 느끼면 천식 심해짐 (천식 : 기가 원활히 흐르지 못하고 그 흐름이 계속 단절됨) → 빨간색도 좋음

⑭ 흰색 : 말을 배우는 어린이가 정확한 발음을 구사할 수 있도록 도와줌

⑮ 검정색 : 진지한 태도를 길러주어 어린이가 말을 삼가는 법을 알게 한다.

나. 청년
- 초록색 : 안정감, 너그러운 마음을 길러 줌
- 빨간색 : 이성을 발달시켜 줌
- 검은색 : 지혜 함양

다. 중년
- 초록색 : 그간의 경력이 더욱 빛을 발하게 함
- 빨간색 : 판단력 높임
- 검은색 : 신뢰, 성실기반 탄탄히 함

라. 노년
- 흰색 : 풍부한 감정을 길러 줌

- 초록색 : 희망 상징
- 검은색 : 지혜 함양

  (성격이 형성되고 지혜가 발달하기 시작하는 어린이는 색깔은 더없이 중요함)

6. 옷과 색깔

① 커피(茶)색과 옷

- 차색 : 대지의 색, 창조, 재생의 색(현재 직장에 불만족한 사람일 확률이 높음)

  → 금융계통, 교직자에게는 부적합한 색
- 회담을 전문적으로 하는 자에게는 부적합한 색

  따라서 안정된 색을 택해야 함.

② 블루색 옷

- 전통옷에서는 고품위, 선비들이 즐겨 입던 색
- 협조의 색, 친밀감 줌

③ 베이지색 옷

- 자기가 자신이 없을 때, 무엇인가 도전하고자 할 때 잘 선택됨
- 직원들의 유니폼이 이 색이면 영업이 부진하여 고전하고 있다는 인상을 줌
- 하는 일마다 잘 안 되고 부채만 늘어나는가 하면, 주주는 나름대로 돈을 빼내는 일이 발생하게 된다.

④ 핑크색 옷

- 부드러움, 사랑스러움을 나타냄
- 운동선수들이 팬티도 핑크색을 선택하면 시합에서 확실히 승리
- 사랑의 운수대통할 수 있게 해 줌 → 사무실 근무자나 기타 총각, 운동선수들이 선호하는 색

⑤ 검정색 옷

- 어느 누구에게나 잘 어울리는 색으로 본심이 감춰져 버리는 색
- 기획계통 업무자는 부적합한 양복 색
- 인테리어 장식에 검은색을 쓰면 고급스러운 분위기가 나므로 안정을 요하거나 깔끔한 면을 보이려면 검정색이 좋음
- 적색, 황색 계통의 넥타이와 궁합이 맞다.

- 여성 옷 검정 : 한결 품격을 강조하게 되고 격조 있는 사무실 풍수 연출

⑥ 백색 옷

- 순수함
- 여자가 흰색 옷 : 임자가 없고 순수하다는 의미 전달, 그러므로 좋은 친구를 찾을 수 있다.
- 회사원이 흰색 블라우스를 입고 안내한다든가 또는 사무실에서 일하게 되면 → 풍수 Power up
- 세일즈맨, 세일즈우먼이 흰색 옷 입고 거래처 방문하면 청결감을 주나 약간 주의 필요(흰옷은 순수함과 좋은 친구를 구하는 빈 마음을 나타내는 옷 색이므로)

⑦ 적색 옷

- 자신을 나타내고 싶을 때
- 자기 주장을 하고자 할 때
- 동쪽이나 남쪽에 스탠드를 켜두면 power up

⑧ 황색 옷

- 돈 운을 상승시키려고 할 때
- 일이 더 이상 진전 없이 꽉 막혀 있을 때 주로 입는다.
- 남 : 윗도리 정도, 여 : 상하의 같은 색 선호
- 이익을 많이 올리고자 희망할 때 황색 옷을 입으면 운수대통
  (만약 황색 옷을 입지 않을 시 책상 좌측에 황색 물건을 놓아두기도)

7. 인체 에너지장의 색깔과 주파수

색깔	주파수, Hz
파란색	250/275~1200
노란색	500~700
초록색	250~475
주황색	950~1050
빨간색	1000~1200
흰색	1100~2000
보라색	1000~2000, 일부는 300~400, 600~800

86

색으로 병을 고쳐 볼까?

[질병과 치료색]

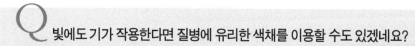

Q 빛에도 기가 작용한다면 질병에 유리한 색채를 이용할 수도 있겠네요?

A 색의 치료효과에 대해서는 연구가 많이 진행된 것으로 압니다. 풍수의 기작용을 이용하는 것인데, 일반인들은 이를 풍수영역에 속한다고 보지 않기 때문에 거부감 없이 이용합니다. 풍수란 경험과학이므로 종교적인 시각에서만 보아 무조건 배척하는 우를 범해서는 안 된다고 봅니다.

[질병과 치료 색깔]

질병	치료 색깔
(수와 연결) 독감	빨강, 파랑, 초록
신장	검은색, 흰색, 초록색
편식	흰색(균형 잡아줌)
메스꺼움	초록색
몽유병	초록색, 엷은 초록색
복통	노란색이나 빨간색
만성 우울증	푸른 사과색, 붉은 빛의 보라색
두통	초록색, 분홍색(흰색, 회색 조력자 운조정)
심기증	무지개색
자살충동	초록색이나 빨간색
비만	흰색
고혈압	검은색, 흰색, 엷은 파란색, 또는 엷은 초록색. 단, 빨간색은 피해야 한다.
인후염(화가 많이 발생)	검은색, 엷은 녹청색 또는 초록색
안면경련(마음의 여유 필요)	흰색이나 초록색
어린이 질병면역	빨강, 보라, 분홍
신경통	파란색
중풍	머리-파란색, 마비된 부위-노란색, 척추-노란색, 명치-붉은색

질병	치료 색깔
좌골신경통	장딴지 및 기타통증—파란색, 요추—파란색, 노란색
눈의 염증	파란색
암	긴장과 통증 풀어주기 위해서는 초록색, 치료를 시작할 때와 마칠 때 초록색
구토, 치통	남색
기억력 감퇴	노란색
가슴앓이	담황색
남성발기불능, 여성불감증	자홍색
관절염	빨간색, 파란색
변비	노란색
늑막염	파란색

87

입은 것을 보니 나와 천생연분인가?

[색의 메시지와 매칭되는 남녀 선호색]

Q 사람간의 관계에서도 색이 중요한 교량역할을 한다고 하는데 색이 주는 메시지 때문인가요? 기의 교류 때문인가요?

A 기의 교류가 즉 색이 주는 메시지의 교류입니다. 인물의 특성에 따라 좋아하는 색이 각자 있고, 남녀 간에도 선호하는 색이 있어 선호하는 색의 옷을 입은 사람은 자기도 모르게 좋아할 확률이 높습니다. 색의 선호 정도에서도 상생상극의 원리와 삼합 등의 원리가 적용되고 있습니다. 인간사 파악과 풍수에서 기의 중요성이 동일합니다.

[색의 메시지와 매칭되는 남성 여성색]

색	인물의 특징	주요 메시지
빨강	활동적	나를 보이고 싶다. 몸과 마음이 모두 건강하다.
핑크	애정적	사랑을 그리워하고 있다.
마룬(밤색)	감정적	흥미로운 일을 찾고 있다.
주황	양심적	목표를 달성하고 싶다.
피치(분홍)	관대적	도움이 되어주고 싶다(관대하고 친절하다)
노랑	커뮤니케이션적	이야기 상대가 필요하다. 참가하고 싶다.
민트그린	이상주의적	실천적이고 안정적이다. 내 생활을 조화롭게 만들고 싶다.
애플그린	현실적	도전하고 싶다. 앞서고 싶다.
녹색	자비적	도움이 되고 싶다.
청록	낙천적	다른 사람을 믿고 있다.
밝은 파랑	창조적	나는 분석력이 있다.
진한 파랑	지능적	위대한 인물이나 의사 결정자가 되고 싶다.
등나무색	직관적	직관력이 있지만 위로가 필요하다.
붉은 보라	감수적	나의 뛰어남을 다른 사람에게 인정받고 싶다.
갈색	타인부양적	나는 일을 잘 하고 내 일이 좋다.
검정	타인보호적	무엇을 할지 명령받고 싶지 않다. 내가 제일 잘 알고 있다.

색	인물의 특징	주요 메시지
흰색	개성적	나 혼자 살고 싶다. 사람들 속에서도 내 공간이 필요하다.
회색	소극적	남에게 얽히고 싶지 않다.
은색	명예적	나는 낭만적이다. 나는 뛰어나다고 생각하고 싶다.
금색	물질적	돈과 권력 모든 것을 갖고 싶다. 최고로 군림하고 싶다.

2. 남성이 좋아하는 색과 이상적인 커플

남성이 좋아하는 색	이상적인 여성 커플(매칭되는 여성이 좋아하는 색)
빨강	활발하고 다정한 여성(흰색)
핑크	엄마 같은 타입, 또는 자기를 공주처럼 생각하는 여성(녹색, 회색)
마룬(밤색)	즐기기 좋아하고 진지하지 않은 여성
주황	독립심이 강한 여성(회색)
피치(분홍)	배려심 있고 사교적인 여성(보라)
노랑	사교적이고 이야기를 좋아하는 여성(보라)
민트그린	이상주의자로 믿을 수 있는 여성
애플그린	도발적이고 늘 새로운 타입의 여성
녹색	건강을 신경 쓰며 심신을 편안하게 해 주는 여성(베이지색)
청록	정신적으로 도움을 주는 여성
밝은 파랑	예술가 내지는 예술적 성향의 여성(빨강, 흰색)
진한 파랑	경영자(흰색)
등나무색	직관력이 있고 정신적인 파트너의 여성
보라색	감성이 풍부한 여성(노랑, 검정)
갈색	건실하고 현실적 도움이 되는 여성
검정	스스로가 너무 강해 파트너 여성은 필요 없음(핑크색)
흰색	독립심이 강한 외로운 여성(빨강, 파랑, 적보라, 흰색)
회색	온순하게 복종하며 명쾌한 여성(핑크색)
은색	낭만적이고 신뢰할 만한 여성
금색	스스로 목적을 달성하고 성공한 여성(녹색)

3. 여성이 좋아하는 색과 이상적인 커플

여성이 좋아하는 색	이상적인 남성 커플(매칭되는 남성이 좋아하는 색)
빨강	성격, 인물, 사상이 현실적이고 허황되지 않은 남성(파랑, 흰색)
핑크	아버지나 아이 같은 남성(회색, 검정)
마룬(밤색)	자기 멋대로인 타입이지만 즐거움을 주는 남성
주황	기획 주최자, 건설 담당자 등 직장관련 남성(베이지색)
피치(분홍)	늘 친절하고 신경 써주는 부드러운 남성
노랑	사이 좋은 친구, 신뢰가 가는 남성(보라)
민트그린	치료 전문가, 개업의사
애플그린	늘 새로운 파트너, 파트너가 바뀐다.
녹색	의료 파트너, 인도주의적인 남성(핑크)
청록	독립적이고 정신적인 도움이 되는 남성
밝은 파랑	예술가, 창작 활동의 남성(흰색)
진한 파랑	일이나 경영의 파트너
등나무색	당신의 감성에 민감한 남성
보라색	목사나 정신적인 파트너(노랑)
갈색	견실하고 지원해 주면서 지켜주는 남성
검정	스스로 강해서 파트너는 필요 없음
흰색	한 마리의 여우이므로 파트너는 필요 없다(흰색, 빨강)
회색	당신을 지원하고 얌전하게 옷을 입는 남성(주황, 핑크)
은색	중세의 기사 같은 남성(녹색)
금색	부유한 남성(녹색, 파랑)

88

바람과 놀면서 사랑과 결혼운도 바꿔 볼까?
[사랑과 결혼운을 부르는 풍수]

Q 사랑과 결혼 운을 부르는 풍수가 있을까요?

A 사람은 누구나 행복을 꿈꾼다. 태어난 후 자기의 의지로 선택하는 학교, 직업, 결혼이 인생의 행복을 결정하는 3대 요소다. 서구 학문의 영향으로 동양의 지혜를 무시하거나 소홀히 하는 세태가 현재의 모습이다. 분명 풍수적인 위치와 색깔 등을 통해 사랑운과 결혼운을 누구나 좋게 할 수 있으므로 실천하여 행복한 인생을 영위해야 할 의무가 있다.

[사랑, 결혼운을 부르는 풍수]

1. 양택에서 풍수의 생기를 제대로 받으려면
① 국세가 좋은 지역을 찾는다.
② 길상의 택지와 주택이면서 좌향이 좋은 집을 구한다.
③ 동서사택이 맞는 집을 찾는다.
④ 수맥을 피한다.
⑤ 가구, 침대 등을 제 방위에 둔다.
⑥ 전등, 벽지, 이불 등의 소재와 색상을 거주자가 원하는 소원에 적합하게 한다.
⑦ 거주자에게 운세가 들어오게 앉는 방향, 잠자는 방향을 잡는다.
⑧ 제대로 된 자리에서 좋은 기를 만들어 내어 이용한다.
⑨ 외출 시에는 적합한 옷을 입고 언행을 한다. 그러나 이상의 것을 모두 구비하기에는 현대의 문명이 허락지 않기 때문에 자기의 처지에 맞게 개선 가능한 방법을 채용할 수밖에 없다.

2. 서쪽 방위, 동남 방위에 있는 방에 거주한다.
만약 이 방위에 있는 방이 여의치 않으면 차선책으로 머리 방향이라도 위의 방향으로 둔다.

3. 홍란실 방위의 방에 거주한다.

이 방위에 거주하여 매력이 있는 남녀로 성장하여 사랑과 결혼운에 접근한다.

4. 문을 열고 들어갔을 때 오른쪽 대각선 방위에 침대를 둔다. 직충의 염려가 있을 때는 방향을 바꾼다.

5. 머리 방향을 뱀·닭·소띠는 북서쪽으로, 원숭이·쥐·용띠는 북동쪽으로, 호랑이·말·개띠는 남서쪽으로, 돼지·토끼·양띠는 동남쪽으로 둔다.

6. 기타

① 연애를 원하면 손수건 2개를 가지고 다닌다.

② 핑크색 옷을 입으면 사랑이 열린다.

③ 옷 색깔에 매일 변화를 준다. 옷은 그대로 두고 스카프 등 소품으로 변화를 주어도 된다.

④ 매력적으로 보이고 싶으면 신비스럽고 매혹적인 느낌을 주는 살색을 띤 분홍색이면서 란제리처럼 매끄럽고 반짝이는 옷을 입는다.

⑤ 이성의 눈길을 받고 싶다면 방 한가운데서 문을 향해서 볼 때 원숭이, 쥐, 용띠는 서쪽에, 뱀, 닭, 소띠는 남쪽에, 범, 말, 개띠는 동쪽에, 돼지, 토끼, 양띠는 북쪽에 물을 가득 채운 꽃병을 놓고 싱싱한 꽃을 꽂아둔다.

⑥ 여성이 가장 매혹적으로 보이는 노출수위는 40%다.(무릎 위까지 내려오는 민소매 드레스 수준, 만약 노출이 50% 이상이면 지나친 노출로 바람기 있는 여자라는 오해를 줄 수 있어 오히려 남자로부터 접근이 떨어짐.)

⑦ 문에서 봤을 때 오른쪽 대각선 방위에 사랑하는 사람이나 이상형의 사진이나 문구를 둔다.

⑧ 옷장이나 화장대를 서쪽 방위에 둔다

⑨ 커텐이나 카펫을 따뜻한 색으로 한다.

⑩ 복장, 장식품은 녹색, 분홍색, 연한 적색, 푸른색 계통이 좋다.(빨간 원피스도 좋음)

⑪ 프로포즈 받고 싶을 땐 북쪽 방위에 선다.

⑫ 화장실, 욕실, 방을 항상 정리정돈하고 자주 환기한다.

⑬ 전화는 동쪽이나 남쪽에 둔다.

⑭ 침구는 밝은 색으로 한다.

⑮ 외출하려면 서쪽으로 하고 개출구도 서쪽 방향의 개찰구를 이용한다.

⑯ 전화는 기가 충만한, 상대가 쉬는 휴일의 오전 중에 한다.

⑰ 오전보다 오후에 항상 노래를 흥얼거린다.

⑱ 검은색은 여성적 매력을 발산하는 실연의 의미도 포함하고 있으나 가급적 밝은 색으로 입는다.

⑲ 전화 전, 데이트 전에 눈을 감고 가슴의 중앙을 문지르면서 핑크에너지나 핑크빛이 가슴부위에서 나와 손을 통해 사람이나 상황으로 가서 그들을 감싸고 나에게 되돌아온다고 상상한다. 미소 지으며 원하는 대로 일어났다고 마음 속으로 그린다.

⑳ 연애를 지배하는 방향은 서쪽이다 — 남성은 경우에 따라 북쪽을 이용하는 것이 좋을 때도 있다.

㉑ 빨간 원피스, 새빨간 립스틱(해 묘 미 생 — 흰색이 효과)이 좋다.

㉒ 방을 항상 정리정돈하고 자주 환기한다.

   머리 — 반안살 방향으로 둔다.

㉓ 결혼 방향은 동남쪽에 현관, 또는 큰 창이 있으면 행복한 결혼이 찾아올 것이다(창은 열어두는 것이 좋다)

㉔ 결혼과 여행은 남서쪽 방이 지배하고 있다

㉕ 가구는 묵직하고 중압감 있는 것 선택

㉖ 화장실 욕실 부엌 등은 항상 청결히 한다.

㉗ 도화살 방위에 물을 가득 담은 꽃병을 놓고 싱싱한 꽃을 놓아두면 된다.

   복숭아꽃이 피는 계절에는 복숭아꽃을 한 묶음 꽂는 것이 좋다.

㉘ 사랑을 결실하는 색은 원색의 적색이다.

   상대에게 매우 강렬한 인상, 상대에게 무의식적으로 본능적인 행동을 일으키게 하는데 도움이 된다. 당신이 대단히 섹시하게 여겨지는 것이다.

   • 붉은색 : 세상의 기쁨을 담당, 연애운, 레저운, 놀이와 금전운 모두 욕망의 색깔이다.

   • 약간 황색을 띤 오렌지색이나 주홍색 : 금전운

- 약간 자색을 띤 보랏빛, 홍색 : 연애운
- 연한 적색이나 분홍색 : 연애, 놀이, 금전운 모두를 나타냄

㉙ 결혼운을 좋게 하는 색은 녹색이며 사회적인 신용자, 혼담운이 있는 색이다. (연한 녹색이 좋은 인상을 준다)

녹색의 의상을 효과적으로 사용하면 누구에게나 사랑을 받고 존경을 받아 교제가 뛰어나게 되고 사회적으로 신용을 얻게 된다. 그 결과 좋은 혼담을 접하게 되고 행복한 결혼을 할 수 있다.

㉚ 애정을 잃는 색은 흑색을 중심으로 한 모든 색깔

실연색, 과부색, 사색, 정체 → 따라서 밝은 중간색으로 바꿔야 한다.

흑색은 여성을 아름답게 보이게 하는 점에서 멋부리기 더없이 좋을지 몰라도 애정운은 나빠질 수 있다.

89

눈을 조금 뜨니 좋은 집이 코앞에 있네?

[양택풍수팁]

 Q 풍수이론은 어려운 부분이 많습니다. 양택에서 쉽게 참고할 것이 있습니까?

A 사실 풍수는 과학입니다. 다만, 비전문가는 밑바탕에 흐르는 과학적인 이론을 모르다 보니 미신인 것처럼 인식할 뿐입니다. 기독교인 중에 풍수는 미신이고 기독교 교리에 배치된다고 하는 사람도 있습니다. 그러면 '남향집이 따뜻해서 살기 좋다'고 하는 이 말도 양택풍수이론인데 미신이니까 북향집에서 살고 남향집을 거부하느냐 하면 거부하지 않고 편리하게 해석하며 남향집에 살고 있습니다.

[양택풍수팁]

1. 집 주위에 더러운 물이 흐르고 있으면 곧 패가할 징조다.
2. 막다른 골목집은 바람과 물이 막힌 것과 같아 매사에 막힘이 많다.
3. 쓰레기장을 매립하여 지은 집에는 우환이 계속 일어난다.
4. 집터의 석질이 부스러지는 땅이라면 이 집에 사는 주인은 직업운이 나쁘다.
5. 높은 곳에 우뚝 솟은 집은 자손이 절손된다든가 또는 엉뚱한 짓을 하게 된다.
6. 움푹 들어간 집은 재물이 따르지 않고 불과 물의 재난을 당하기 쉽다.
7. 집 앞에 자기 집보다 높은 집이 가로막고 있으면 매사에 막힘이 많다.
8. 남쪽이 높고 북쪽이 낮은 집에서는 부인병 환자가 많다.
9. 땅이나 집터의 최고 길지로는 바람결에 출렁이는 보리밭처럼 구릉과 같아야 한다.
10. 북쪽이 높고 남쪽이 낮은 집은 자손이 번창하고 부귀장수의 터로 손꼽는다.
11. 북쪽이 낮고 남동쪽이 높은 땅과 터는 아무리 싼 땅이라도 매입을 삼가야 한다.
12. 정사각형의 집은 젊은 부부가 살기에는 좋지 않은데 이것은 발전을 저해하는 형으로 보기 때문이다.
13. 요철이 심한 택지에서는 가정불화가 많아 3년을 넘기기 어렵다고 본다.
14. 득지득궁하면 세귀영웅이라 집터를 잘 만나면 귀와 명예를 얻는다.

15. 통풍이 안 되는 담장 속의 집에서는 말썽부리는 자식이 있게 된다.

16. 정사각형의 집에 높은 담을 쌓게 되면 출세길이 막힌다.

17. 구멍 뚫린 시멘트 벽돌의 담장은 조금 높아도 흉상은 아니다.

18. 대문은 사람의 입과 같고 창문은 사람의 눈과 같다.

19. 집이 작으면서 대문이 큰 집은 감당하기 어려운 일이 자주 생긴다.

20. 집이 크면서 대문이 작으면 그 집 주인은 소심한 사람이요, 음흉한 사람이다.

21. 우리 집과 앞 집 대문이 서로 마주보고 있으면 어느 한 쪽 집은 패가한다. (아파트 제외)

22. 문패에 못을 박으면 횡사할 염려가 있다. 구멍을 뚫어 걸어라.

23. 문패에 때나 먼지가 많이 묻어 있으면 재물이 들어오다가도 나간다.

24. 집에 창문이 많으면 그 집 부부는 밖으로 나가 돌아다니기를 좋아한다.

25. 재래식 주택보다 양옥집에서 사는 여성일수록 외출이 많은데 집에 창문이 많기 때문이다.

26. 밝은 방을 쓰는 학생은 성적이 오르지 않는다. 커텐으로 밝음을 차단하라.

27. 어두컴컴한 방을 쓰는 학생은 정서가 안정되고 성적이 향상된다.

28. 마당에 있는 우물 및 수도는 부인병을 초래하는 질병의 원인이 된다.

29. 마당에 있는 수도꼭지에서 물이 똑똑 떨어져 습기에 차 있으면 시력이 나빠진다.

30. 안마당이 우물이나 수도로 인하여 습기에 차 있으면 식구 중 누군가는 불행하게 된다.

31. 쓰지 않는 우물이나 양어장이 집 안에 있으면 그 집 식구들은 병약질 병자가 많다.

32. 집 안에 쓰지 않는 우물이 있으면 재난이 많고 심하면 패가하는 경우도 있다.

33. 집에서 보아 북쪽에 우물이 있으면 남편은 바람나고 집을 돌보지 않는 사람으로 변한다.

34. 집의 위치에서 북쪽에 우물이 있으면 신장, 비뇨, 당뇨 등의 질환이 생긴다.

35. 집의 위치에서 보아 동북쪽에 있는 우물을 단명수라고 한다.

36. 집의 위치에서 보아 동쪽에 우물이 있으면 장남이 출세하고 부귀하게 된다.

37. 서북쪽에 있는 우물은 화재를 막아주는 영수(靈水)라고 한다.

38. 서북쪽에 있는 우물은 윗사람의 은덕을 받는다는 길수(吉水)라고 한다.

39. 남서쪽에 있는 우물은 주부들의 소화기계를 나쁘게 하는 흉수이다.

40. 지붕은 사람의 머리털과 같아 정결하고 단정하게 해야 한다.

41. 지붕의 모양이 복잡하고 다채로우면 그 집에서는 갈등, 이견, 마찰, 쟁투가 많이 생긴다.

42. 집 주위에 큰 나무가 많으면 신경계의 질환이 많다.

43. 집에 큰 나무가 많으면 가족 중 만성질환 환자가 있게 된다.

44. 우물가의 오동나무는 흉하고 구기자나무는 길하다.

45. 파초, 소철 등과 같은 음성 식물은 가족들의 신경을 날카롭게 만든다.

46. 집 안에 있는 방향성 식물은 가족들의 성격을 명랑하게 만든다.

47. 북동쪽에 매화를 심으면 문필가가 나온다.

48. 집 북쪽에 큰 나무를 심으면 재산이 늘고 부귀해진다.

49. 집 동쪽에 매화, 소나무, 복숭아나무, 벚꽃나무 등을 심으면 부귀해진다.

50. 집 동남쪽에 대추나무, 매화 등을 심으면 자손이 잘 된다.

51. 집 남서쪽의 구기자, 대추나무는 길하지만 큰 나무는 흉하다.

52. 집 서쪽에 소나무가 있으면 부귀공명할 귀목이다.

53. 집 북서쪽에 은행나무, 소나무와 같은 거목이 있으면 대길하다.

54. 방의 높이가 이 방, 저 방 다르면 크게 실패한다.

55. 방 안이나 거실의 색상이 흰색이면 가족 중에는 소심하고 신경질이 많은 사람이 있다.

56. 방이나 거실의 색상이 적황색이면 큰 소리만 치는 성격이 된다.

57. 방이나 거실의 색상이 흰색이면 성격이 음흉해지고 매사에 자신을 잃게 된다.

58. 방의 천장이 낮으면 소심, 비굴, 편협해지는 성격이 된다.

59. 방의 천장이 너무 높으면 허세 부리기를 좋아한다.

60. 방이 너무 넓으면 심리의 불안정, 허욕 등 나쁜 습성이 생긴다.

61. 좁은 방에서 살면 질투, 시기, 우울, 불만 등의 요인을 갖는 성격이 된다.

62. 새 집을 짓고는 탈이 없으나 집 고치고서는 3년을 주의하라.

63. 살고 있으면서 집을 고치는 것은 탈이 많고 수리 후 입주하는 것은 탈이 없다.

64. 내부수리를 하는 데 기둥과 벽을 뜯어고치는 것은 탈이 많다.

65. 집 대문을 옮기면 큰 변동이 생긴다.

66. 대문을 고치면 그의 길흉에 대한 영향이 가장 빠르게 나타난다.

67. 오래 살던 집에서 지하실을 파던가 하면 큰 재난이 따른다.

68. ㄱ자형의 아파트가 오목(凹)한 곳에 있으면 술주정뱅이가 많다.

69. 대문이 크거나 창문이 많으면 지출이 많다.

70. 서쪽 창문이나 서쪽 문을 자주 쓰면 구멍 뚫린 지갑과 같다.

71. 자기 집의 남쪽 부분에 결함이 있으면 아내는 신경질적이다.

72. 말 많은 여자는 남자의 출세길을 막는다. 서쪽 창문을 커텐으로 가려라.

73. 방문을 닫고 다니는 습성을 길러라. 재물이 나가기 쉽다.

74. 방문 틀을 밟지 말고 다녀라. 일의 막힘이 많고 재수가 없다.

75. 집 뒤가 튼튼하면 자식은 출세하여 큰 인물이 된다.

76. 화장실을 더럽게 쓰면 흉한 일이 생기고 깨끗하게 쓰면 길한 일이 생긴다.

77. 사무실의 책상이 중앙에 있으면 이석율이 높고 정서가 불안해진다.

90

사무실 잘 꾸며 한국의 애플이 돼 볼까?

[사무실 풍수]

 Q 사무실에 적용되는 풍수도 일반적 풍수와 차이가 있습니까?

A 사무실의 특성에 맞게 풍수이론이 적용된 결과로 도출된 풍수이론이므로 크게 보면 같습니다. 다만, 비전문가가 보면 알 수 없기 때문에 쉽게 알아보게 하기 위해 사무실 풍수와 구분하고 있습니다. 물론 교통, 업종, 주변 환경, 상권 등에 적합해야 합니다.

[사무실 풍수]

1. 하천이나 도로가 감싸준 안쪽을 선택한다.
2. 뒤는 높고 앞은 낮은 전저후고 지형이라야 한다.
3. 경사가 심한 도로가 있는 곳은 피한다.
4. 주변에 높은 건물이 있어 응달 지는 곳은 좋지 않다.
5. 도로나 골목의 막다른 곳에 위치한 건물은 피한다. 비보가 필요하다.
6. 고개 마루나 능선 위에 있는 건물은 피한다.
7. 매립지에 지은 건물은 피한다.
8. 평탄한 곳에 있는 건물은 택한다.
9. 건물이 서 있는 터는 직사각형으로 반듯한 것이 좋다.
10. 건물 모양은 안정감이 있는 것이 좋다.
11. 최고경영자 방과 책상은 가장 좋은 자리에 배치한다.
12. 최고경영자의 방은 지맥을 받는 라인에 있어야 한다.
13. 아래층보다는 위층에 최고경영자 방을 배치해야 존경과 권위가 선다.
14. 북쪽에 앉아 남쪽(책상)을 보라.(일반적인 경우)
15. 탁자는 원탁 또는 타원형이 좋다.
16. 의자는 비싼 것을 사용하라.

17. 상대방(손님)을 왼쪽에 앉게 하라.(상담시)

18. 마주볼 시는 대각선으로 앉는다.(상대방을 오른쪽대각선 방향에 둔다)

19. 식물은 사람 키보다 작은 것으로 두라

20. 그림을 걸어두라.(소 그림 : 재물, 말 그림(팔마도) : 근면)

   그림은 문과 정문, 또는 소파의 손님이 바라보는 곳에 둔다.

21. 출입문의 방위가 동사택인지, 서사택인지를 구분한다.

22. 기두와 같은 사택 방위에다 사장실 등 중요부서를 배치한다.

23. 사장실 같은 사택에서도 오행의 상생상극 관계를 살펴 출입문이 상생해 주는 곳을
   택한다.

24. 길한 방위라도 출입문과 마주보이는 곳에 사장실을 배치하지 않는다.

25. 책상은 출입문과 정면으로 마주보이지 않도록 배치한다.

26. 출입문을 등지고 앉지 않아야 한다.

27. 출입문 쪽은 가능한 책상을 배치하지 않는 것이 좋다.

28. 창문을 마주보거나 등지고 앉지 않는다.

29. 앞 사람의 등이 보이지 않도록 일렬종대 배치는 피한다.

30. 강한 중력이 작용하는 기둥에 책상을 붙이지 않는다.

31. 회장실과 영업부는 모두 귀문을 피한다.

32. 입구는 한가운데를 피한다.

33. 회장실과 임원 간부 등은 서북방에 둔다.

91

건물에도 미남 미녀가 있다니?

[건물(빌딩)]

Q 건물의 구입에 주의할 사실이 있나요?

A 건물이 풍수에 맞아야 그 안에서 경영성과나 가정행복을 가져온다. 흉상의 건물에 입주하면 노력을 하더라도 허덕일 뿐이다. 현대과학을 신봉하고 전통이론을 미신 취급하더라도 진실은 진실로 남는다. 어리석음은 죽음으로써 끝난다.

[건물 유의사항]

1. 건물 유의사항

① 외모의 생김새가 네모 반듯하고 요철이 없어야 길상(심미적 측면으로는 점수가 낮지만 풍수학적으로는 만점 : 안정감이 있어야)

② 흉상
- 아이스크림처럼 형상이 꼬인 건물
- 정가운데 홈을 파거나 유리를 끼워 넣어 양쪽으로 분할된 것 같은 건물
- 아래는 좁고 위층 면적이 더 넓은 건물
- 폭은 좁은데 높은 건물
- 건물 전체가 유리로 마감된 건물
- 일조권 제한 때문에 한쪽이 잘려 나간 것 같은 건물
- 한 부지내에 똑 같은 건물 2개가 대칭으로 서 있는 건물
- 1층이 지면에 접하지 못하고 주차장 용도나 통과도로로 사용되는 건물
- 기두가 건물 가운데에 있지 못하고 건물 끝으로 양분된 건물
- 건물 벽 전체가 톱니형상
- 정면은 일직선인데 뒷부분이 심하게 요철되었거나 불규칙하게 튀어나온 건물

③ 지기 보전차원에서 1층이 지면에 붙어야

④ 좌우균형을 이루는 가운데, 가운데가 높거나 하나의 돔으로 되면 천기보전

⑤ 건물 평면은 정사각형이거나 1:1~1:2 미만의 직사각형으로서 황금비율(1:1.618)에 근접하면 최상

   • 4모서리를 약간씩 접어서 8각형으로 만들었다면 최상

⑥ 사신사 역할의 건물이나 환경이면 좋음

⑦ 북쪽, 서쪽의 창문은 작은 것이 길하다.

⑧ 충이 없어야 한다.

⑨ 도로 안쪽에 있어야 한다.

⑩ 출입구는 이중문으로 밖으로 튀어나온 것이 길하다.

⑪ 밀고 들어가는 문이 최상이고 회전문, 슬라이드는 차선의 문

⑫ 주 출입구가 옆이나 뒷쪽에 붙은 건물은 떳떳치 못한 사업을 할 소지

⑬ 배합사택인지 여부 판별해서 사용해야 한다.

⑭ 건물에서 주를 찾기 힘든 건물은 가상이 좋지 않다.

⑮ 중심이 건물 외부에 있으면 건물 자체가 문제를 안고 있는 경우다.

   (만약 이런 건물을 이용하는 회사는 도산, 공중분해 등 존립상태에 치명적)

⑯ 건물의 중심을 주의 위치로 보고, 문과 배합 여부를 본다.

⑰ 건물자체의 사택(舍宅)과 기업 주사무실도 동택일기(同宅一氣)로 해야 한다.

   (건물 한 부분을 사용하는 개인사무실은 꼭 동택일기일 필요는 없다)

⑱ 사무실 출입구와 대표자의 자리가 상극관계 → 회사의 파산 가져올 수도

2. 건물 투자시 유의사항

① 입지가 중요하다. 역에서 가까워야 한다.(교통 편리성)

② 대체 불가능해야 한다. 현재의 건물 옆에 다른 건물이 생겨나느냐, 다른 건물로 대체되느냐를 고려해야 한다.

③ 규제 때문에 신축이 불가능한 대도시 도심에 투자해야 한다. 언제나 공급이 부족하기 때문이다.

④ 시대의 트렌드를 읽어야 한다. 핵가구 대세에 방 4개 대형 아파트는 주의해야 한다.

⑤ 도시개발계획이나 국토개발계획에 따라 준비해야 한다.

3. 땅 투자시 체크사항

1) 땅을 사는 목적에 다라 투자시기와 평가항목이 다르다. 자기의 목적에 맞게 사라. 소문에 사서 뉴스에 판다.

2) 땅의 현황 파악이 중요하다.

① 농지에서 경사도 15도 이상의 한계농지는 추후 대지로 용도변경이 쉽다.(농지전용)

② 임야의 경우 25도 이상이면 산지전용 허가가 어렵다.

③ 도시계획도로, 군사시설 보호구역, 수질보전 특별지역 여부를 확인한다.

④ 주변 환경 지역에 혐오시설(쓰레기 매립장, 유수지, 하수처리장, 납골당, 공동묘지, 도살장 등), 위험시설(저유소, 주유소, 사격장, 예비군 훈련장), 기타시설(대규모 축사, 양계장, 가구공장, 가죽공장, 공해유발공장, 비행장, 주차장, 물류센터 등 대형차량의 입출입이 잦은 곳, 버스나 대형트럭 종점, 고압선 전주, 고압선 밑의 땅 등)은 가급적 피한다. 혐오시설이나 기피시설은 다른 지역으로 옮길 가능성이 있으므로 가격이 저렴한 지역은 장기투자로는 고려해 볼 만하다.

⑤ 도로와의 연결 및 교통원활이 중요하다. 자동차로 대도시에서 1시간 이내에 있어야 좋다.
112개의 법률에서 지정 운용하는 298개 용도지역 — 용도구역 중 건폐율, 용적율 등 구체적인 토지 이용규제가 뒤따르는 지역, 지구가 182개가 되므로 관련 법규를 잘 검토해야 한다. 토지이용계획확인원은 검토가 필수적이다.

⑥ 땅에 도로, 철로 신설확충, 택지개발, 산업단지 조성, 그린벨트 해제예정지 등 신도시개발, 재개발, 공장, 대학, 대기업 골프장, 스키장 건설, 관광단지 조성 등 개발호재가 있는지 검토한다.

⑦ 개발예정지구의 인근지역 투자도 좋다.

⑧ 농지는 장기투자 종목이다.

⑨ 여유자금으로 장기적으로 맹지나 혐오시설, 기피시설 투자도 좋다.

⑩ 공장지대 주변 토지는 장기적 투자처이다.

⑪ 임야투자는 도로와 연결된 밑자락이 좋다.

⑫ 가공된 땅은 개발이익이 반영된 땅이므로 특별한 목적이 없으면 매입하지 않는 것이 좋다.

92

손님이 넘쳐 건물이 무너지면
주인이 책임지는가?

[상가풍수]

Q 상가에 풍수를 이용한다면 상가생존율을 높일 수 있겠네요?

A 풍수를 포함한 모든 것이 인간을 중심으로 해서 움직입니다. 기가 흐르다 멈추는 곳인
풍수적으로 좋은 곳에서는 인간의 마음도 가장 좋아지므로 자연스럽게 상가 영업도
성업이 될 수밖에 없습니다. 다만, 비전문가의 눈에는 상관성이 없어 보일 뿐입니다.

[상가풍수]

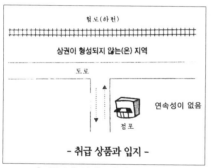

[그림137] 입지로서 막다른 도로

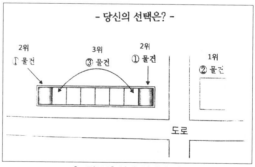

[그림138] 상가 선택 순위

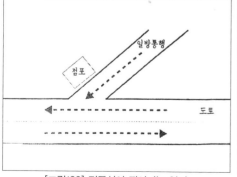

[그림139] 접근성이 떨어지는 입지

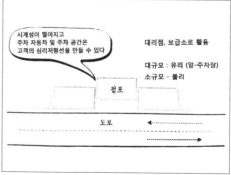

[그림140] 오목형 입지

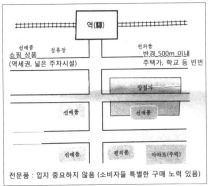

[그림139] 취급상품과 입지

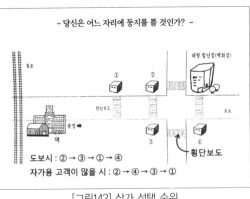

[그림142] 상가 선택 순위

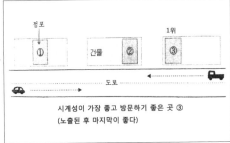

[그림143] 적절한 점포위치

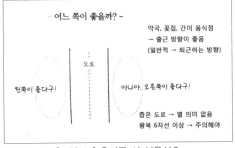

[그림144] 출퇴근 시 이용선호

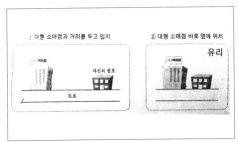

[그림144] 무임승차를 노린 입지

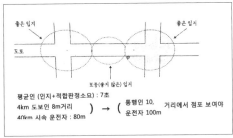

[그림145] 교차로에서 인지되는 점포

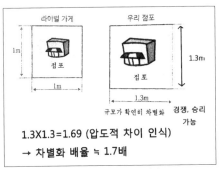

[그림146] 규모의 차별화

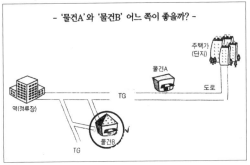

[그림147] 상가 선호

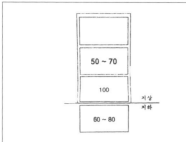

지상 1층의 고객 수를 100으로 했을 때, 2층과 지하의 고객 수에서 지하보다 2층이 떨어지는 것을 알 수 있다.

2층 이상 고객 → 특정 점포에서 특정 상품 구매하려는 복석의식 있어야 이용

[그림148] 입지로서 2층의 의미

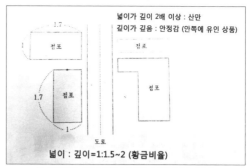

넓이가 깊이 2배 이상 : 산만
깊이가 깊음 : 안정감 (안쪽에 유인 상품)

넓이 : 깊이=1:1.5~2 (황금비율)

[그림149] 좋은 점포 형태, 나쁜 점포 형태

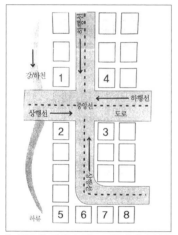

[그림150] 경사가 있는 지형에서의 선호

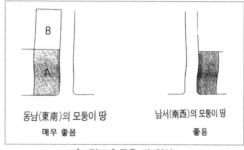

동남(東南)의 모퉁이 땅
매우 좋음

남서(南西)의 모퉁이 땅
좋음

[그림151] 좋은 땅 위치

매장 안의 평균 조도가 1이라면,
인간이 밝다고 느끼는 조도는 1,000룩스
메인 통로에는 1,000룩스를 기준으로

[그림152] 가계와 조명도

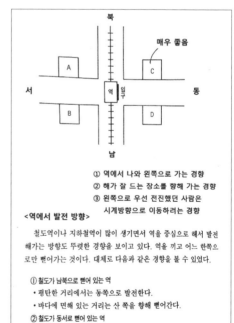

① 역에서 나와 왼쪽으로 가는 경향
② 해가 잘 드는 장소를 향해 가는 경향
③ 왼쪽으로 우선 전진했던 사람은 시계방향으로 이동하려는 경향

<역에서 발전 방향>

철도역이나 지하철역이 많이 생기면서 역을 중심으로 해서 발전해 가는 방향도 뚜렷한 경향을 보이고 있다. 역을 끼고 어느 한쪽으로만 뻗어가는 것이다. 대체로 다음과 같은 경향을 볼 수 있었다.

①철도가 남북으로 뻗어 있는 역
•평탄한 거리에서는 동쪽으로 발전한다.
•바다에 면해 있는 거리는 산 쪽을 향해 뻗어간다.
②철도가 동서로 뻗어 있는 역
•남쪽으로 발전하기 쉽다.
•산이 북쪽에 있을 때는 북쪽으로 발전한다.

[그림153] 철도와 좋은 가게 터

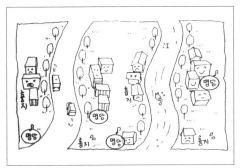

[그림154] 길한 가게 입지조건

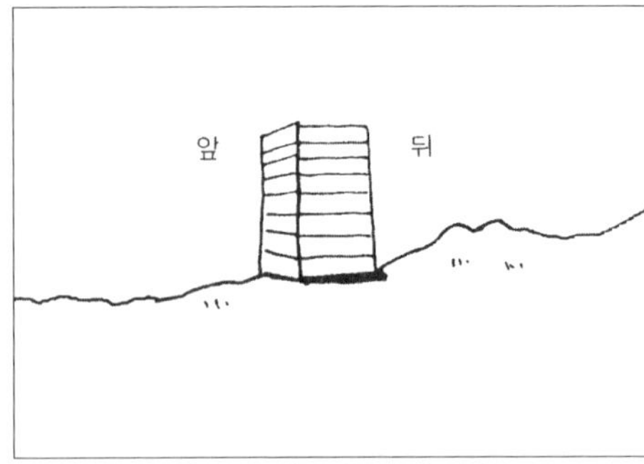

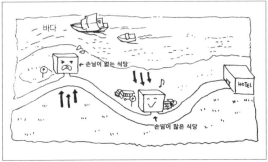

[그림155] 좋은 가게 입지

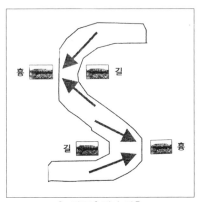

[그림156] 손님이 많은 식당

[그림157] 길과 길흉

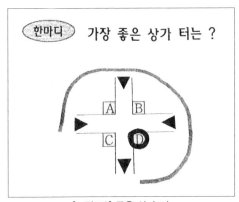

[그림158] 좋은 상가 터

93

친구에게 좋은 점포 구경시켜 성공하게 할까?

[상권과 가게]

 Q 상가와 상권에도 심리적인 것과 풍수적인 것이 있나요?

A 풍수는 별개세상의 이론이 아니라 현실세계의 오랜 경험에서 합리성을 가진 면이 오랫동안 축적되고 전승되어 현실에 유용한 처방을 제시하는 이론입니다. 다만, 풍수이론을 일반적으로 받아들이다 보니 풍수이론이 아닌 것처럼 인식할 뿐입니다. 창업한 지 5번 이내에 30% 이상이 폐업하는 창업세계에서 풍수이론이 적합하게 적용된다면 성공하는 사업자가 더 많이 나올 것으로 봅니다.

[상가의 입지선정]

1. 문턱을 없애라
2. 도로가 커브를 형성할 때 → 안쪽이 좋음
3. 비탈길 → 아래쪽이 좋음
   위쪽은 중간 정도
   중간이 가장 좋지 않음
4. 방향 → 서쪽에서 동쪽을 바라봐야 좋다.
   남쪽에서 북쪽을 바라봐야 좋다.
5. 역, 정류장에서 왼쪽이 좋음
6. 정면 넓이는 길쭉한 것(세로)보다 넓은 것(가로)이 좋음.
7. 문 위치는 가운데보다 한쪽으로 치우치는 것이 좋음
8. 5평 이하로 시작해서 7평, 10평 이하로 할 것(10평 이상 : 법인)
   * **부동산 비법** : 산에 가서 흙(밝은 붉은색)을 한 줌 퍼서 단지 안에 흙을 넣어 은밀한 장소에 놓아둔다. 계란껍질에다 대몽대명(大夢大明)을 써서 흙 위에 놓고 봉한다.
9. **상점**
   ① 건물 외관이 단정하고 관리 또한 잘 된 곳이 안정감이 드는 곳으로서 사업상 좋은

것이다.

② 실내의 평면이 황금비율(1:1.618)에 가까우면 좋다.

③ 돌출부위가 많거나 가로, 세로의 비율이 1:2가 넘으면 빈상이다.

④ 상점은 주인의 자리가 중요하며 음식점은 주방(조리실)위치 설정이 중요하다.

⑤ 카운터가 주의 성질이므로 문과 대부분 같이 있으나 떨어져 있을 땐 동택일기 내에 있어야 한다.

⑥ 화장실은 출입문 가까이나 카운터 옆에 두면 안 되고(탁기 때문), 이중문으로 하되, 남여 화장실 따로따로 문 설치, 내부로 열리도록 해야 한다. 또한 문 틈새가 없도록 시공한다.

⑦ 화장실은 흉방에 배치 즉 동사택이면 서사택 방위에 둔다.

⑧ 외부 화장실은 다소 멀리 있는 곳이 좋고 출입문 옆이나 정면에 있으면 흉하다.

10. 좋은 점포 나쁜 점포 식별하는 방법

*좋은 점포

① 유동인구가 많은 곳

② 접근하기 용이한 곳

③ 대형사무실보다 5층 이하의 사무실이 많은 곳

④ 편의시설 등이 있는 곳(은행, 유명의류대리점, 대형유통시설)

⑤ 출근길보다 퇴근길 방향에 있는 곳

⑥ 주차장이 있는 곳

⑦ 버스정류장이나 지하철역을 끼고 있는 대로변

⑧ 코너상가

⑨ 대규모 아파트단지 중심상권

⑩ 낮은 지대의 중심지

⑪ 권리금이 있는 곳

⑫ 중소형 아파트단지 상가

⑬ 비어있는 점포가 없는 곳

⑭ 아파트 진입로

⑮ 주변이 노점상이 있는 곳, 즉 목에 자리 잡고 있다.

⑯ 상권이 2배 이상 넓어질 공간이 없다.

⑰ 경쟁 업종보다 우세한 목이다.

⑱ 주변에 큰 가게가 없고 상가가 들어설 가능성이 있는 공터나 인근에 상가를 건축할 수 있는 토지 주택이 없다.

⑲ 점포 앞의 보도 폭은 3m가 넘는 곳 : 대형 할인점이나 백화점의 주 통로는 최소한 쇼핑카트가 3개 정도가 동시에 지날 수 있는 넓이다. 이처럼 대형할인점이나 쇼핑센터를 계획할 때 가장 먼저 고려하는 것은 주 통로의 넓이를 확보하는 것이다. 주 통로 넓이는 진열 면적보다 우선한다. 주 통로의 폭을 넓게 만드는 것은 고객이 편안한 마음으로 쇼핑할 수 있도록 심리적 안정감을 주기 위해서다. 실제로 통로 폭이 넓을수록 통행하는 고객들의 발걸음은 느려지며, 통로 폭이 좁으면 같은 방향으로 걸어가는 사람과 경쟁심리가 작용해 걸음이 빨라지므로 점포 앞의 보도 폭은 7m(왕복 2차선 정도의 폭)가 적당한 수준이며 아무리 좁아도 3m가 넘어야 한다. 적정 수준인 7m는 왕복2차선 정도의 폭이라고 보면 된다.

*나쁜 점포

① 상권이 필요 이상 확대되는 곳

② 4차선 이상의 도로가 상권을 양분하는 곳

③ 유동인구가 그냥 지나치는 곳

④ 업종이나 주인이 자주 바뀌는 곳

⑤ 주변 점포의 간판이 낡거나 변색된 점포가 있는 곳

⑥ 점포 전면이 좁거나 간판설치가 어려운 곳

⑦ 주변도로가 지저분한 곳

⑧ 편도인 도로변이나 맞은편에 점포가 없는 곳

⑨ 빈 점포가 많은 곳

⑩ 언덕 위나 상가의 연속성이 끊긴 곳(세차장, 이삿짐센터, 그 외의 각종 사무실)

⑪ 막다른 골목의 끝인 곳

⑫ 30~500m 내에 대형 유통시설이 있는 곳

⑬ 권리금이 없는 곳

⑭ 주변에 큰 규모의 동일업종이 있는 곳

⑮ 건물주가 장사하는 곳

⑯ 보도 폭이 좁은 곳

⑰ 세대수에 비해 가게가 많은 곳

⑱ 주변에 있는 가게가 기술 또는 저가상품 위주이다.(이런 곳은 상권 형성이 제대로 안 된 지역이다)

⑲ 상권 내 대형 사무실이나 학원 등이 이전할 계획이다.

94

식당 좋은 곳에 여친을 데리고 가서
점수 얻을까?

[식당의 위치와 인테리어]

Q 식당 경영에 있어 식당 인테리어가 중요합니까?

A 사업 성공을 위해서 고려되어야 할 것들이 많습니다. 경영자의 경영마인드와 노력 등이 중요하지만 풍수적으로 좋은 입지와 배치 등이 실패하면 성공하기가 쉽지 않을 것입니다. 코카콜라 회사의 코카콜라는 재료의 배합비율이 맛을 좌우하고 회사의 실적을 좌우하듯, 그와 버금가게 식당의 풍수가 음식의 맛과 배출에 지대한 영향을 미칩니다.

[식당의 위치와 인테리어]

1. 가정집 식당의 위치

① 동쪽 : 좋음(신선한 공기, 건강한 식당, 명랑한 분위기)

② 서쪽 : 아침에 춥고 석양에는 서쪽에서 햇빛이 비추어져서 더움 - 길상이 아니다.
　　　　운세면에서는 식도락가가 되는 경향

③ 남쪽 : 하루 종일 따뜻하고 길상인 것같이 생각되지만, 길상흉, 타인을 우대하고 회식을 즐기며 모든 생활이 화려하게 되어 낭비성이 많은 경향

④ 북쪽 : 춥고 냉기가 심함. 가족 중 소화기 위장병 갖게 됨

⑤ 남동쪽 : 좋음. 마음도 건강도 모두 쾌적하게 되고 가운이 번영할 암시

⑥ 북동쪽 : 귀문이므로 가족 건강이 문제될 수도 있다.
　　　　명랑성이 없어지고 정서불안정, 불안한 사람 나올 가능성

⑦ 남서쪽 : 사계를 통해서 가류의 흐름이 강하기 때문에 먼지가 많고 건강면에서 그다지 좋은 곳이라고 말할 수 없으나 큰 영향이 있는 방은 아니다.

⑧ 북서쪽 : 어느 일면에 석양빛이 들거나 때로는 냉기가 심하거나 해서 양상이라고는 말할 수 없으나 아주 흉방위는 아니지만 운명적으로 가정을 비우는 때가 많다.

2. 음식점 인테리어

① 문을 돌출시킨다.

② 문 입구를 조금 낮게 하거나 문 입구를 그대로 두고 조금 높였다가 낮춘다.

③ 칸막이를 이용한다.

④ 벽을 문구와 그림으로 장식하여 고객을 만든다.

⑤ 오늘의 특별가를 두어 특정음식을 유도할 수 있다.

⑥ 일반, 특을 두어 특으로써 손님의 손님을 대접하는 기분을 만들게 한다.

⑦ 음식은 조금 풍성히 준다.

⑧ 건물 밖도 중요하다. (식사 중 건물 바깥 보일 시)

⑨ 조명으로 화기애애하게 한다.

⑩ 대화가 가능하게 배치한다.

⑪ 음악과 색상을 식당 주 고객층에 맞춘다.

⑫ 귀하게 대접받는다는 느낌이 들게 음식, 식당, 인테리어를 한다.

⑬ 메뉴에 대한 정보를 제공한다.

⑭ 문을 기가 들어오는 방향에 두어 손님이 기쁘게 오게 한다.

⑮ 식당이 좁으면 대형거울을 설치하여 비보한다.

3. 팁(효율적 생산방식의 순대국 집, 예시)

① 홀과 주방쪽 선반에 군번 표식만한 울긋불긋한 플라스틱 가득 담긴 상자를 둔다.

② 종업원이 홀쪽 상자에서 주문받은 손님 수만큼 카드를 꺼내 주방쪽 선반 위에 올려놓으면, 주방에서는 음식을 낸 뒤에 이 카드를 홀쪽 상자 안에 다시 집어넣는다.

③ 파란색 카드는 '순대탕', 빨간색은 '순대 내장이 함께 들어간 순대국', 하얀색은 '내장탕'을 의미한다. 카드는 세로방향으로 놓는 게 기본인데 가로로 놓으면 머리고기도 넣어 달라. 뒤집어 국·밥 따로 '카드 끝이 노랗게 칠해진 것'은 여자 손님, 예를 들면 한쪽 끝이 노랗게 칠해진 빨간색 카드를 뒤집어 가로로 놓으면 '순대국, 여자 손님, 국·밥 따로, 머리고기 넣어서' 라는 의미다.

95

창업성공의 바탕에 입지가 있다니?

[창업에 이르기까지의 과정]

Q 창업과 회사운영에 풍수와 상관이 있습니까?

A 창업에 이르기까지의 과정에 입지선정이나, 창업 후 사무실에서의 회사운영에 있어 '기'가 작용하는 역할로 볼 때 풍수는 대단히 중요합니다. 외부에서 내부를 보기가 쉽지 않아 무시하나, 큰 기업이나 성공한 사람일수록 풍수의 자문을 기꺼이 구합니다.

[창업에 이르기까지의 과정]

1. 업종→	업종선택→	정보수집→	지식습득→	경영방침 결정
• 음식업 • 소매업 • 서비스업 • 무점포 판매업 • e-비즈니스	• 자신의 경험을 살릴 수 있을지 여부 • 법적인 허가와 면허를 취득할 수 있을지 여부 • 선택한 업종의 현재 시장상황 검토	• 창업하고자 하는 업종의 점포를 실제 고객으로서 방문 • 예상 업종의 성장성과 신규진입의 난이도 등을 각종 공적 상담기관이나 관련단체에 문의 • 컨설턴트와 동업종 경험자의 자문	• 창업하고자 하는 업종에 대한 교육 • 전문학원에서 수강 • 자격증 취득	• 수집한 데이터를 근거로 종합적인 관점에서 장래성 분석 • 가족과 친구 등의 조언을 구하고 방침결정

2. 점포→	입지선정	점포 결정과 수속	↓ 인가·허가
• 자기소유 점포 • 임차점포	• 인구가 많은지, 장래인구 증가가 예상되는지 • 통행인은 많은지 • 구매력 있는 사람이 통행하고 있는지 • 경쟁 점포가 적은지 • 주변에 집객률 높은 시설이 존재하는지	• 자신의 점포를 이용할지, 아니면 임차할지를 결정 • 입지조건과 자금이 잘 조합되는 점포를 결정	• 인·허가가 필요한 업종인지 여부 검토 • 필요로 하는 허가를 받기 위한 서류구비 ↓ 창업수속 • 세무서에 사업자 등록

3. 자금 →	자금 마련 →	공적 자금 신청과 수속	
• 부동산 취득과 임차물건 확보를 위한 자금 • 원재료 구입자금, 운전자금 • 내장과 디스플레이 등을 위한 자금	• 설비자금에 대해 적어도 50% 이상의 자기자금 여력 여부 • 융자받을 수 있는 기관이 있는지 여부 • 공적 자금을 이용할지 여부	• 공적 자금 신청과 각종 신청 서류 작성	창업

96

창업할 때 풍수를 아니 대박이 눈앞에?

[창업시 고려할 조건]

 Q 풍수만 좋으면 입지조건이 완벽히 갖추어집니까?

A 풍수는 지리적 조건에 있어 최상의 조건을 찾는 것이지만 인구 통계 및 심리분석적 조건도 갖추어야 합니다. 항상 시간, 장소, 경우의 수를 보고 그것을 고려한 상태에서 풍수를 보아야 하므로 풍수가들이 다방면의 지식을 갖추지 못하면 부분으로 전체를 판단하는 오류를 범하기 쉽습니다.

[창업시 고려한 조건]

1. 지리적 조건

① 토지

- 이용 측면에서는 사각형의 토지가 가장 좋다.
- 사각형의 형태라면 주차장을 설치하기도 쉽다.
- 삼각형 토지의 좁은 면은 이용치 않는 것이 좋다.

② 도로

- 일정규모 이상의 면적이라면 자동차 등의 출입이 편리한 각지가 좋다.
- 토지와 도로는 한 면보다 네 면이 활용하기 좋다.
- 자동차의 교통량이 많고 중앙분리대가 있으며 도로 커브와 경사면 등이 있으면 조건이 좋지 않다.
- 접근하기 좋은 곳은 직선도로로 시계성이 좋고, 좌회전과 횡단이 용이해야 한다.

③ 인지성

- 멀리서부터 잘 보일수록 유리하다. 간판이 중요하다
- 인지성이 높아지면 구매 경험률과 고정 고객의 비율도 높아진다.

④ 연결지

- 다양한 도로가 만나는 장소가 좋다.

- 역전 등 사람이 모이기 쉬운 곳으로 확대되는 곳이 좋다.
- 복수 상권이라면 각 상권을 연결하는 도로, 하나의 상권이라면 상권 가운데서 블록을 잇는 장소가 유리하다.
- 교통속도가 적당해야 한다.

⑤ 자연적 지세
- 반도 및 매립지는 배후가 바다이기 때문에 내륙을 향해 고객은 이동하게 되므로 그 도중에 위치한 장소가 유리하다.
- 산악 → 하천(강)의 흐름에 따라 하류로 내려가는 장소가 유리하다.
- 주위가 구릉이라면 그 아래, 분지라면 중앙의 생활간선도로 주변, 해안선이라면 내륙부와 연결되는 간선도로에 있는 장소가 유리하다.
- 지대가 조금 높은 상권은 그 곳에서만 상권이 형성돼 외부로부터의 흡인력이 떨어진다.
- 지대가 낮은 곳이 중심지다.

⑥ 인위적 지세
- 철도, 공업단지 등 상권을 분단하는 요소가 있는 장소는 인구가 많은 쪽이 유리하다.

⑦ 토지 이용
- 주거 전용지역에 인접한 상업지역은 유리하다.
- 공업지역이나 단지는 사업소 종업원을 대상으로 한 상품판매, 서비스가 유리하다.

2. 인구통계 및 심리 분석적 조건

직업에 의한 지역적 특성	농림어업 종사자가 많다.	• 보수적인 소비를 한다. • 고혈압 환자가 많고 주류 판매량과 염분류가 잘 판매된다. • 요통, 어깨 결림이 많아 의료기기가 팔린다. • 각종 행사, 수확기, 명절에 지출이 많다.
	관리직 종사자가 많다.	• 협심증, 위염, 십이지장, 눈병, 요통, 어깨 결림이 많다. • 스트레스로 식사에 주의를 한다. • 복장이나 장신구 등의 구입 금액이 높다.
	여성의 취업률이 높다.	• 시간 절약형의 소비가 많다. • 트렌드에 민감하다.

지역성	지역에 다른 식생활, 식사습관의 차이	• 생선어패류와 청과류는 지역특산과 식문화, 지리적 환경에 의해 지역차가 있다. • 지방간에 음식문화의 차이가 존재한다(소스의 경우 영남이 강하고 호남은 담백) • 육식은 내륙에서 어물은 해변부근 소비가 많다.
	교외의 생활 스타일과 상업 입지	• 균질화된 소비 형태를 가진다. • 젊은 세대는 소득이 비교적 낮아 할인점을 선택한다.
	시골의 생활 스타일과 상업 입지	• 농림어업 종사자가 대부분이며 세대는 중고령화 되어 있다. • 소비수준이 그다지 높지 않다.
가족수	소득, 연령	• 고소득층 : 고급품, 사치품이 팔린다. 교통이 좋아야 한다. • 저소득층 : 식료품 등의 기초적인 지출이 많다. • 중고령층에게는 품질이 중요하고, 젊은층에게는 유행상품에 대한 니즈가 강하다.
	가족수가 적다.	• 핵가족, 독신자의 경우는 소비수량이 적다. • 소형 사이즈, 소형 포장, 소용량의 상품으로 주변 점포를 이용하는 경우가 많다. • 야채, 도시락 등 수고를 들이지 않고 곧바로 소비할 수 있는 것을 요구한다.
	가족수가 많다.	• 소비량이 많고, 한꺼번에 구입하는 경제성을 요구한다. 대형 사이즈, 대형 포장, 대용량의 상품구입으로 금액이 높다.
	지역 행사	• 지역 축제나 행사, 임시 행사, 특정 단체의 행사

3. 행정적 조건

① 용도지역, 지구, 구역, 용적제한, 고도제한, 기타 규제 정도가 지원적이면 좋다.

② 입체이용 제한의 규제가 적다.

③ 지역 자치단체가 적극적으로 행정 응원을 하는 지역이 유리하다.

어느 방위에서 창업하여야 어깨에 힘주고 살지?

[8방에 관계되는 장사운]

Q 장사를 하는 데도 업종에 적합한 방위가 있으며 방위의 길흉이 있습니까?

A 풍수는 음양오행의 기를 활용하는 학문입니다. 겨울에 쉽고 저렴하게 눈꽃을 볼 수 있듯이 적합한 기를 이용해야 사업에 성공합니다. 현명한 자는 활용하나 어리석은 자는 자기 편견에 갇혀 허우적거립니다.

[8방에 관계되는 장사운]

1. 북방에 관계되는 장사운

① 북쪽이 정문이라면 번영이나 발전이 크지 않지만 뒷문이면 좋다.

② 북쪽 돌출 – 부하나 사원에게 혜택을 줘서 장래성 있는 회사가 된다.

③ 북쪽엔 연구나 영업부분이 있으면 좋다.

④ 어업관련, 주류업, 밀수업자, 병든 사람들에게 좋은 방위다. 북쪽에 두거나 북향, 북문이 좋다.

⑤ 단골손님이 편안히 앉을 수 있는 좌석은 북쪽에 두어야

⑥ 카운터가 있다면 북쪽에 두어야

⑦ 메뉴판을 걸 땐 북쪽에(파란색 글씨로)

2. 북동방에 관계되는 장사운

① 북동방에 입구가 있으면 무슨 장사를 하든 이득 없음

② 북동방에 오수나 화기가 있게 되면 종업원이 열심히 일하지 않고 불손

③ 북동방 엘리베이터 – 종업원 능력 저하시킴

④ 일반적으로 길운을 부르는 돌출부분도 상점이 돌출부분에 있게 되면 길상이 되지

못하고 오히려 흉상이 됨.

⑤ 북동방에 진열된 상품 - 항상 팔리지 않고 남아 돔.

(만약 타가게에서 날개 돋친 듯이 팔려도)

⑥ 건축, 요식업, 창고 임대업, 숙박업, 부동산중개업, 보험영업소 등이 좋음

⑦ 북동방 돌출부분이 가게 안에서나 상가의 위치에서 이상적인 곳에 자리 잡고 있어서 손님들의 눈에 쉽게 띄지만 역시 장사는 잘 되지 않는다.

3. 동방에 관계되는 장사운

① 머리만 쓰는 일에 적합(동방 입구)

② 광고기획, 영화기획사, 설계사무소 등 기획력으로 승부하는 회사에게는 동방문이 유리

③ 동방 돌출 - 병의원, 음악, 미술과 유관한 자유업, 건축업, 어업과 관련된 사업에 적합.

④ 일반적인 상점의 경우 북방은 그냥 방치해 두거나 음식점에서 사용하는 커다란 물통을 놓기에 이상적인 위치이다.

⑤ 불을 사용하는 점포인 경우 화기를 동쪽이나 동남쪽, 남쪽에 두는 것이 이상적 특히, 손님 앞에서 직접 고기를 구워주는 불고기 집 등은 화기가 점포의 중앙에 위치 - 손님의 발길 끊김. 화재위험

⑥ 전기, 과일가게, 꽃집, 목재상, 발전기 제조업, 전산계통, 엔진, 수목원 좋음

4. 남동방에 관계되는 장사운

① 남동방의 입구 - 매우 이상적인 입구임

② 작은 회사, 백화점 등 비교적 많은 사원을 고용하고 있는 상점은 더더욱 남동방에 출입문 있어야

③ 동남방 정중앙선상에 나무나 화초를 심으면 장사 잘됨.

④ 남동방의 凸부분 - 대길상

신용, 교제시 신뢰 얻음

⑤ 여행사, 해외무역상, 목재상, 지업사, 제지공장, 유통관련업, 운수업 등이 좋음

5. 남방에 관계되는 장사운

① 남방의 입구 - 행운

② 남쪽은 명성·명예 획득의 의미 → 정치가의 사무실, 새로 개업하는 상점 등에 더욱 효과적

③ 풍속관계의 영업, 오락방면, 귀금속 등은 남쪽 입구 피해야 함.

④ 식당, 여관, 술집, 음식점 등 불을 사용하는 장사는 화기를 남쪽에 놓아두면 불의의 사고 같은 것이 없을 뿐더러 오히려 이익을 남길 수 있음

(정남통과 위험선상에 놓으면 불리)

⑤ 위험선이나 사선(死線)은 담장을 이용해 막는 것이 이상적

⑥ 안과, 조명기구점, 출판사, 인쇄사, 사법서사, 변호사, 언론교육분야, 연예관련 매니저 사무실 등 좋음

6. 남서방에 관계되는 장사운

① 입구가 곤방은 흉함

② 남서방에 오수와 화기가 있는 경우 - 종업원 게으름

③ 남서방에 진열된 상품 - 안 팔림

④ 남서방에 있는 엘리베이터나 계단을 매일 이용하는 종업원, 경영자 - 능력저하, 불의의 사고 가능성도 있음.

⑤ 남서방에 많이 쓰는 방 - 금해야 함

⑥ 잘 쓰지 않는 창고, 자료실 배치해야 함

⑦ 남서방으로 대로를 끼고 있어 어떻게든 남서방에 출입문을 내야 하는 경우에는 문짝을 45°로 틀어서 달아 좋은 방향으로 열리도록 하면 된다.

⑧ 유아놀이방, 유치원, 산부인과, 간호관련업, 곡물상, 농산물유통업, 부동산 중개업 등이 좋음

7. 서방에 관계되는 장사운

① 서방 입구는 일반적으로 경영자에게는 의욕을 저하시키고 일의 효율도 떨어지게 하는 흉상

② 풍속영업, 오락방면, 보석상의 입구 - 길상

입구는 약간 밖으로 돌출시키는 것이 좋음

③ 서쪽 방위에는 물에 관련된 화분을 놓아두어서는 만사 순탄치 않음.(특히 서쪽 정중앙선상에)

④ 물과 유관하나 분수대나 연못의 방식으로 사용하는 것이 오히려 장사가 잘 되는 데 도움 줌

⑤ 특히 여관, 호텔, 연회장 등 규모가 크고 사람도 많은 곳은 사람과 물의 규모가 서로 보완작용을 하여 아주 훌륭한 효과를 만듦

⑥ 서쪽, 동북, 서남, 중심에는 물과 관련된 것을 엄금해야만 장사가 순탄하게 발전될 수 있다.

⑦ 금속세공업, 보석상, 유흥업, 오락실, 노래방, 목욕탕, 편의점, 치과, 전당포, 금융 관련업, 증권사 등이 좋음

8. 북서방에 관계되는 장사운

① 북서방 입구는 일반주택으로 보자면 길상이다.

② 위험선상에 설계된 입구는 점포나 영업장소로서는 부적합

③ 부지관계나 혹은 입구가 상가의 행인이 많은 곳에 두기 위하여 부득이 서북방에 배치해야만 할 경우는 다른 방위는 모두 길상으로 여겨도 좋으며 출입구 주위 또는 진입로에 화초를 놓아두는 것도 좋은 방법이다.

④ 북서방에 위치한 돌출 역시 길상이어서 뻗어나가는 종류의 장사를 하면 뜻대로 잘 된다.

⑤ 북서방 − 금전의 유통, 저축의 의미

북서방 돌출부분 − 장사 순탄함.

손방돌출 − 장사 순탄하지 않음.

⑥ 북서방에 凹 부분 − 자본경색, 보증인 구하기 힘듦.

⑦ 사장실, 총수실, 사회적 유명 인사나 권력자의 사무실, 자동차 대리점, 금속정밀분야, 귀금속판매상, 제철업

그림으로 고객에게 기운을 줘볼까?

[업종과 그림]

 사업이 잘 되는 그림 비법은 있습니까?

그림의 형상과 색채에서 나오는 기의 작용이 그림을 보는 사람의 기에 영향을 주는 것 같습니다. 이것은 실증적이고 구술되는 증험에 의해 검증할 수밖에 없지만 지금까지 명맥을 유지하는 것을 보면 그림과 사업의 상관성이 높은 것 같습니다.

[업종과 그림]

1. 섬유관련업 : 누에그림이나 직녀성그림

2. 부동산중개업 : (농장, 토건) 황소그림이나 달마도

3. 분식집 : 밀밭에 해가 떠 있는 그림(떠오르는 태양이어야)

4. 수산업, 양식업 : 청룡, 백호그림(물 있는 검은 항아리에 거북이나 자라를 기르면 좋다.)

5. 공장, 전자업 : 황소그림(황소가 회사로 들어오는 방향으로 걸어두어야)

6. 축산업 : 양계장 — 닭, 까치그림

   돼지우리 — 돼지그림

   소우리 — 황소그림

7. 언론사, 출판사, 관공서 : 호랑이, 대나무, 앵무새, 말의 그림 중 선택

8. 미용실, 의상실 : 미인도, 초상화

9. 병원, 약국 : 선인도, 무릉도원경화, 산수화, 민화

10. 유흥업소, 서비스업 : 꽃, 벌나비, 호랑이그림(식당은 피해야)

11. 야채, 화원, 청과물 : 태양, 불의 그림

12. 일반회사 : 엽전을 입에 문 두꺼비그림

실내 인테리어에 자연을 가져오면
돈 세느라 정신이 없다고?

[업종별 실내 인테리어색]

 Q 업종에 따른 인테리어 색깔이 있습니까?

A 음양 · 오행의 상생, 상극과 실증적인 결과를 토대로 축적된 자료를 바탕으로 일반적인 색깔이 있습니다. 그러나 항상 예외적인 경우도 있음을 인정해야 합니다.

[업종별 실내 인테리어 색깔]

- 회계사 사무실 : 흰색 또는 노란색
- 연구실 : 진초록색, 감색, 밤색, 갈색 같은 짙은 갈색, 보랏빛 도는 빨간색, 흰색
- 에이전트 사무실 : 회색, 검은색, 진초록색, 흰색 또는 빨간색
- 공구점/철물점 : 흰색이나 화려한 색상
- 건축사 사무실 : 초록색, 파란색, 또는 오행색상
- 미술관 : 흰색, 빨간색, 분홍색, 또는 밝은 노란색
- 예술가 스튜디오 : 전부 검은색이나 흰색, 밝은 색상 또는 다색
- 제과점 : 전부 흰색 또는 다색
- 은행 : 초록색이나 파란색이 강조된 흰색 또는 베이지색
- 술집 : 파랑, 초록, 분홍
- 미용실 : 검은색이나 흰색 또는 다색
- 서점 : 파란색, 초록색 또는 노란색, 만약 학술서적 파는 곳이면 감색, 진초록색, 밤색, 갈색 등의 짙은 색상
- 주차장 ; 흰색, 밝은 파란색, 밝은 초록색, 밝은 노란색, 또는 밝은 색상
- 세차장 : 흰색
- 문구점 : 흰색, 밝은 파란색, 밝은 초록색, 노란색 또는 베이지색

- 컴퓨터회사 : 초록색이나 파란색, 빨간색
- 컴퓨터판매점 : 파란색, 밝은 초록색, 또는 다색
- 건설회사 : 흰색, 엷은 황색, 회색, 또는 초록색
- 진찰실 : 초록색, 파란색, 자주색, 분홍색, 또는 흰색
- 창조적인 분야의 임원실 : 초록색, 빨간색, 하늘색, 또는 다색
- 방송실 ; 흰색, 분홍색, 밝은 초록색, 파란색, 회색 또는 검은색
- 장의사 : 전부 흰색, 빨간색, 또는 밝은 파란색
- 가구점 : 빨간색이 강조된 파란색, 또는 초록색
- 식품점 : 밝은 초록색, 하늘색, 또는 밝은 색상 계통
- 투자회사 : 흰색, 초록색, 파란색
- 보석가게 : 빨간색, 흰색 또는 파란색, 노란색은 피할 것
- 법률사무소 : 흰색, 베이지색, 노란색, 파란색, 회색 또는 검은색, 밤색
- 도서관 : 흰색, 파란색, 초록색, 빨간색, 회색, 또는 검은색
- 조명기구가게 : 흰색, 분홍색, 담청색, 또는 밝은 초록색
- 신사복 판매점 : 단순한 색상으로 구성된 한 가지 또는 두 가지 색
- 레코드가게 : 빨간색, 파란색, 초록색, 흰색, 또는 검은색 같은 단색
- 약국 : 분홍색 또는 엷은 파랑
- 경찰서 : 흰색
- 점집 : 전부 검은색, 전부 흰색, 또는 다색
- 심리학자 사무실 : 흰색, 오행색상, 또는 다색
- 출판사 : 초록색, 파란색, 또는 보라색
- 식당 : 초록색, 파란색, 또는 다색, 해산물을 취급하는 식당인 경우 빨간색은 피할 것
- 구둣방 : 흰색, 빨간색, 회색 또는 갈색, 흰색이 섞인 검은색은 피할 것
- 소프트웨어회사 : 파랑, 초록, 빨강, 보라, 다색
- 수퍼마켓 : 흰색, 밝은 노란색, 회색, 또는 다색
- 장난감가게 : 흰색, 분홍색, 밝은 노란색, 밝은 초록색, 다색
- 무역회사 : 초록색, 파란색
- 비디오가게 : 전부 흰색, 밝은 분홍색, 파란색, 초록색 또는 노란색
- 와인판매점 : 분홍색, 밝은 초록색, 또는 담청색

- 숙녀복 판매점 : 초록색, 파란색, 또는 밝은색
- 패스트푸드점 : 초록색, 검은색, 회색, 식당 외곽은 밝은색
- 잡화점 : 엷은 초록, 밝은 색, 흰색, 노란색
- 부동산 중개업 : 옅은 초록색, 흰색, 노란색

차 타고 가면서 간판 보면 사업 성공 여부 안다고?

[간판 색상]

Q 길거리 간판엔 광고효과가 좋은 것과 그렇지 않은 것이 있는데 이도 풍수와 관련이 있습니까?

A 풍수가 '기'의 운용과 밀접한 관련이 있다고 본다면 간판의 배색도 기의 조화라고 보아야 할 것입니다.

1. 유행을 타지 않는 간판 색상

① 백색 바탕에 녹색

② 백색 바탕에 짙은 청색

③ 백색 바탕에 적색

④ 청색 바탕에 백색

⑤ 검은 바탕에 백색

⑥ 노란 바탕에 흑색

2. 문자색과 간판 배경색의 조화배식

3. 간판의 색의 명시도

① 간판의 바탕이 흑색일 경우

황색 〉 황록색 〉 주황색 〉 적색 〉 녹색 〉 적자색 〉 청색 〉 자색 순

② 간판의 바탕이 흰색인 경우

자색 〉 청색 〉 적자색 〉 녹색 〉 적색 〉 주황색 〉 황녹색 〉 황색 순

4. 간판의 색상과 영업

① 주간영업 : 청색, 자색 계통을 조합

② 야간영업 : 황색 계통의 색

③ 주야간 모두 중시하는 영업 : 황색 계통과 청색 계통, 자색 계통의 색을 조합하여 간판에 사용

5. 지역에 따른 색 선호도

① 영남 : 초록색, 빨강색

② 호남 : 파랑색

③ 충청, 경기 : 오렌지색

6. 색채융합이 일어나기 쉬운 간판과 배경 색채(피해야)

	간판	배경
1	백색, 회색	백색(하늘), 회색(도로)
2	청색	녹색(가로수), 청색(하늘)
3	주황색, 적색	주황색, 적색(단풍)

풍수! 볼까?!

•

지은이 / 박해봉 외
발행인 / 김영란
펴낸곳 / 한누리미디어
디자인 / 지선숙

•

08303, 서울시 구로구 구로중앙로18길 40, 2층(구로동)
전화 / (02)379-4514
Fax / (02)379-4516
E-mail/hannury2003@hanmail.net

•

신고번호 / 제 25100-2016-000025호
신고년월일 / 2016. 4. 11
등록일 / 1993. 11. 4

•

초판발행일 / 2015년 6월 10일
2쇄 발행일 / 2018년 6월 11일

•

ⓒ 2015 박해봉 외 Printed in KOREA

값 18,000원

ISBN 978-89-7969-504-5 03140